Die Umsetzung der Fernabsatzrichtlinie im englischen und deutschen Recht

Europäische Hochschulschriften
Publications Universitaires Européennes
European University Studies

Reihe II
Rechtswissenschaft

Série II Series II
Droit
Law

Bd./Vol. 4418

PETER LANG
Frankfurt am Main · Berlin · Bern · Bruxelles · New York · Oxford · Wien

Kai Bodenstedt

Die Umsetzung der Fernabsatzrichtlinie im englischen und deutschen Recht

Die Umsetzung der Richtlinie 97/7/EG des Europäischen Parlaments und des Rates vom 20. Mai 1997 über den Verbraucherschutz bei Vertragsabschlüssen im Fernabsatz in England und Deutschland

PETER LANG
Europäischer Verlag der Wissenschaften

Bibliografische Information Der Deutschen Bibliothek
Die Deutsche Bibliothek verzeichnet diese Publikation in der Deutschen Nationalbibliografie; detaillierte bibliografische Daten sind im Internet über <http://dnb.ddb.de> abrufbar.

Zugl.: Hamburg, Bucerius Law School, 2006

H 360
ISSN 0531-7312
IISBN 3-631-55349-8

www.peterlang.de

Danksagung

Diese Arbeit wurde im März 2006 von der Bucerius Law School in Hamburg unter dem Titel „Die Umsetzung der Fernabsatzrichtlinie im englischen und deutschen Recht“ als Dissertation angenommen. Erstgutachter war Herr Prof. Dr. *Gregor Thüsing* LL.M., Zweitgutachterin Frau Professorin Dr. *Anne Röthel*. Die mündliche Prüfung fand statt am 08.03.2006.

Sehr herzlich danken möchte ich meinem lieben Doktorvater Herrn Professor Dr. *Gregor Thüsing* LL.M. für die Anregung zur Erstellung dieser Arbeit und die freundliche und hilfreiche Unterstützung bei der Anfertigung der Arbeit. Herr Professor Dr. *Thüsing* hat mich außerdem während meiner Tätigkeit als wissenschaftlicher Mitarbeiter an seinem Lehrstuhl an der Bucerius Law School in Hamburg in jeder Hinsicht unterstützt und mich darüber hinaus für das Arbeitsrecht begeistert. Auch hierfür sowie für eine insgesamt äußerst lehrreiche und spannende Zeit möchte ich ihm herzlich danken.

Dank schulde ich im Übrigen Frau Prof. Dr. *Anne Röthel* für die Erstellung des Zweitgutachtens.

Dank gebührt weiter allen, die mich in der Zeit der Dissertation vorangetragen haben. Von Herzen danke ich vor allem meiner lieben Familie für die stetige Unterstützung. Insbesondere schulde ich meiner lieben Mutter, Frau *Ursel Bodenstedt*, Dank für sorgfältigstes Korrekturlesen.

Gewidmet sei diese Arbeit meiner Tochter Clara.

Hamburg, im Mai 2006 Kai Bodenstedt

Inhaltsverzeichnis

Abkürzungsverzeichnis

a.A.	anderer Ansicht
a.a.O.	am angegebenen Ort
ABlEG	Amtsblatt der Europäischen Gemeinschaften
ABlEWG	Amtsblatt der Europäischen Wirtschaftsgemeinschaft
AC	Appeal Cases before the House of Lords
AcP	Archiv für die civilistische Praxis
a.E.	am Ende
a.F.	alte Fassung
AfP	Archiv für Presserecht
AGB	Allgemeine Geschäftsbedingungen
AGBG	Gesetz zur Regelung des Rechts der Allgemeinen Geschäftsbedingungen (AGB-Gesetz)
All ER	All England Law Reports
AnwBl	Anwaltsblatt
App Cas	Appeal Cases before the House of Lords
B & Ald	Barnewell & Alderson's Law Reports
BB	Betriebsberater
BGB	Bürgerliches Gesetzbuch in der Fassung nach Inkrafttreten des Gesetzes zur Änderung der Vorschriften über Fernabsatzverträge bei Finanzdienstleistungen vom 02.12.2004
BGB-InfoV	Verordnung über Informations- und Nachweispflichten nach bürgerlichem Recht
BGH	Bundesgerichtshof
BGHZ	Entscheidungen des Bundesgerichtshofs in Zivilsachen
BR-Drucks.	Bundesratsdrucksache
BT-Drucks.	Bundestagsdrucksache
CCA	Consumer Credit Act 1974
CCBR	Consumer Protection (Contracts concluded away from business premises) Regulations 1987
Ch	Chancery Division
Ch App	Chancery Appeal Division
CMLR	Common Market Law Review
CPA	Consumer Protection Act 1987
CR	Computer und Recht
DB	Der Betrieb
DGFT	Director General, Office of Fair Trading
Diss.	Dissertation

DMA	Direct Marketing Association
DPA	Data Protection Act 1998
DPPR	Consumer Protection (Data Protection and Privacy) Regulations) 1999
DSR	Consumer Protection (Distance Selling) Regulations 2000
DStR	Deutsches Steuerrecht
DTI	Department of Trade and Industry
DVBl	Deutsches Verwaltungsblatt
DZWiR	Deutsche Zeitschrift für Wirtschaftsrecht
EA	Enterprise Act 2002
ECA	European Communities Act 1972
EGBGB	Einführungsgesetz zum Bürgerlichen Gesetzbuch
EGV	Vertrag zur Gründung der Europäischen Gemeinschaft i.d.F. 24.12.2002, ABlEG 2002 Nr. C 325/33
endg.	endgültig
EuGH	Europäischer Gerichtshof
EuZW	Europäische Zeitschrift für Wirtschaftsrecht
EWHC	England & Wales High Court
EWiR	Entscheidungen im Wirtschaftsrecht
EWS	Europäisches Wirtschafts- und Steuerrecht
FAZ	Frankfurter Allgemeine Zeitung
FernAbsG	Fernabsatzgesetz
FernAbsFinanzDienstRL	EU-Richtlinie über den Fernabsatz von Finanzdienstleistungen
FernAbsRL	EU-Fernabsatzrichtlinie
FS	Festschrift
FT	Financial Times
FTA	Fair Trading Act 1976
GewArch	Gewerbearchiv
GRUR	Gewerblicher Rechtsschutz und Urheberrecht
GRUR Int.	Gewerblicher Rechtsschutz und Urheberrecht, Internationaler Teil
Habil.	Habilitation
HGB	Handelsgesetzbuch
HWiG	Gesetz über den Widerruf von Haustürgeschäften und ähnlichen Geschäften
HWiRL	EU-Haustürwiderrufsrichtlinie
ICCLR	International Company and Commercial Law Review

ILP	International Legal Practitioner
InfoTLR	Information Technology Law Reports
IPRax	Praxis des internationalen Privat- und Verfahrensrechts
JBL	Journal of Business Law
JCP	Journal of Consumer Policy
JILT	Journal of Information, Law and Technology
JR	Juristische Rundschau
JURA	Juristische Ausbildung
JuS	Juristische Schulung
JZ	Juristen-Zeitung
KOM	Dokumente der Kommission der Europäischen Gemeinschaften
K&R	Kommunikation & Recht
MDR	Monatsschrift für Deutsches Recht
MMR	Multimedia-Recht
MOTA	Mail Order Traders Association
MOTO	Mail Order Transactions (Informations) Order 1998
m.w.N.	mit weiteren Nachweisen
NJ	Neue Justiz
NJW	Neue Juristische Wochenschrift
NJW-CoR	Neue Juristische ochenschrift – Computer-Recht
NJW-RR	Neue Juristische Wochenschrift Rechtsprechungs-Report
NZM	Neue Zeitschrift für Miet- und Wohnungsrecht
OFT	Office of Fair Trading
OLG	Oberlandesgericht
QB	Queens Bench Division
RabelsZ	Rabels Zeitschrift für ausländisches und internationals Privatrecht
REDC	Revue Europeenne de Droit de la Consommation
RefE	Referentenentwurf
RegE	Regierungsentwurf
RIW	Recht der Internationalen Wirtschaft
RTPA	Restrictive Trade Practices Act 1976
SGSA	Sale of Goods and Services Act
SMG	Schuldrechtsmodernisierungsgesetz
TzWrG	Gesetz über die Veräußerung von Teilzeitnutzungsrechten an Wohngebäuden
UGSA	Unsolicited Goods and Services Act 1971
UPR	Umwelt- und Planungsrecht

UWG	Gesetz gegen den unlauteren Wettbewerb
VerbrKrG	Verbraucherkreditgesetz
VuR	Verbraucher und Recht
WLR	Weekly Law Reports
WM	Wertpapier-Mitteilungen, Zeitschrift für das Wirtschafts- und Bankrecht
WRP	Wettbewerb in Recht und Praxis
ZEuP	Zeitschrift für Europäisches Privatrecht
ZfRV	Zeitschrift für Rechtsvergleichung, internationales Privatrecht und Europarecht
ZGS	Zeitschrift für das gesamte Schuldrecht
ZIP	Zeitschrift für Wirtschaftsrecht und Insolvenzpraxis
ZMR	Zeitschrift für Miet- und Raumrecht
ZPO	Zivilprozessordnung
ZRP	Zeitschrift für Rechtspolitik
ZUF	Zeitschrift für angewandte Umweltforschung
ZUM	Zeitschrift für Urheber- und Medienrecht
ZVglRWiss	Zeitschrift für vergleichende Rechtswissenschaften

1. Kapitel

Einleitung, Problemstellung und Verlauf der Erörterung

A. Einleitung

"Government's view of the economy could be summed up in a few short phrases: If it moves, tax it. If it keeps moving, regulate it. And if it stops moving, subsidise it" (Ronald Reagan)

Eine Arbeit, die sich im Schwerpunkt mit einem Wirtschaftszweig beschäftigt, der im 21. Jahrhundert zu Hause ist, sollte eigentlich nicht mit dem Zitat eines Politikers beginnen, der wie kaum ein Zweiter für die Politik des 20. Jahrhunderts steht. Jedoch paraphrasiert Reagans Sicht der Wirtschaftspolitik die bisherige Entwicklung des rechtlichen Rahmens im E-Commerce, der ein Teilbereich der Fernabsatzwirtschaft ist, recht treffend. Das Fernabsatzrecht war zunächst in weiten Teilen von freiwilligen Verhaltenscodices der Fernabsatzindustrie geprägt. Allgemeinverbindliche rechtliche Regelungen bestanden größtenteils nicht. Erst am 20.05.1997, als die „digitale Revolution“ langsam aber sicher nicht mehr aufzuhalten war, verabschiedete das Europäische Parlament und der Europäische Rat die Richtlinie 97/7/EG über den Verbraucherschutz bei Vertragsabschlüssen im Fernabsatz (FernAbsRL).[1] Mit der FernAbsRL reagierte der europäische Gesetzgeber darauf, dass durch die Vollendung des Binnenmarktes sowie die Entwicklung neuer Technologien im Bereich der Kommunikationselektronik der Verbraucher immer bessere Möglichkeiten erhält, grenzüberschreitende Bestellungen zu tätigen, ohne in persönlichen Kontakt zu seinem Vertragspartner zu treten.[2] So ermöglichen etwa Internet und digitales Fernsehen nahezu uneingeschränkten und von nationalen Grenzen unabhängigen Zugriff auf eine fast unbegrenzte Produktpalette und erschaffen dadurch den größten Markt in der Geschichte der Menschheit.[3] In der Bundesrepublik wird für das Jahr 2003 allein im Bereich des sog. Online-Shoppings ein Umsatz von annähernd 15 Milliarden Euro erwartet[4] und konservativen Schätzungen zufolge besteht in diesem Marktsegment ein Umsatzpotential von bis zu 40 Milliarden Euro. Daneben tritt noch die nicht unbeträchtliche volkswirtschaftliche Bedeutung des traditionellen Versandhandels, der im Jahre 2002 17,9 Milliarden Euro um-

---

[1] ABlEG Nr. L 144 v. 04.06.1997, S. 19; NJW 1998, 212.

[2] vgl. Erwägungsgründe 3 und 4 FernAbsRL.

[3] so sehr enthusiastisch Meads, ICCLR 2002, S. 179, 180.

[4] Untersuchung der Agentur Webmill, veröffentlicht in der FAZ vom 14.07.2003, Nr. 160, S. 18; vgl. auch zu den technischen Einzelheiten der „virtuellen Kaufhäuser“ *Aigner/Hofmann*, MMR 2001, Beilage , S. 30 ff..

setzte.[5] Entsprechend des überproportionale Wachstumspotentials im E-Commerce-Segment haben die Marktführer der Fernabsatzindustrie die sich auf dem Binnenmarkt bietende Wachstumschance erkannt und sich zu einer gemeinschaftsorientierten Wachstumsstrategie entschlossen.[6] Die Vollendung des Binnenmarktes führt im Zusammenspiel mit der zu erwartenden weiteren rasanten Entwicklung und Verbreitung moderner Medien dazu, dass die Bedeutung grenzüberschreitender insbesondere elektronisch getätigter Käufe des Verbrauchers noch zunehmen wird.

Die Vorteile, die sich dem Verbraucher bei Fernabsatzgeschäften bieten, liegen auf der Hand. Er ist bei dem Einkauf in den weltweiten Datennetzen weitestgehend unabhängig von den Zwängen nationaler Grenzen. Hierdurch eröffnet sich die Möglichkeit, den Markt nicht nur im Heimatland des Verbrauchers zu sondieren, sondern die Entwicklung neuerer Produkte und Dienstleistungen weltweit zu beobachten. Auch ein globaler Preisvergleich ist dank der Segnungen des Internets binnen Sekunden möglich.

Nicht zu unterschätzen sind jedoch auch die Gefahren, die im Fernabsatzgeschäft auf den Verbraucher lauern. Der Zugang zu den elektronischen Märkten ist relativ aufwändig. Neben einem leistungsfähigen Computer wird ein Internetzugang benötigt, für den wiederum monatliche Bereitstellungskosten anfallen. Darüber hinaus kann der Verbraucher in aller Regel die Ware nicht vor dem Kauf begutachten und prüfen und muss daher seine Kaufentscheidung alleine auf Grund der Angaben des Unternehmers treffen. Dem Unternehmer ist es ein Leichtes, durch spektakuläre Internetpräsentationen oder verführerisch gestaltete Verkaufsprospekte den Verbraucher über die tatsächliche Qualität der angebotenen Ware zu täuschen. Ebenso wenig hat der Verbraucher die Möglichkeit, sich über die Person des Unternehmers und damit über dessen Zuverlässigkeit, geschäftliche Seriosität und wirtschaftliche Bonität zu informieren. Auch mögen Unsicherheiten über den Endpreis des Produktes entstehen, wenn der Unternehmer den Verbraucher über Zusatzkosten wie etwa die Versandkosten im Unklaren lässt. Das größte Risiko des elektronisch getätigten Fernabsatzes wird allgemein darin gesehen, dass die bei der elektronischen Zahlung übermittelten Daten missbräuchlich verwendet werden können und als Folge der Verbraucher in rechtswidriger Weise belastet wird.[7]

---

[5] Pressemitteilung des Statistischen Bundesamtes vom 11.03.2003.

[6] die Perspektiven der Fernabsatzindustrie im europäischen Binnenmarkt wird beschrieben im RegE zum Fernabsatzgesetz, BT-Drs. 14/2658, S. 15.

[7] Nach einer Studie der Postbank verzichten selbst bei den regelmäßigen Online-Käufern 73,8 % aus Angst um die Daten ihrer Kreditkarte auf einen Kauf, wenn Ihnen der Online-Händler nicht seriös erscheint. Die Ergebnisse der Studie „eCommerce 2004“ sind unter

Gegenüber dem Vertragsschluss im stationären Handel ist der Verbraucher beim Fernabsatzvertrag vor allem benachteiligt, weil er weder den Vertragsgegenstand noch seinen Vertragspartner begutachten kann. Gerade das Informationsdefizit des Verbrauchers wird vom europäischen Gesetzgeber im 11. Erwägungsgrund der FernAbsRL ausdrücklich als Anlass für dessen besondere Schutzbedürftigkeit genannt. Diesen Gefahren begegnet der Umsetzungsgegenstand mit speziellen Regelungen. Als Eckpfeiler der FernAbsRL sind hierbei insbesondere das Widerrufsrecht des Verbrauchers und die Informationspflichten des Unternehmers zu nennen.

Vor Verkündung der FernAbsRL bestand innerhalb des Binnenmarktes ein solcher Verbraucherschutz in der Regel nicht. Es gab in einigen Mitgliedstaaten zwar bereits vereinzelt Regelungen zu Fernabsatzgeschäften[8], die jedoch in Art und Umfang zum Teil erheblich voneinander abwichen. Der Europäische Gesetzgeber wollte daher mit der Fernabsatzrichtlinie „eine Mindestzahl gemeinsamer Regeln in diesem Bereich auf Gemeinschaftsebene einführen".[9] Mit den in der Richtlinie getroffenen Regelungen erfährt das materielle Zivilrecht wesentliche Änderungen[10] und auch in prozessualer Hinsicht sind die Regelungen der Fernabsatzrichtlinie nicht zu unterschätzen. So wird die Wichtigkeit der Frage grenzüberschreitender Beschwerden für den Verbraucherschutz ausdrücklich betont und angeregt, diese Fragen „so bald wie möglich" zu behandeln.[11]

B. Problemstellung

Gemäß Art. 15 Abs. 1 Satz 1 Fernabsatzrichtlinie war die an alle Mitgliedstaaten gerichtete Richtlinie bis zum 05.06.2000 in innerstaatliches Recht umzusetzen. Damit blieb den Mitgliedstaaten ein recht großzügiger Zeitraum, in dem sie über Art und Weise der Umsetzung entscheiden konnten.[12] Dieser Zeitraum war aber

---

http://www.begin.de/deutsch/meldung/akt_meld/041122_1.htm abrufbar, abgefragt am 01.05.2006.

[8] In England und Deutschland gab es neben freiwilligen Verhaltenskodices der Fernabsatzindustrie Regelungen in Gesetzen, die als legislatorische Querschläger auch Fernabsatzgeschäfte betrafen. Darüber hinaus waren Fernabsatzverträge nicht geregelt. In Frankreich dagegen gab es bereits mit Art. L 121-16-20 Code de la Consommation gesetzliche Regelungen zum Fernabsatzes.

[9] Erwägungsgrund 4 FernAbsRL.

[10] *Micklitz / Reich*, BB 1999, 2093.

[11] Erwägungsgrund 21 FernAbsRL; in diesem Zusammenhang ist auch die Richtlinie 98/27/EG des Europäischen Parlaments und des Rates über Unterlassungsklagen zum Schutz der Verbraucherinteressen, ABlEG Nr. L 166 v. 11.06.1998 S. 51 zu sehen.

[12] Ein so komfortabler Zeitraum wird den Mitgliedstaaten freilich nicht immer gewährt - für die Richtlinie 1999/44/EG zu bestimmten Aspekten des Verbrauchsgüterkaufs und der Garan-

auch erforderlich, um eine sachgerechte Umsetzung zu gewährleisten. Denn die Umsetzung der Richtlinie stellte hohe Anforderungen an die Mitgliedstaaten. Zum einen bestand in den nationalen Rechtsordnungen infolge des zum Teil gänzlich fehlenden Schutzes des Verbrauchers bei Fernabsatzverträgen erheblicher Umsetzungsbedarf.[13] Zum anderen hatten sich die - in Form und Mittel der Umsetzung der Richtlinie gemäß Art. 249 Abs. 3 EGV grundsätzlich freien - Gesetzgeber der Mitgliedstaaten zu entscheiden, ob die Umsetzung der Richtlinie durch Neuschaffung eines einzelnen Gesetzes, durch ein einheitliches Verbrauchervertriebsgesetz oder – als ganz großer Wurf - durch Schaffung eines einheitlichen Verbraucherschutzgesetzes[14] erfolgen sollte.

In Deutschland war zum Zeitpunkt der Verkündung der FernAbsRL das Verbraucherschutzrecht in mehrere Einzelgesetze wie etwa das Gesetz über den Widerruf von Haustürgeschäften und ähnlichen Geschäften (HWiG), das Verbraucherkreditgesetz (VerbrKrG) oder das Gesetz über die Veräußerung von Teilzeitnutzungsrechten an Wohngebäuden (TzWrG) „zersplittert".[15] In England gab es zum Zeitpunkt der Verkündung der FernAbsRL zwar den „Consumer Protection Act" von 1987 (CPA)[16], dieser war jedoch – auch wenn der Wortlaut seines Titels etwas anderes vermuten lässt – kein allumfassendes Verbraucherschutzgesetz, sondern regelte in erster Linie Fragen der Produkthaftung, enthielt strafrechtliche Sanktionen für den Verstoß gegen Verbraucherschutzbestimmungen und verbot irreführende Preisauszeichnungen.[17] Darüber hinaus waren Fragen des Verbraucherschutzes auch in Großbritannien vornehmlich in Einzelgesetzen geregelt.[18] Fernabsatzgeschäfte waren hiervon allerdings nur durch die allgemeinen lauterkeitsrechtlichen Regelungen und durch legislatorische Querschläger betroffen. Unmittelbare geregelt waren Fernabsatzverträge nur durch das „Soft Law" der freiwilligen Verhaltenskodices der Fernabsatzindustrie.[19]

---

tien für Verbrauchsgüter in Spanien und Deutschland (Verbrauchsgüterkaufrichtlinie) bestand eine vergleichsweise knappe Umsetzungsfrist von nur 1 ½ Jahren.

[13] Vgl. für den Umsetzungsbedarf im deutschen Zivilrecht *Lorenz*, JuS 2000, S. 833, 835; *Micklitz / Reich*, BB 1999, S. 2093, 2300; *Reich*, EuZW 1997, S. 581, 589.

[14] ein solches existierte in Frankreich mit dem Code de la Consommation bereits seit 1998.

[15] *Dörner*, Integration des Verbraucherrechts im BGB, S. 177, 179; vgl. zur uneinheitlichen Rechtslage hinsichtlich des Verbraucherschutzes beim Internetshopping vor Inkrafttreten der Fernabsatzrichtlinie auch *Borges*, ZIP 1999, S. 130 ff.; *Bultmann/Rahn*, NJW 1988, S. 2432 ff.; *Eckert*, DB 1994, S. 717.

[16] United Kingdom Statute 1987 c 43 Pt I s 1.

[17] einen Überblick über den Consumer Protection Act bietet *Dobson*, JBL 1987, S. 386, 387.

[18] z.B. Sale of Goods Act 1979; Fair Trading Act 1973 oder Estate Agents Act 1979; vgl. hierzu ausführlich oben S. 62 ff.

[19] Die „Codes of Practice" der Direct Marketing Association und der Mail Order Traders' Association hatten unmittelbare Auswirkungen auf die Fernabsatzindustrie Großbritanniens, vgl. oben S. 66 ff.

Die Praxis der Gesetzgeber, Verbraucherschutzgesetze als Sondergesetze auszulagern und nicht in einem einheitlichen Gesetzbuch zusammenzufassen, ist im europäischen Vergleich freilich nichts Ungewöhnliches. Diese Vorgehensweise lässt sich unter anderem mit den häufig knapp bemessenen Umsetzungsfristen der europäischen Richtlinien erklären. Die Mitgliedstaaten können die Umsetzung innerhalb der vorgegebenen Frist eher bewerkstelligen, wenn sie Sondergesetze schaffen, als wenn in bestehende Kodifikationen eingegriffen wird, deren Besonderheiten zu beachten wären. Es verwundert daher nicht, dass neben Frankreich bisher nur Griechenland ein Verbraucherschutzgesetz geschaffen hat[20] und die übrigen Mitgliedstaaten allenfalls Vorbereitungen zur Schaffung eines einheitlichen Verbraucherschutzgesetzes treffen.[21]

In Deutschland und in England hatte man bei der Umsetzung der FernAbsRL die Wahl, auf dem Weg zu einem hohen Verbraucherschutzniveau mit dem Erlass eines neuerlichen Sondergesetzes auf der Stelle zu treten oder aber einen Schritt nach vorne zu gehen und gewisse Mindeststandards im Verbraucherschutzrecht zu harmonisieren. Hierzu boten sich insbesondere die Vorgaben der FernAbsRL über das Widerrufsrecht des Verbrauchers und die Informationspflichten des Unternehmers an, da diese Regelungen in ähnlicher Form auch in anderen Verbraucherschutzgesetzen zu finden sind. Es bestand die Chance, einen wesentlichen Beitrag zu Rechtssicherheit und Rechtsklarheit im Verbraucherschutzrecht zu leisten[22], indem man die grundlegenden Begriffe des Verbraucherschutzrechts harmonisiert.

Ziel dieser Arbeit ist es, die Bedeutung der Umsetzung der FernAbsRL für die weitere Entwicklung des Verbraucherschutzes in England und Deutschland zu untersuchen. Ein Vergleich zwischen der Umsetzung in England und Deutschland bietet sich zu diesem Zweck besonders an, da dem Modell der Mindestharmonisierung (in Deutschland) das Modell der Umsetzung durch ein neues Sondergesetz (in England) gegenübersteht. Um zu überprüfen, welcher Weg im Sinne eines möglichst umfassenden Verbraucherschutzes vorzugswürdig ist, soll die Umsetzung der zivilrechtlichen Regelungen der FernAbsRL einer genaueren Überprüfung unterzogen werden. Hierbei wird zu sehen sein, dass bei der Um-

[20] Neues griechisches Verbraucherschutzgesetz Nr. 2251/1194 vom 16.11.1994; im außereuropäischen Vergleich fällt nur das brasilianische Verbrauchergesetzbuch vom 11.09.1990 (Gesetz Nr. 8078) auf.

[21] so hat z.B. die portugiesische Regierung 1996 eine Expertenkommission mit dem Entwurf eines Verbrauscherschutzgesetzes beauftragt und in Belgien wurde 1995 eine Art Weißbuch zu einem Verbraucherschutzgesetz vorgestellt, dessen Umsetzung jedoch zweifelhaft erscheint, vgl. hierzu *Bourgoignie*, REDC 1997, 97.

[22] vgl. insoweit auch die Überlegungen in BT-Drs. 14/2658 S. 29, wo als Ziel darüber hinaus noch die durch die Vereinheitlichung erfolgende Justizentlastung genannt wird.

setzung künftiger EU-Verbraucherschutzrichtlinien ein hohes Verbraucherschutzniveau eher erreicht werden kann, wenn gewisse Begriffe harmonisiert werden und nicht für unterschiedliche Regelungsgegenstände verschieden definiert sind.

Von besonderem Interesse ist daneben die Entwicklung im englischen Recht, in dem vor Umsetzung der FernAbsRL vor allem freiwillige Verhaltenskodices das Fernabsatzrecht bestimmten. Deren Bedeutung trat nach der Umsetzung der FernAbsRL deutlich zurück, da die Umsetzungsverordnung als allgemeinverbindliches Recht deutlich stärker wog. Dennoch ist die Umsetzung der FernAbsRL auch aus diesem Blickwinkel von besonderem Interesse, da die Kommission im Laufe des Gesetzgebungsverfahrens den Berufsvereinigungen der Lieferer empfohlen hatte, die Regelungen der Richtlinie durch Verhaltenscodices zu ergänzen. Es wird daher zu untersuchen sein, ob auch *soft law* geeignet ist, dem Verbraucherschutz den Weg zu bereiten.

C. Verlauf der Erörterung

Die Erörterung beginnt mit einer Darstellung der Entstehung und des Inhalts der FernAbsRL, wobei die strittigen Punkte umfassend dargestellt und einem Lösungsversuch zugeführt werden (2. Kapitel). Anschließend wird die Rechtslage in Deutschland und England vor Umsetzung der FernAbsRL erörtert und hierbei untersucht, in welchen Bereichen besonders großer Umsetzungsbedarf besteht (3. Kapitel). Im 4. Kapitel wird überprüft, wie die FernAbsRL in England und Deutschland umgesetzt wurde und welches Schicksal die Umsetzungsvorschriften seitdem genommen haben. Es schließt sich ein Rechtsvergleich der Umsetzung der FernAbsRL in England und Deutschland an (5. Kapitel). Abschließend werden die sich aus der Umsetzung ergebenden Folgerungen für beide EU-Staaten, auch und gerade im Hinblick auf die weitere Entwicklung des europäischen Verbraucherschutzrechts, im 6. Kapitel zusammengefasst.

2. Kapitel

Der Umsetzungsgegenstand: Die FernAbsRL

A. Entstehung und Inhalt der FernAbsRL

I. Entstehung

Bereits Mitte der 80er Jahre gab es in der EG Bestrebungen, Verbraucherschutzregelungen im Fernabsatz zu harmonisieren. Obgleich in dieser Zeit das Internet noch nicht einmal in den Kinderschuhen steckte und das Ausmaß seiner zukünftigen wirtschaftlichen Bedeutung nicht im Ansatz abzusehen war, bestand gleichwohl im Grundsatz Einigkeit darüber, dass mit der Vollendung des Binnenmarktes auch der grenzüberschreitende „traditionelle“ Versandhandel an Bedeutung gewinnen würde und der Verbraucher in diesem Zusammenhang zu schützen sei.[23] 1986 kündigte die Kommission daher in einer Mitteilung an den Rat mit dem Titel „Neuer Impuls für die Politik zum Schutz der Verbraucher“[24] an, Vorschläge zur Verwendung neuer Informationstechnologien zu unterbreiten, die es dem Verbraucher ermöglichen sollten, Bestellungen von zu Hause aus zu tätigen.[25] Diese Mitteilung wurde vom Rat ausdrücklich begrüßt – in der Entschließung betreffend die künftige Ausrichtung der Politik der Europäischen Wirtschaftgemeinschaft zum Schutz und zur Förderung der Interessen der Verbraucher[26] forderte der Rat die Kommission dazu auf, Vorschläge zu entwickeln und zu unterbreiten, auf deren Grundlage der Rat zu gegebener Zeit Entscheidungen treffen kann.

1989[27] forderte der Rat die Kommission auf, ihre Anstrengungen in speziellen, vom Rat in einer Prioritätenliste vorgegebenen Gebieten zu intensivieren und bis Ende 1989 in diesen Bereichen einen Dreijahresplan mit den Zielen der Ge-

---

[23] Ein Überblick über die Entwicklung findet sich auch bei *Lütcke*, Fernabsatzrecht, Einleitung Rn. 4 ff.

[24] KOM (85) 314 endg. vom 23.07.1985 – unveröffentlicht.

[25] Unter Punkt 33 heißt es dort u.a.: „*Die neue Informationstechnologie wird immer stärker für die Information der Verbraucher verwendet, zum Beispiel verbindet Videotext Computerdatenbanken über Telefonbanken mit den Fernsehgeräten in den privaten Haushalten. Dieses sind Systeme, mit denen die Verbraucher von zu Hause aus dem Lieferanten Aufträge erteilen können. Eine Anzahl von Problemen, die sich dem Verbraucher stellen, sind auf das Videotextsystem an sich zurückzuführen. (..) Die Kommission wird diese Probleme prüfen und entsprechende Vorschläge unterbreiten.*“

[26] ABlEG Nr. C 167/01 v. 23.06.1986.

[27] Entschließung des Rates vom 09.11.1989 über künftige Prioritäten bei der Neubelebung der Verbraucherschutzpolitik, ABlEG Nr. C 294/01 v. 22.11.1989.

meinschaft für eine Politik zum Schutz und zur Förderung der Verbraucherinteressen zu entwickeln. Zu den vom Rat gesetzten Prioritäten bei der Neubelebung der Politik zum Verbraucherschutz sollten laut Nr. 5 des Anhangs der Entschließung auch Initiativen, die den „Tele-Einkauf“ ermöglichen, gehören.[28] Dieser Aufforderung kam die Kommission nach und legte 1992 den geforderten Dreijahresplan vor[29], in dem die Verabschiedung einer Richtlinie über den Verbraucherschutz im Fernabsatz vorgeschlagen wurde. Ziel der Kommission war es, eine Richtlinie zu entwickeln, die einen Rahmen darstellt, der durch Maßnahmen der Branchenverbände wie etwa Kodices für produkt- und kommunikationsspezifische Verhaltensregeln ausgefüllt werden sollte.[30] Die Kommission legte zu diesem Zweck eine Empfehlung vor, in der den Berufsvereinigungen der Länder vorgeschlagen wurde, sich entsprechende Verhaltenscodices zu geben.[31] Kurze Zeit später, am 21.05. 1992, präsentierte die Kommission schließlich nach langwierigen Beratungen mit den Verbraucher- und den betroffenen Wirtschaftsverbänden einen Vorschlag für eine verbraucherschützende Richtlinie im Fernabsatz.[32]

Vor der Veröffentlichung des Richtlinienvorschlags ließ die Kommission umfangreiche Gutachten über Möglichkeiten und Risiken des Einsatzes neuer Kommunikationstechnologien im Fernabsatz erstellen[33], in denen die Defizite in den Rechtssystemen der Mitgliedsstaaten in bezug auf den Direktvertrieb aufge-

---

[28] Nr. 5 des Anhangs „Prioritäten bei der Neubelebung der Politik zum Schutz und zur Förderung der Interessen der Verbraucher“ lautet: *„Durchführung folgender Arbeiten im Benehmen mit den einzelstaatlichen Sachverständigen und unter Berücksichtigung der in der Entschließung des Rates vom 23.06.1986 festgelegten Kriterien:*

- *(..)*
- *der im Rahmen des Dreijahresplans und unter Berücksichtigung des Ziels 1992 durchgeführten Untersuchung weiterer Möglichkeiten für Initiativen, insbesondere im Bereich der Verbraucheraufklärung, der neuen Technologien, die den Tele-Einkauf ermöglichen, der Garantie und des Kundendienstes sowie der unlauteren Werbung.*

Rechtliche Aspekte der neuen Vertriebsform „Tele-Shopping“ werden beschrieben von *Kessler*, WRP 1991, S. 285.

[29] Dreijahresplan für die Verbraucherpolitik in der EWG (1990 – 1992), KOM (90) 98 vom 03.05.1990, unveröffentlicht.

[30] Derartige Verhaltenscodices entstanden z.B. in Großbritannien in Form der Codes of Practice unter Aufsicht des OFT.

[31] Empfehlung der Kommission vom 07.04.1992 über die Verhaltenscodices zum Verbraucherschutz bei Vertragsabschlüssen im Fernabsatz, ABlEG Nr. L 156/21 vom 10.06.1992

[32] Vorschlag für eine Richtlinie des Rates über den Verbraucherschutz bei Vertragsabschlüssen im Fernabsatz, *KOM (92) 11 endg. – SYN 411*, ABlEG Nr. C 156/14 vom 23.06.1992, vgl. hierzu auch *Micklitz*, VuR 1993, 129.

[33] vgl. hierzu *Micklitz*, VuR 1993, 129, 130, der im Übrigen gemeinsam mit *Tonner* das deutsche Gutachten „Consumer Protection and Distant Selling in the Federal Republic of Germany“ erstellte.

zeigt worden. Trotz dieser festgestellten Lücken im Recht der Mitgliedsstaaten war der Richtlinienentwurf selbst innerhalb der Kommission äußerst umstritten. Zu einer Veröffentlichung im Amtsblatt kam es erst nach einer Mehrheitsentscheidung innerhalb der Kommission selbst. Auch einige der Mitgliedstaaten – hierunter u.a. Deutschland und England – standen dem Richtlinienentwurf äußerst kritisch gegenüber. So stellten beispielsweise die Ausschüsse des deutschen Bundesrats in der von ihnen ausgesprochenen Empfehlung ausdrücklich fest, dass der Verbraucher im Bereich der Fernabsatzgeschäfte zumindest nicht in dem Maße schutzbedürftig sei, wie dies in dem Richtlinienentwurf dargelegt sei.[34] Die Kritik des Bundesrates ging hierbei in erster Linie auf den Umstand zurück, dass die Definition des Fernabsatzgeschäfts im Entwurf weder die Voraussetzung der Ausschließlichkeit der Verwendung von Fernkommunikationsmitteln noch das Erfordernis eines für den Fernabsatz organisierten Vertriebs- und Dienstleistungssystems enthielt. Nach dem Richtlinienentwurf sollten die Regelungen auch für solche Geschäfte gelten, bei denen die Vertragsanbahnung unter körperlicher Anwesenheit beider Partein stattgefunden hat und lediglich die „Aufforderung zum Vertragsschluss“ oder die Bestellung unter Verwendung von „Telekommunikationstechniken“ vorgenommen wurde. Auf diese Weise wäre eine unbillige Privilegierung von im stationären Handel abgeschlossenen Verträgen gegenüber solchen Verträgen derselben Vertragspartner, die per Telefon abgeschlossen wurden, herbeigeführt worden, was von den Ausschüssen des Bundesrates zu Recht kritisiert wurde.[35]

Nachdem der Wirtschafts- und Sozialausschuss in einer Stellungnahme das Projekt einer Fernabsatzrichtlinie prinzipiell begrüßte, sich jedoch zu einigen Anmerkungen hinsichtlich der im Vorschlag geregelten Punkte berufen sah[36], wurde das Projekt 1993 durch einen geänderten Richtlinienvorschlag ergänzt.[37] Der Schutz des Verbrauchers vor aggressiven Verkaufsmethoden wurde nunmehr weiter präzisiert. Art. 4 verankerte jetzt ein „selektives Verbotsprinzip“[38] und stellte die Verwendung der Fernkommunikationstechniken Telefax, elektronische Post, Telefon und Voice-Mail-System unter die Bedingung der vorherigen

---

[34] BR-Drs. 445/1/92, S. 1.

[35] BR-Drs. 445/1/92, S. 2: „*Der (..) Ansatz des Vorschlags diskriminiert Vertragsabschlüsse unter Abwesenden ohne Grund gegenüber Vertragsabschlüssen im stationären Einzelhandel.*“

[36] Stellungnahme des Wirtschafts- und Sozialausschusses zu dem Vorschlag für eine Richtlinie des Rates über den Verbraucherschutz bei Vertragsabschlüssen im Fernabsatz, ABlEG Nr. C 19/111 v. 25.01.1993; u.a. wurde angeregt, die in dem Vorschlag enthaltene Definition des Verbrauchers zu erweitern oder die Klausel des Vorschlags über den Schutz vor unbestellt zugesandten Waren zu erweitern.

[37] Geänderter Vorschlag für eine Richtlinie des Rates über den Verbraucherschutz bei Vertragsabschlüssen im Fernabsatz, ABlEG Nr. C 308/18 vom 15.11.1993.

[38] *Reich*, EuZW 1997, S. 581, 582.

Zustimmung des Verbrauchers[39]. Die Vorschrift des Art. 3, in der Ausnahmen vom Anwendungsbereich der Richtlinie geregelt sind, wurde zwar geändert, Finanzdienstleistungen sollten aber auch nach dem geänderten Richtlinienvorschlag unter den Anwendungsbereich der Richtlinie fallen. Dieser Umstand führe zu weiteren langwierigen Beratungen in Rat und Parlament, bevor dann 1995 der Rat in einem gemeinsamen Standpunkt[40] einen Kompromiss verkündete, nach dem Finanzdienstleistungen vollständig aus dem Anwendungsbereich der Richtlinie entfernt werden sollten. Darüber hinaus legte Art. 10 des Vorschlags nunmehr fest, dass die Kontaktaufnahme des Unternehmer mit dem Verbraucher nur noch bei Verwendung der Fernkommunikationstechniken Voice-Mail-System und Telefax von der vorherigen Zustimmung des Verbrauchers abhängen sollte.[41] Dieser gemeinsame Standpunkt wurde ein Jahr später vom Europäischen Parlament geändert[42], bevor dann im Mai 1997 letztlich die Richtlinie über den Verbraucherschutz bei Vertragsabschlüssen im Fernabsatz verkündet wurde.

Die FernAbsRL wurde durch Art. 18 der Richtlinie 2002/65/EG des Europäischen Parlaments und des Rates über den Fernabsatz von Finanzdienstleistungen an Verbraucher und zur Änderung der Richtlinie 90/619/EWG des Rates und der Richtlinie 97/7/EG und 98/27/EG vom 09.10.2002 (FernAbsFinanzDienstRL) erstmalig geändert. Die Änderungen betrafen den Katalog der Bereichsausnahmen in Art. 3 FernAbsRL und betreffen Finanzdienstleistungen im Sinne der Richtlinie 2002/65/EG, die nunmehr nach Art. 3 Abs. 1 Spiegelstrich 1 FernAbsRL vom Anwendungsbereich der FernAbsRL ausgeschlossen sind. Im Übrigen wurde durch die Richtlinie 2002/65/EG der Anhang II der FernAbsRL ersatzlos gestrichen.

---

[39] sog. „opt-in-Prinzip", der Kontakt mit dem Verbraucher ist nur nach dessen vorheriger Zustimmung zulässig.

[40] Gemeinsamer Standpunkt (EG) Nr. 19/95 vom Rat festgelegt am 29. Juni 1995 im Hinblick auf den Erlass der Richtlinie 95/.../EG des Europäischen Parlaments und des Rates vom ... über den Verbraucherschutz bei Vertragsabschlüssen im Fernabsatz, ABlEG Nr. C 288/1 vom 30.10.1995.; eine Bewertung der rechtlichen Perspektiven aus der Zeit vor Inkrafttreten der Fernabsatzrichtlinie wird vorgenommen von *Hoeren*, WM 1999, S. 2006.

[41] Eingeschränktes „opt-out-Prinzip"; nach dem die Kontaktaufnahme grundsätzlich einen Adressaten erkennen lassen muss, um dem Verbraucher die Möglichkeit zu geben, sich gegen die unerwünschte Kontaktaufnahme zu wehren.

[42] Beschluss betreffend den Gemeinsamen Standpunkt des Rates im Hinblick auf den Erlass der Richtlinie des Europäischen Parlaments und des Rates über den Verbraucherschutz bei Vertragsabschlüssen im Fernabsatz (C4-0369/95 – 00/0411 (COD), ABlEG Nr. C 17/51 vom 22.01.1996.

II. Inhalt der Richtlinie

Die FernAbsRL enthält neben den traditionellen Instrumentarien des Verbraucherschutzes (Widerrufsrechte und Informationspflichten) auch zivilrechtliche Regelungen, lauterkeitsrechtliche Vorschriften und Vorgaben, die die zivilprozessuale Durchsetzbarkeit der Bestimmungen betreffen, die aufgrund der Richtlinie erlassen wurden. Im Schwerpunkt der Untersuchung stehen die zivilrechtlichen Vorgaben der Richtlinie, da diese die umfangreichsten Auswirkungen auf die nationalen Rechtsordnungen haben. Zu den zivilrechtlichen Vorgaben gehören Regelungen über Anwendungsbereich und Vertragserfüllung. Eckpunkte der Richtlinie sind jedoch die Vorschriften über das Widerrufsrecht des Verbrauchers sowie die Informationspflichten des Unternehmers. Diese Punkte werden umfassend erörtert, bevor in einem kursorischen Überblick die wettbewerbs-, kollisions- und prozessrechtlichen Vorschriften der Richtlinie dargelegt werden.

1) Anwendungsbereich

Die FernAbsRL hat gemäß Art. 1 zum Ziel, die Rechts- und Verwaltungsvorschriften der Mitgliedstaaten über Vertragsabschlüsse im Fernabsatz zwischen Verbraucher und Lieferer zu harmonisieren. Die Reichweite der Richtlinie wird insbesondere durch die Definitionen in Art. 2 und durch die in Art. 3 geregelten Ausnahmen bestimmt. Art. 2 FernAbsRL enthält Vorgaben über den sachlichen (Art. 2 Nr. 1 und 4 FernAbsRL) und persönlichen (Art. 2 Nr. 2, 3 und 5 FernAbsRL) Anwendungsbereich, Art. 3 über die Ausnahmen vom Anwendungsbereich der Richtlinie.

a) Sachlicher Anwendungsbereich

Art. 2 Nr. 1 FernAbsRL definiert den sachlichen Anwendungsbereich der Richtlinie. Ein Fernabsatzvertrag ist danach jeder (zwischen einem Lieferer und einem Verbraucher geschlossene,) eine Ware oder eine Dienstleistung betreffende Vertrag, der im Rahmen eines für den Fernabsatz organisierten Vertriebs- bzw. Dienstleistungssystems geschlossen wird, wobei dieser für den Vertrag bis zu dessen Abschluss einschließlich des Vertragsabschlusses selbst ausschließlich eine oder mehrere Fernkommunikationstechniken verwendet.

Zu beachten ist in diesem Zusammenhang, dass die FernAbsRL zwar mit dem Ziel entstanden ist, den grenzüberschreitenden Warenverkehrs im Binnenmarkt zu fördern[43]. Gleichwohl gelten die Vorschriften der Richtlinie auch für Fernab-

---

[43] Im 3. Erwägungsgrund heißt es: *Die Vollendung des Binnenmarktes kann für den Verbraucher besonders im grenzüberschreitenden Fernabsatz sichtbar zum Ausdruck kommen, wie dies unter anderem in der Mitteilung der Kommission an den Rat „Auf dem Weg zu einem Binnenmarkt für den Handel" festgestellt wurde. Es ist für das reibungslose Funktionieren*

satzverträge, die im innerstaatlichen Bereich abgeschlossen werden. Dies gilt jedenfalls dann, wenn der Vertrag eine Ware oder eine Dienstleistung zum Gegenstand hat(aa), im Rahmen eines für den Fernabsatz organisierten Vertriebs- bzw. Dienstleistungssystems des Lieferers getätigt wurde (bb) und der Lieferer bis zum Vertragsschluss Fernkommunikationstechniken (cc) ausschließlich (dd) verwandt hat.

aa) Ware oder Dienstleistung

Art. 2 Nr. 1 FernAbsRL unterscheidet zwischen Rechtsgeschäften über Waren und solchen über Dienstleistungen. Diese Differenzierung hat praktische Auswirkungen. Die Frist, innerhalb derer das Widerrufsrecht auszuüben ist, hängt nach Art. 6 Abs. 1 FernAbsRL auch davon ab, ob der Vertrag eine Ware oder eine Dienstleistung betrifft. Die Unterscheidung ist ebenfalls wichtig für den Umfang der Informationspflichten, die der Lieferer zu erfüllen hat. Art. 5 Abs. 2 FernAbsRL bestimmt, dass die in Art. 5 Abs. 1 FernAbsRL näher geregelten Einzelheiten der Informationspflicht nicht bei Dienstleistungen bestehen, die unmittelbar durch Einsatz einer Fernkommunikationstechnik erbracht werden.

Nach europäischem Verständnis fallen unter den Warenbegriff alle beweglichen Güter[44], die einen Geldwert haben und Gegenstand von Handelsgeschäften sein können.[45] Hierunter fällt Gas[46] ebenso wie Strom[47] und Wasser. Nach der Liberalisierung der Strommärkte in Deutschland und in Großbritannien spielt das bei Fernabsatzgeschäften eine große Rolle, da immer mehr private Energieunternehmen auf den Markt drängen und den Verbraucher zum Abschluss eines Stromlieferungsvertrages bewegen wollen. Der Kontakt zwischen Unternehmer und Verbraucher kommt hierbei häufig über die Internetangebote der Anbieter zustande, wo der Verbraucher in der Regel ein vorgedrucktes Vertragsformular findet, mit dem er das Angebot zum Abschluss des Stromlieferungsvertrages abgeben kann.[48] Bei diesen Verträgen gelten die Schutzvorschriften des Fernabsatzrechts.

---

des Binnenmarktes unabdingbar, dass der Verbraucher sich an ein Unternehmen außerhalb seines Landes wenden kann, auch wenn dieses Unternehmen über eine Filiale in dem Land verfügt, in dem der Verbraucher lebt.

[44] vgl. Grabitz/Hilf-*Wolf* Art. 23 EGV Rn. 12 ff.

[45] so die Einschränkung des EuGH in Rs. 7/68, *Kommission/Italienische Republik*, Slg. 1968, 627, 642.

[46] Code-Nr. 2711 und 2705 der Kombinierten Nomenklatur.

[47] EuGH, Rs. C-393/92, *Gemeente Almelo/Energiebedrijf Ijsselmij*, Slg. 1994 I-1477, 1516: *„Weder im Gemeinschaftsrecht noch auch in den nationalen Rechtssystemen wird bestritten, dass Elektrizität eine Ware (..) darstellt.“*

[48] En solches Formular findet sich z.B. auf der Seite des weltweit größten Privaten Energiedienstleisters, www.eon.de, abgefragt am 01.05.2006.

Zu den Waren im europäischen Sinne gehören auch „Tonträger, die geschützte Musikwerke enthalten“[49] und auf elektronischen Datenträgern verkörperte Software.[50] Zweifelhaft ist die Rechtslage bei Software oder sonstigen Daten, die vom Verbraucher im Download-Verfahren erworben werden. Hier wird die Software nicht auf einem elektronischen Datenträger verkörpert, so dass teilweise vertreten wird, ein solcher Erwerb von Software könne nur als Erbringung einer Dienstleistung, nicht aber als Lieferung einer Ware verstanden werden.[51] Gegen eine solche Bewertung spricht aber, dass die Daten in aller Regel nach abgeschlossenem Download vom Verbraucher auf einem Datenträger gespeichert werden. Das Abspeichern auf einem elektronischen Datenträger wird also nur verzögert. Gegenüber dem postalischen Vertrieb ist es für den Verbraucher einfacher, Software im Download-Verfahren zu erwerben. Diese Vereinfachung des Vertriebes kann für die rechtliche Bewertung des Vertragsgegenstandes keine Rolle spielen. Daten, die bereits auf einem Medium gespeichert sind und auf traditionellem Wege – also in der Regel per Post - an den Verbraucher gesandt werden, können nicht anders bewertet werden als Daten, die der Verbraucher über das Internet erhält. Auch Software, die vom Verbraucher per Download erworben wird, ist somit eine Ware im Sinne von Art. 2 Nr. 1 FernAbsRL.[52] Ein Vertrag über die Lieferung von Daten ist nur in Ausnahmefällen ein Vertrag über die Erbringung von Dienstleistungen. Erforderlich ist dann, dass das Geschäft bei objektiver Betrachtung nicht die Lieferung von Daten zum Gegenstand hat, sondern dass sich die vertraglich geschuldete Leistung des Unternehmers darin beschränkt, Daten zu sammeln und dem Verbraucher zur Verfügung zu stellen. Ein Beispiel hierfür sind Verträge über den Zugang von Datenbanken.[53]

Nicht jeder „körperliche Gegenstand“ fällt zwangsläufig unter den Warenbegriff. So sind etwa Münzen, die in einem Mitgliedstaat oder einem Drittstaat als Zahlungsmittel gelten, auch dann nicht als Ware zu betrachten, wenn ihnen neben dem monetären Wert eine besondere Güte zukommt.[54] Münzen und andere Wertgegenstände, die nicht in einem Mitglied- oder Drittstaat als Zahlungsmittel gelten, sind dagegen Waren im europarechtlichen Sinne. Keine Waren sind

---

[49] EuGH, Rs. 55 u. 57/80, *Musik-Vertrieb membran/GEMA*, Slg. 1981, 147, 161.

[50] EuGH, Rs. C-79/89, *Brown Boveri/Hauptzollamt Mannheim*, Slg. 1991 I-1853, 1890.

[51] so Grabitz/Hilf-*Voß* Bd. I Art. 23 EGV Rn. 12; vgl. zur rechtlichen Einordnung von Verträgen über den Download von Software nach deutschem Recht *Busse*, CR 1996, S. 389.

[52] Im Deutschen Recht ist das unter Berücksichtigung des Warenbegriffes in § 90 von der herrschenden Meinung anerkannt, vgl. statt vieler Hk-VertriebsR/Micklitz § 312 b Rn. 28 m.w.N. Ein Überblick über den Meinungsstreit findet sich auch bei *Spindler*, ZUM 1996, S. 533, 550 ff.

[53] So ist der Vertrag über den Zugang zu den deutschen juristischen Datenbanken *juris* oder *beck-online* ein Vertrag über die Erbringung von Dienstleistungen.

[54] für die Krügerrand-Münzen: EuGH, Rs. 7/78, *Thompson u.a.*, Slg. 1978, 2247, 2275.

schließlich solche körperlichen Gegenstände, die nach ihrer Natur in keinem Mitgliedstaat in Verkehr gebracht werden dürfen, sondern von den zuständigen Behörden nach der Entdeckung zu beschlagnahmen und aus dem Verkehr zu ziehen sind.[55] Auch tote Föten und Fötusmaterial sind nicht als Waren zu behandeln.[56]

Der europäische Dienstleistungsbegriff ist nicht so klar umrissen. Im Allgemeinen erfolgt wird der Begriff durch Abgrenzung zu den sonstigen Freiheiten des Gemeinschaftsrechts abgegrenzt. Üblicherweise werden Dienstleistungen als alle entgeltlichen Leistungen bezeichnet, die nicht unter die anderen Freiheiten des Gemeinschaftsrechts fallen.[57] Diese unscharfe Definition verdeutlicht bereits, dass die aus dem deutschen Zivilrecht bekannte Abgrenzung zwischen Dienst- und Werkleistung nicht auf den europäischen Bereich übertragbar ist. Vielmehr sind Werkleistungen im Sinne der §§ 631 ff. BGB ebenso als Dienstleistungen im europäischen Sinne zu qualifizieren wie etwa Geschäftsbesorgungen. Der weite Dienstleistungsbegriff erfüllt eine Auffangfunktion und wird immer dann angewandt, wenn der Begriff der Ware nicht einschlägig ist. In der Abgrenzung zu den sonstigen Freiheiten des Gemeinschaftsrechts ergibt sich jedoch, dass zumindest die folgenden Voraussetzungen erfüllt sein müssen, um von einer Dienstleistung im europäischen Sinne sprechen zu können: es muss sich um eine nicht-körperliche und selbstständige Leistung handeln, die gegen ein Entgelt vorgenommen wird und die – als Abgrenzung zur Niederlassungsfreiheit – nicht mit der wirtschaftlichen Integration des Dienstleisters verbunden ist.[58] In der Judikatur des EuGH hat der Dienstleistungsbegriff die folgenden Konkretisierungen erfahren: die Durchführung von Bauarbeiten[59], das Angebot von Studien- und Erholungsreisen[60], Versicherungsleistungen[61], Reinigungsar-

---

[55] Heroin: EuGH, Rs. 50/80, *Horvath/Hauptzollamt Hamburg-Jonas*, Slg. 1981, 385, 391; sonstige Betäubungsmittel: EuGH, Rs. 240/81, *Einberger/Hauptzollamt Freiburg*, Slg. 3681 sowie EuGH, Rs. 221/81, *Wolf/Hauptzollamt Düsseldorf*, Slg. 1982, 3699; Falschgeld: EuGH, Rs. C-343/89, *Witzemann/Hauptzollamt München-Mitte*, Slg. 1990 I-4492.

[56] Antwort der Kommission auf die schriftliche Anfrage Nr. 442/85, ABl. EG Nr. c 263/19.

[57] vgl. Grabitz/Hilf-*Randelzhofer/Forsthoff*, Art. 49/50 EGV Rn. 24; *Oppermann*, Rn. 1592; streng zu unterscheiden ist der europäische Dienstleitungsbegriff nach *Randelzhofer/Forsthoff* vom volkswirtschaftlichen Dienstleistungsbegriff, der Dienstleistung als jede Wirtschaftleistung versteht, die nicht in der Herstellung von Urprodukten oder Waren besteht.

[58] Vgl. ausführlich zu diesen Merkmalen Grabitz/Hilf-*Randelzhofer/Forsthoff*, Art. 49/50 RGV Rn. 25 – 37.

[59] EuGH, verb. Rs. 62 und 63/81, *Seco*, Slg. 1982, 223; Rs. C-113/89, *Rush Portuguesa*, Slg. 1990, I-1417.

[60] EuGH verb. Rs. 286/82 und 26/83, *Luisi und Carbone*, Slg. 1984, 377.

[61] EuGH Rs. 220/83, *Kom/Frankreich*, Slg. 1986, 3663.

beiten[62] sowie die technische Überwachung von Kraftfahrzeugen[63] sind als Dienstleistungen im europäischen Sinne qualifiziert worden.

bb) Organisiertes Vertriebs- bzw. Dienstleistungssystem

Im 1992er Vorschlag der Fernabsatzrichtlinie[64] war von einem für den Fernabsatz organisierten Vertriebs- bzw. Dienstleistungssystem noch nicht die Rede. Dort wurde vielmehr unter Art. 2, erster Spiegelstrich der Fernabsatzvertrag definiert als jeder ein Erzeugnis oder eine Dienstleistung betreffende Vertrag, der *nach einer entsprechenden Aufforderung durch den Lieferer* (..) abgeschlossen wurde. Diese Formulierung deutet darauf hin, dass die Richtlinie nur gelten soll, wenn die Initiative zum Abschluss des Vertrages vom Lieferer ausgeht. Da es jedoch insbesondere bei der Verwendung moderner Kommunikationsmittel schwer ist, den Initiator des Vertragsschlusses zu bestimmen, erweist sich bei genauerer Betrachtung dieses Kriterium als ungeeignet, eine trennscharfe Abgrenzung des Anwendungsbereichs der Richtlinie zu ermöglichen. Dieser Schwachpunkt ist auch dem Europaparlament aufgefallen[65], denn in dessen Änderungsvorschlag[66] wird erstmals die Voraussetzung eines für den Fernabsatz organisierten Vertriebs- bzw. Dienstleistungssystems genannt. Dieser Ansatz ist schließlich von der Kommission übernommen worden[67]. Es kommt damit nicht mehr darauf an, wer die Initiative bei dem Vertragsschluss ergriffen hat. Entscheidend ist vielmehr eine objektive Voraussetzung, und zwar das Vorliegen eines für den Fernabsatz organisierten Vertriebs- bzw. Dienstleistungssystems getreten.

Die Richtlinie selbst gibt freilich keine Anhaltspunkte dafür, was unter einem solchen System zu verstehen ist. Die Bedeutung des Tatbestandsmerkmals ist deshalb im Wege der autonomen Auslegung zu ermitteln. Es wäre wünschenswert gewesen, wenn die zur Rechtssetzung berufenen Organe der EU dem Beg-

---

[62] EuGH, Urteil vom 09.03.2000, Rs. C-358/98, *Kom/Italien*, in: EuZW 2000, S. 342.

[63] EuGH Rs. C-55/93, *van Schaik*, Slg. 1994, I-4837.

[64] Vorschlag für eine Richtlinie des Rates über den Verbraucherschutz bei Vertragsabschlüssen im Fernabsatz (92/C 156/05), KOM (92) 11 endg. - SYN 411, ABlEG 1992 Nr. C 156/14, s.o. S. 9.

[65] den Materialien sind keine Gründe für die Änderung der Formulierung zu entnehmen, es spricht jedoch einiges dafür, dass die Änderung mit dem Ziel der genaueren Abgrenzung erfolgt ist, so auch Grabitz/Hilf-*Micklitz*, Band III, A3 Rn. 9; *Micklitz*, in: *Micklitz/Reich*, Die FernAbsRL im deutschen Recht, Rn. 12 ff., wo eine persönliche Mitteilung von J. *Allix* aus der für Verbraucherschutz zuständigen Generaldirektion XXIV als Hinweis auf die Motive des europäischen Gesetzgebers genannt wird.

[66] Änderungsvorschlag des Europaparlaments, ABlEG 1993 Nr. C 176, S. 85

[67] Geänderter Vorschlag für eine Richtlinie des Rates über den Verbraucherschutz bei Vertragsabschlüssen im Fernabsatz (93/C 308/02), KOM (93) 396 endg. – SYN 411, s.o. S. 9.

riff schärfere Konturen gegeben hätten.[68] Im Schrifttum besteht Einigkeit darüber, dass die Voraussetzung u.a. den Zweck verfolgt, Gelegenheitskäufe, wie sie etwa im Buchhandel oder im Reisebüro auftreten können, aus dem Anwendungsbereich der Richtlinie herauszuhalten.[69] Der Buchhändler, der aus Verbundenheit einem alten Kunden gegenüber diesen telefonisch über die Neuerscheinung eines Buches informiert und das Buch dann per Post verschickt, soll nicht mit den Lasten des Fernabsatzrecht beladen werden. Nicht erforderlich ist, dass der Lieferer sein gesamtes Geschäft im Wege des Fernabsatzes betreibt. Die Fernabsatzgeschäfte müssen aber einen wesentlichen Teil des Geschäfts des Lieferers ausmachen, so dass es zu ihrer Bewältigung eines für den Fernabsatz organisierten Vertriebs- und Dienstleistungssystems bedarf. Ob ein solches gegeben ist, wird anhand objektiver Kriterien wie etwa der Verteilung der personellen und sachlichen Ausstattung des Umsatzes und der Marktanteile der unterschiedlichen Vertriebsformen entschieden.[70]

Die Richtlinie enthält keine Vorgabe über die Beweislast[71], falls Streit über das Vorliegen eines für den Fernabsatz organisierten Vertriebs- bzw. Dienstleistungssystems besteht. Nach dem Wortlaut der Vorschrift muss der Verbraucher die Existenz eines solchen Systems beweisen. An diesen Beweis dürfen aber im Hinblick auf den verbraucherschützenden Charakter der Richtlinie keine allzu hohen Anforderungen gestellt werden. Es reicht aus, wenn der vernünftige Verbraucher anhand der vom Lieferer genutzten Medien wie z.B. dem Online-Angebot oder den Katalogen des Lieferers den Eindruck gewinnen musste, dass der Lieferer über ein derartiges Vertriebssystem verfügt. In einem solchen Fall ist das Vorliegen eines für den Fernabsatz organisierten Vertriebs- bzw. Dienstleistungssystems zu bejahen, so dass der Lieferer nicht mehr den Beweis erbringen kann, dass er das Vertriebssystem nicht systematisch nutzt.[72]

cc) Verwendung von Fernkommunikationstechniken

Gemäß Art. 2 Nr. 4 FernAbsRL versteht man unter Fernkommunikationstechnik jedes Kommunikationsmittel, das zum Abschluss eines Vertrages zwischen ei-

---

[68] *Freund*, FS Horn, S. 228, 245, schlägt z.B. vor, die Bedeutung des Begriffes durch eine Negativabgrenzung klarer werden zu lassen und nennt als hierbei denkbare Kriterien personelle Ausstattung, Umsatz und Marktanteil des Lieferers.

[69] dies gilt auch dann, wenn die Initiative zum Kauf vom Lieferer ausgeht, vgl. *Micklitz*, ZEuP 1999, S. 875, 877; Grabitz/Hilf-*Micklitz*, Band III, A3 Rn. 10; *Micklitz/Reich* S. 7; *Reich*, EuZW 1997, S. 581, 583.

[70] so auch Grabitz/Hilf-*Micklitz*, Band III A 3 Rn. 10.

[71] Anders z.B. die deutsche Umsetzung, in der durch § 312 b Abs. 1 2. Halbsatz BGB dem Unternehmer die Beweislast dafür auferlegt wird, dass er nicht über ein derartiges Vertriebssystem verfügt.

[72] *Reich*, EuZW 1997, S. 581, 583.

nem Verbraucher und einem Lieferer ohne gleichzeitige körperliche Anwesenheit der Vertragsparteien eingesetzt werden kann. Im Anhang I der Richtlinie werden Beispiele für solche Fernkommunikationstechniken genannt[73]. Aus dem 9. Erwägungsgrund der Richtlinie geht aber hervor, dass diese Liste keineswegs abschließend zu verstehen ist. Vielmehr hat sich der europäische Gesetzgeber bei dieser Formulierung bewusst alle Optionen offen gehalten, so dass entsprechend der Dynamik der technischen Entwicklung im Bereich von Fernkommunikationstechniken eine ständige Anpassung an neue Gegebenheiten möglich ist. Die in der Liste genannten Medien lassen sich in 4 Kommunikationsformen zusammenfassen: Printmedien, telefonische oder über das Telefon vermittelte Kommunikation, Kommunikation über das Fernsehen oder den Hörfunk und Kommunikation im Internet.

Der Lieferer *verwendet* Mittel der Fernkommunikationstechnik, wenn er sie bewusst mit dem Ziel einsetzt, Vertragsabschlüsse mit Verbrauchern herbeizuführen.[74] Der Verbraucher kann sich daher nicht auf den Schutz der Richtlinie berufen, wenn der Lieferer die Medien nur zum Ziel der Werbung einsetzt oder den Verbraucher in sonstiger Weise informieren möchte. Ob die fließende Grenze zur Abgabe einer *invitatio ad offerendum* überschritten wurde, ist aus der Sicht eines verständigen Durchschnittsverbrauchers zu ermitteln.[75]

dd) Ausschließlichkeit der Verwendung

Erforderlich ist weiterhin, dass der Lieferer bis zum Abschluss des Vertrages *ausschließlich* eine oder mehrere Fernkommunikationstechniken verwendet hat. Zum Vertragsabschluss im Fernabsatz gehört nach dem Wortlaut von Art. 2 Nr. 1 FernAbsRL nicht nur der Vertragsschluss selbst, sondern auch die Vertragsanbahnung.[76] Findet zu irgendeinem Zeitpunkt des Geschäfts (auch) ein direkter Kontakt zwischen Lieferer und Verbraucher statt, gilt die Richtlinie nicht. Der Verbraucher ist bei Fernabsatzgeschäften u.A. deshalb schutzbedürftig, weil er sich vor dem Abschluss des Vertrages kein Bild von dem Unternehmer machen kann. Über die Seriosität des Lieferers, seine geschäftliche Erfahrung und Bonität bleibt der Verbraucher daher im Unklaren. All das sind Faktoren, die wichtig sind für eine Entscheidung über den Abschluss eines Vertrages. Findet ein per-

---

[73] Drucksache ohne Anschrift, Drucksache mit Anschrift, vorgefertigter Standardbrief, Pressewerbung mit Bestellschein, Katalog, telefonische Kommunikation mit Personen oder Automaten als Gesprächspartner, Hörfunk, Bildtelefon, Videotext, elektronische Post, Fernkopie und Fernsehen.

[74] vgl. *Bodewig*, DZWiR 1997, S. 447, 448; *Reich*, EuZW1997, S. 581, 582.

[75] *Reich*, EuZW 1997, S. 581, 583.

[76] *Reich*, EuZW 1997, S. 581, 582 spricht in diesem Zusammenhang von einem „Kontinuum der Rechtsbeziehungen".

sönlicher Kontakt zwischen Verbraucher und Unternehmer statt, so ist der Verbraucher in dieser Hinsicht nicht mehr benachteiligt.

Durch das Kriterium der körperlichen Abwesenheit soll die FernAbsRL von der Haustürwiderrufsrichtlinie (HWiRL)[77] abgegrenzt werden.[78]. Die HWiRL ist für den Verbraucher günstiger.[79] Die Abgrenzung zwischen den verschiedenen Vertriebsformen kann jedoch im Einzelfall zu Schwierigkeiten führen. Probleme können sich vor allem ergeben, wenn provozierte Bestellungen vorliegen oder wenn die Absatzformen vermischt sind.[80] Solche Hindernisse lassen sich beseitigen, wenn man auf den Charakter des Grundgeschäftes abstellt.[81] Wird dieses unter permanenter Abwesenheit der Vertragsparteien geschlossen, gilt die Fernabsatzrichtlinie. Die HWiRL ist dagegen zu beachten, wenn dem Geschäft persönliche Verhandlungen vorausgegangen sind und zum Vertragsschluss selbst Fernkommunikationsmittel gebraucht werden.[82]

Ein Konsolidierungsbedarf hinsichtlich der unterschiedlichen Anwendungsbereiche der Richtlinien ist vom europäischen Gesetzgeber festgestellt worden[83] und es bleibt abzuwarten, inwieweit in naher Zukunft mit einer inhaltlichen Abstimmung der Anwendungsbereiche der HWiRL und der FernAbsRL zu rechnen ist.

---

77 Richtlinie 85/577/EWG des Rates vom 20.12.1985 betreffend den Verbraucherschutz im Falle von außerhalb von Geschäftsräumen geschlossenen Verträgen, ABlEG Nr. L 372/31 v. 31.12.1985.

78 vgl. Grabitz/Hilf-*Micklitz* Bd. 2 A3 Rn. 5 ff.

79 Diese bietet eine längere Widerrufsfrist – nach Art. 6 Abs. 1 Satz 1 FernAbsRL kann der Verbraucher den Vertragsschluss innerhalb einer Frist von 7 Werktagen widerrufen, bei Haustürgeschäften muss der Widerruf gemäß Art. 5 Abs. 1 Satz 1 HWiRL innerhalb von 7 Tagen erfolgt sein. Daneben ist die Widerrufsfrist nach der HWiRL nicht unbegrenzt, wenn der Verbraucher nicht in dem erforderlichen Umfang informiert wird. Nach Art. 6 Abs. 1 Satz 4 FernAbsRL beträgt die Widerrufsfrist bei Fernabsatzgeschäften in einem solchen Fall drei Monate.

80 Ein Überblick über die 6 verschiedenen Konstellationen, die hierbei zutage treten können, findet sich bei Micklitz, in: *Micklitz/Reich* Die FernAbsRL im deutschen Recht, Rn. 8 ff.

81 vgl. *Gößmann*, MMR 1998, S. 88, 89; Grabitz/Hilf-*Micklitz* Bd. II A 3 Rn. 7 f.; *Reich*, EuZW 1997, S. 581, 583.

82 Abgrenzungsfragen zwischen Haustürgeschäft und Fernabsatz werden umfassend erörtert von *Micklitz*, in: *Micklitz/Reich*, Die FernAbsRL im deutschen Recht, Rn. 8 ff..

83 In einer Erklärung zu Art. 6 Abs. 1 FernAbsRL nehmen Parlament und Rat zur Kenntnis, „dass die Kommission prüfen wird, ob es möglich und wünschenswert ist, die Berechnungsmethoden für die Bedenkzeit in den derzeit geltenden Verbraucherschutzvorschriften, insbesondere der Richtlinie 85/577/EWG zu harmonisieren." Bis heute ist in dieser Hinsicht jedoch nichts geschehen.

b) Persönlicher Anwendungsbereich

aa) Verbraucher

Art. 2 Nr. 2 FernAbsRL definiert „Verbraucher" als jede natürliche Person[84], die beim Abschluss von Fernabsatzverträgen zu Zwecken handelt, die nicht ihrer[85] gewerblichen oder beruflichen Tätigkeit zugerechnet werden können. Diese Definition entspricht dem Verbraucherleitbild, das auch anderen EU-Verbraucherschutzrichtlinien zugrunde liegt. Eine identische Definition findet sich etwa in Art. 2, erster Spiegelstrich HWiRL. Betont werden muss jedoch, dass es im Gemeinschaftsrecht keinen einheitlichen Verbraucherbegriff gibt, der allen Rechtsakten zugrunde gelegt werden könnte. Vielmehr richtet sich das Verbraucherleitbild nach der konkreten Zielsetzung der Gemeinschaftsmaßnahme.[86] Im Bereich des Schutzes der wirtschaftlichen Interessen wird der Verbraucher als schutzbedürftig angesehen, weil der Lieferer ihm in wirtschaftlicher Hinsicht überlegen ist. Die Überlegenheit des Lieferers ergibt sich vor allem daraus, dass er dem Verbraucher unter Zuhilfenahme von einer umfassenden Marketingmaschinerie sowie ausgeklügelter Vertragskonzepte gegenübertritt.[87]

Nach der Rechtsprechung des EuGH ist nur der private Endverbraucher schutzwürdig. Kleingewerbetreibende fallen ebenso wenig unter die Definition wie Privatpersonen, die Rechtsgeschäfte zur Begründung einer Erwerbstätigkeit unternehmen.[88] Die Definition lässt im Übrigen keinen Zweifel daran, dass juristi-

---

[84] Die Begrenzung des europäischen Verbraucherbegriffs ist im Schrifttum zu Recht kritisiert worden, da auch schutzwürdige juristische Personen als Endverbraucher denkbar sind, vgl. *Medicus*, ZIP 1996, S. 1925; *Pfeiffer*, in: *Schulte-Nölke/Schulze*, Europäische Rechtsangleichung und internationale Privatrechte, S. 21, 38.

[85] Die Bezugnahme auf das Possessivpronomen „ihrer" ist missverständlich, da bei wörtlicher Interpretation nur solche Personen Verbraucher sein können, die an sich gewerblich oder beruflich tätig sind, vgl. *Flume*, ZIP 2000, S. 1427.

[86] Gleichwohl lässt sich ein einheitliches Verbraucherbild innerhalb der unterschiedlichen Gebiete des Gemeinschaftsrechts beobachten. So wird etwa im Bereich des Schutzes der wirtschaftlichen Interessen, insbesondere des Vertragsrecht der Verbraucher wie in der FernAbsRL definiert, also als natürliche Person, die beim Abschluss von Verträgen zu einem Zweck handelt, der nicht ihrer gewerblichen oder beruflichen Tätigkeit zugeordnet werden kann. Vgl. ausführlich zum europäischen Verbraucherbegriff *Reich*, in: *Reich/Micklitz*, Europäisches Verbraucherrecht, Rn. 1.38 ff. m.w.N.

[87] vgl. *Bülow/Artz*, NJW 2000, S. 2049, 2050; sowie ausführlich zum europäischen Verbraucherbegriff *Pfeiffer*, in: *Schulte-Nölke/Schulze*, Europäische Rechtsangleichung und internationale Privatrechte, S. 21.

[88] EuGH Rs. C-361/89, Strafverfahren gegen *Patrice di Pinto*, Slg. 1991 I-1189, 1211. Hier wurde einer natürlichen Person, die einen Werbevertrag über die Veröffentlichung eines Inserats in einer periodisch erscheinenden Zeitschrift abgeschlossen hatte, der Schutz der HWiRL mit der Begründung verneint, dass die Definition des Verbraucherbegriffs keine Unterschei-

sche Personen nicht unter den Verbraucherbegriff fallen.[89] Das gilt unabhängig davon, ob sie gewerblichen oder privaten Zwecken nachgehen. Auch staatliche Körperschaften oder Organisationen wie etwa die Kirche können daher keine Verbraucher im Sinne der FernAbsRL sein. Bei Verträgen, die nur zum Teil zu beruflichen Zwecken abgeschlossen werden, ist die Verbrauchereigenschaft zu bejahen, wenn dem privaten Zweck eine nicht völlig untergeordnete Bedeutung zukommt.[90] Ein und dieselbe Person kann somit als Verbraucher oder als Lieferer tätig werden, abhängig vom Schwerpunkt ihrer Tätigkeit und dem damit verfolgten Zweck.

bb) Lieferer

Art. 2 Nr. 3 FernAbsRL definiert den Lieferer als jede natürliche oder juristische Person, die beim Abschluss von Verträgen im Rahmen ihrer gewerblichen oder beruflichen Tätigkeit handelt. Die etwas ungelenke Bezeichnung „Lieferer"[91] der deutschen Fassung der Richtlinie geht nur schwer von den Lippen und ist vom deutschen Gesetzgeber bei der Umsetzung auch nicht übernommen worden.[92] Die Definition entspricht weitgehend der des Gewerbetreibenden in der HWiRL[93]. Allerdings ist in Art. 2 Nr. 3 FernAbsRL nicht vorgesehen, dass sich der Lieferer eines Vertreters bedient. Das war im ersten Vorschlag der Richtlinie[94] noch anders. Der Begriff des Lieferers umfasste seinerzeit auch die Person, die im Namen oder auf Rechnung des Lieferers handelt. Aus den allgemein zugänglichen Dokumenten geht nicht hervor, was zur Streichung des Vertreters aus der Definition geführt hat. Es wird jedoch allgemein vermutet, dass befürchtet wurde, dass die Formulierung im Entwurf der FernAbsRL zu Abgrenzungsschwierigkeiten führen würde.[95] Gleichwohl besteht kein Zweifel darüber, dass

---

dung zwischen Rechtsgeschäften des laufenden Geschäftsbetriebes und solchen mit Ausnahmecharakter erlaube.

[89] Das entspricht auch dem vom EuGH vertretenen engen Verständnis des Verbraucherbegriffes, vgl. EuGH v. 22.01.2001, Verb. Rs. C-541 + 542/99, *Idealservice*, Slg. 2001, I-9049.

[90] *Bodewig*, DZWir 1997, S. 447, 449 gibt für eine solche Konstellation das Beispiel des Rechtsanwalts, der auf seinem Computer neben der Kanzleiarbeit gelegentlich auch private Briefe verfasst.

[91] engl.: *supplier*; franz.: *fournisseur*.

[92] Sowohl im FernAbsG als auch in den §§ 312 b bis d BGB heißt es „Unternehmer".

[93] Art. 2 HWiRL: *„Gewerbetreibender ist eine natürliche oder juristische Person, die beim Abschluss des betreffenden Geschäfts im Rahmen ihrer gewerblichen oder beruflichen Tätigkeit handelt, sowie eine Person, die im Namen und für Rechnung eines Gewerbetreibenden handelt."*

[94] 92/C/ 156//05, ABlEG 1992 Nr. C 156/14.

[95] so *Bodewig*, DZWir 1997, S. 447, 449; Grabitz/Hilf-*Micklitz* Bd. II A3 Rn. 14; *Micklitz/Reich* S.8.

die Vorgaben der Richtlinie auch dann Anwendung finden, wenn sich der Lieferer eines Vertreters bedient.[96]

Die Rechtsform einer Partei spielt keine Rolle bei ihrer Qualifikation als Lieferer. Juristische und natürliche Personen können gleichermaßen gewerblich oder beruflich tätig werden. Unerheblich ist auch, ob den Lieferer die Absicht antreibt, Gewinne zu erzielen. Entscheidend ist allein, dass das Geschäft im Rahmen einer gewerblichen oder beruflichen Tätigkeit abgeschlossen wird. Damit können auch gemeinnützige Organisationen durchaus in den Anwendungsbereich der Richtlinie fallen und als Lieferer qualifiziert werden.[97]

cc) Betreiber einer Kommunikationstechnik

Betreiber einer Kommunikationstechnik im Sinne der FernAbsRL ist nach Art. 2 Nr. 5 jede natürliche oder juristische Person des öffentlichen oder privaten Rechts, deren gewerbliche oder berufliche Tätigkeit darin besteht, den Lieferern eine oder mehrere Fernkommunikationstechniken zur Verfügung zu stellen. Im 1992er Richtlinienvorschlag war demgegenüber noch vorgesehen, dass auch derjenige als Betreiber einer Kommunikationstechnik zu verstehen ist, der dem Verbraucher Fernkommunikationstechniken zur Verfügung stellen. Diese Formulierung wurde jedoch wieder verworfen und der Wirkungskreis der Betreiber auf die Lieferer beschränkt, da die Richtlinie die „Praktiken dieses Personenkreises“[98] regeln wollte. Der Betreiber stellt nur dem Lieferer die Fernkommunikationstechnik zur Verfügung und steht insofern auch auf dessen Seite. Das wird auch durch den Kontext deutlich, in dem der Betreiber in der Richtlinie auftaucht – er wird stets (z.B. Art. 11 Abs. 2 (3) lit. b) FernAbsRL) im Zusammenhang mit dem Lieferer genannt. Die Rechtsform des Betreibers spielt keine Rolle. Ohne Bedeutung ist auch, ob der Betreiber dem öffentlichen oder dem privaten Recht zuzuordnen ist. Betreiber einer Kommunikationselektronik können damit private und öffentliche Fernsehanstalten ebenso sein wie sog. Provider von Email und Internet.

c) Ausnahmen vom Anwendungsbereich

Art. 3 FernAbsRL enthält einen Katalog, in dem diverse Verträge vom Anwendungsbereich der FernAbsRL ausgeschlossen werden. Hierbei werden die unterschiedlichsten Verträge genannt. Das Fernabsatzrecht gilt für Verträge über den

---

[96] statt vieler: Grabitz/Hilf-*Micklitz* Bd. II A3 Rn. 14 m.w.N.

[97] vgl. *Bodewig*, DZWir 1997, S. 447, 449; *Micklitz*, ZEuP 1999, S. 875, 878.

[98] Gemeinsamer Standpunkt (EG) Nr. 19/95des Europäischen Parlaments und des Rates der Europäischen Union im Hinblick auf den Erlass der Richtlinie über den Verbraucherschutz bei Vertragsabschlüssen im Fernabsatz, ABlEG 1995 Nr. C 288/1.

Bau und den Verkauf von Immobilien ebenso wenig wie für Verträge über die Lieferung von Lebensmitteln. Ein rechtssystematischer Zusammenhang, der allen Bereichsausnahmen zugrunde liegt, lässt sich nicht erkennen. Es spricht daher einiges für den in der Literatur geäußerten Verdacht, Art. 3 sei eher ein Produkt gezielter Lobbypolitik denn das Ergebnis rechtssystematischer Überlegungen.[99] Art. 3 FernAbsRL unterscheidet zwischen Verträgen, für die das Fernabsatzrecht überhaupt nicht gelten soll (Art. 3 Abs. 1 FernAbsRL) und Verträgen, bei denen nur die Kernelemente der Richtlinie – insbesondere die Vorschriften über die Informationspflichten und die Widerrufsrechte – nicht zu beachten sind (Art. 3 Abs. 2 FernAbsRL).

Das Gesetzgebungsverfahren wurde dominiert von Auseinandersetzungen um den Inhalt von Art. 3 FernAbsRL. Das zeigt sich zum Beispiel darin, dass keine andere Vorschrift der Richtlinie während des Gesetzgebungsverfahrens so häufig geändert wurde. Vergleicht man den 1992er Entwurf mit der endgültigen Fassung von Art. 3 FernAbsRL finden sich nur wenige Gemeinsamkeiten. Lediglich Verträge, die unter Verwendung von Warenautomaten oder automatisierten Geschäftsräumen geschlossen wurden, waren seit dem ersten Entwurf der FernAbsRL im Katalog der Bereichsausnahmen enthalten. Um eine Sonderregelung für Immobilien wurde hingegen ebenso heftig gestritten wie um die Einbeziehung von Tourismusdienstleistungen und Hotelreservierungen. Der Disput über die zu berücksichtigenden Ausnahmen lässt sich auch von der Gestaltung des Art. 3 FernAbsRL selbst ableiten – im ersten Entwurf der Kommission war er noch äußerst übersichtlich gehalten und enthielt verschiedene Vertragstypen[100], die in 5 Spiegelstrichen enumerativ aufgelistet waren. Im geänderten Vorschlag der Kommission[101] wurde diese Liste dann reduziert und umformuliert. Unterschiede zwischen der Reichweite der Bereichsausnahmen wurden erstmals im gemeinsamen Standpunkt von Europäischem Parlament und dem Rat vom 29.06.1995[102] getroffen. Das hat die Übersichtlichkeit der Vorschrift nicht gerade gefördert und der Sinn einer solchen Differenzierung muss mit einem großen Fragezeichen versehen werden.[103] Weder den der Gesetzgebung

---

[99] *Micklitz*, ZEuP 1999, S. 874, 878.

[100] Ausgeschlossen waren Verträge, die unter Verwendung von Warenautomaten oder automatisierten Geschäftsräumen geschlossen wurden; daneben sollte das Fernabsatzrecht nicht gelten für Verträge über maßgefertigte Erzeugnisse; Dienstleistungen, bei denen Reservierungen vorgenommen werden; die Lieferung von Lebensmitteln oder Getränken oder von sonstigen Haushaltsgütern des laufenden Bedarfs und über die Erbringung von Dienstleistungen für den laufenden Bedarf.

[101] KOM(93) 396 endg. – SYN 411, ABlEG 1993 Nr. C 308/18, 23.

[102] ABlEG 1995 Nr. C 288/1, 3.

[103] Die Differenzierung wurde im Übrigen vom deutschen Gesetzgeber nicht übernommen; vgl. zur Kritik am europäischen Gesetzgeber auch Grabitz/Hilf-*Micklitz* Bd. II A3 Rn. 11; *Tonner*, RRa 2000, S. 163, 164..

zugrundeliegenden Materialien noch der einschlägigen Literatur ist zu entnehmen, warum Art3 FernAbsRL in einer so unübersichtlichen Form verabschiedet wurde.

Im Folgenden werden zunächst (aa) bis ee)) die Bereichsausnahmen dargestellt, für die das Fernabsatzrecht überhaupt nicht gilt. Im Anschluss (ff) bis gg)) werden die Verträge erörtert, bei denen nur die Kernelemente der Richtlinie nicht beachtet werden müssen.

aa) Finanzdienstleistungen im Sinne der FernAbsFinanzDienstRL

Die Frage, ob Finanzdienstleistungen unter den Anwendungsbereich der Richtlinie fallen sollen, erwies sich im Verlauf des Gesetzgebungsverfahrens schnell als größter Zankapfel. Gegenüber standen sich hierbei Kommission und Rat, die eine Ausgrenzung von Finanzdienstleistungen befürworteten, und Parlament, das für eine Einbeziehung der Finanzdienstleistungen votierte. Der Streit endete mit einem Kompromiss. Art. 3 erster Spiegelstrich FernAbsRL a.F. schloss die im Anhang II der Richtlinie nicht abschließend aufgeführten Finanzdienstleistungen vom Anwendungsbereich aus. Im Gegenzug erkannte die Kommission die besondere Bedeutung des Verbraucherschutzes bei Vertragsabschlüssen im Fernabsatz bei finanziellen Dienstleistungen an und sicherte in einer der Richtlinie beigefügten Erklärung zu, die Einbeziehung des Verbraucherschutzes in die Finanzdienstleistungspolitik zu überprüfen und gegebenenfalls in diesem Bereich geeignete Vorschläge zu unterbreiten. Diese Zusicherung war der Startschuss zu der Entwicklung der Richtlinie 2002/65/EG über den Fernabsatz von Finanzdienstleistungen an Verbraucher vom 23.09.2002 (FernAbsFinanzDienstRL)[104]. Diese hob dann die hart umkämpfte Formulierung in Art. 3 Abs. 1, erster Spiegelstrich FernAbsRL aufhob. Nach der neuen Formulierung sollten die Vorschriften der FernAbsRL nicht gelten für Finanzdienstleistungen, die in den Anwendungsbereich der FernAbsFinanzDienstRL fallen. Finanzdienstleistungen sind in Art. 2 Nr. 2 FernAbsFinanzDienstRL definiert als jede Bankdienstleistung sowie jede Dienstleistung im Zusammenhang mit einer Kreditgewährung, Versicherung, Altersversorgung von Einzelpersonen, Geldanlage oder Zahlung. Bei diesen Dienstleistungen müssen die verbraucherschützenden Vorschriften der FernAbsFinanzDienstRL beachtet werden. Auch hierbei handelt es sich um Widerrufsrechte und Informationspflichten.

---

[104] Richtlinie 2002/65/EG des Europäischen Parlaments und des Rates vom 23.09.2002 über den Fernabsatz von Finanzdienstleistungen an Verbraucher und zur Änderung der Richtlinie 90/619/EWG des Rates und der Richtlinien 97/7/EG und 98/27/EG, ABlEG Nr. L 271, S. 16 v. 09.10.2002.

bb) Warenautomaten, automatisierte Geschäftsräume

Nach Art. 3 Abs. 1, zweiter Spiegelstrich FernAbsRL gilt das Fernabsatzrecht nicht, wenn die Verträge unter Verwendung von Warenautomaten oder automatisierten Geschäftsräumen geschlossen werden. Bei solchen Verträgen kann der Verbraucher die Ware zumindest aus der Distanz begutachten und ist deshalb nicht im selben Maße schutzbedürftig wie beim normalen Fernabsatzvertrag. Darüber hinaus sind diese Art von Verträgen im Allgemeinen auf den sofortigen Leistungsaustausch gerichtet, so dass es für den Unternehmer nicht möglich ist, seine Informationspflichten in vollem Umfang zu erfüllen.[105] Im Übrigen betreffen derartige Verträge häufig Waren, die nur einen geringen wirtschaftlichen Wert haben. Informationspflichten sind daher aus Sicht des Verbraucher nicht unbedingt erforderlich. Wer eine Tafel Schokolade oder eine Schachtel Zigaretten an einem Automaten erwirbt, bedarf nicht derselben umfangreichen Information wie der Verbraucher, der im Internet Rechtsgeschäfte von beträchtlicher wirtschaftlicher Bedeutung tätigt.

Im Schrifttum wird diese Bereichsausnahme zum Teil damit begründet, dass bei Verträgen, die unter Verwendung von Warenautomaten oder automatisierten Geschäftsräumen geschlossen werden, keine Fernkommunikationsmittel gebraucht werden und die Richtlinie nur Schutz vor den Gefahren bieten wolle, die aus einem solchen Gebrauch erwachsen.[106] Diesem Ansatz liegt jedoch ein Missverständnis zugrunde. Wird der Vertrag nicht unter ausschließlicher Verwendung von Fernkommunikationsmitteln geschlossen, liegt bereits deshalb kein Fernabsatzvertrag vor. Die Frage, ob die Bereichsausnahme des Art. 3 Abs. 1, zweiter Spiegelstrich FernAbsRL einschlägig ist, stellt sich dann gar nicht mehr. Sie ist der Prüfung einer Bereichsausnahme nach Art. 3 FernAbsRL vorgelagert und konstitutiv für die Anwendbarkeit der Richtlinie. Eine Bereichsausnahme kann schon begrifflich nur vorliegen, wenn das Fernabsatzrecht grundsätzlich anwendbar wäre.

cc) Benutzung öffentlicher Fernsprecher

Auch für Verträge, die mit Betreibern von Telekommunikationsmitteln aufgrund der Benutzung von öffentlichen Fernsprechern geschlossen werden, gilt das Fernabsatzrecht gemäß Art. 3 Abs. 1, dritter Spiegelstrich FernAbsRL nicht. Hierunter sind vor allem Verträge zu verstehen, die zwischen dem Nutzer einer Telefonzelle o.ä. und deren Betreiber geschlossen werden.[107] Im Schrifttum fin-

---

[105] vgl. zu der identischen Ausnahmereglung im deutschen Recht *Härting/Schirmbacher*, MDR 2000, S. 917, 918; Hk-VertriebsR/*Micklitz*, § 312 b Rn. 93; *Kamanabrou*, WM 2000, S. 1417, 1421; *Lorenz*, JuS 2000 S. 833, 835.

[106] Grabitz/Hilf-*Micklitz* Bd. III A 3 Rn. 21; *Micklitz / Reich* S. 11.

[107] vgl. auch *Gößmann*, MMR 1998, S. 88, 90.

den sich Stimmen, die die Ausnahmeregelung darüber hinaus bei Verträgen über Dienstleistungsangebote der Betreiber von Kommunikationsmitteln anwenden wollen, die vom Verbraucher von einem öffentlichen Fernsprecher aus kostenpflichtig abgefragt werden.[108] Diese Auffassung ist mit dem Wortlaut der Vorschrift nicht zu vereinbaren. Weder der deutsche[109] noch der englische Wortlaut[110] der Richtlinie liefern Anhaltspunkte dafür, dass andere Verträge als die über die Benutzung von Fernsprechern gemeint sind. Indem darauf abgestellt wird, dass die Verträge *„aufgrund* der Benutzung von öffentlichen Fernsprechern" geschlossen wurden, beschränkt die Richtlinie vielmehr die Ausnahme auf solche Verträge, deren Inhalt allein in der Nutzung der öffentlichen Fernsprecher besteht[111]. Andernfalls müssten die Verträge „unter Zuhilfenahme öffentlicher Fernsprecher" oder „unter der Verwendung von öffentlichen Fernsprechern" geschlossen worden sein.

Der europäische Gesetzgeber hat die Bereichsausnahme in einem gemeinsamen Standpunkt des Parlamentes und des Rates damit begründet, dass diese Art von Verträgen sofort wirksam werden.[112] Da die Verträge sofort erfüllt werden, sind auch Informationspflichten des Unternehmers sowie Widerrufsrechte des Verbrauchers obsolet und würden den ungestörten Vollzug des Vertrages nur unnötig behindern. Die Ausnahmeregelung ist nicht nur auf klassische Fernsprecher, die Sprache übermitteln anwendbar. Vielmehr gilt sie auch für moderne Terminals, die es dem Verbraucher ermöglichen, auf moderne Telekommunikationstechniken Telefaxe oder E-Mails zurückzugreifen. Wie sich aus dem 9. Erwägungsgrund der Richtlinie ergibt, soll die Liste der Fernkommunikationsmittel, die unter den Anwendungsbereich der Richtlinie fallen, in Anbetracht des ständigen technischen Fortschrittes dynamisch gehalten werden. Derselbe Ansatz muss auch für den Begriff „Fernsprecher" gelten. Im Übrigen ist in den anderen Amtssprachen der Begriff „Fernsprecher" offener und weiter gefasst[113]. Es kann daher davon ausgegangen werden, dass die Ausnahmeregelung auch für öffentliche Fax-Geräte, E-Mail-Terminals und ähnliche Medien gelten soll.

---

[108] Grabitz/Hilf-*Micklitz* Bd. II A3 Rn. 22; zu der deutschen Umsetzungsvorschrift wird mit wortgleicher Begründung dasselbe vertreten von Hk-VertriebsR/*Micklitz* § 312 b Rn. 97.

[109] „Verträge, die mit Betreibern von Telekommunikationsmitteln aufgrund der Benutzung von Fernsprechern geschlossen werden".

[110] „Contracts concluded with telecommunications operators through use of public payphones".

[111] so auch die überwiegende Auffassung in der Kommentierung zu der im identischen Wortlaut gehaltenen deutschen Umsetzung der Regelung, vgl. nur *Härting* § 1 Rn. 169; *Lütcke*, § 312 b Rn. 138: „Vertragsgegenstand muss (allein) die Benutzung von öffentlichen Fernsprechern sein."

[112] Gemeinsamer Standpunkt Nr. 19/95, ABlEG 1995 Nr. C 288, S. 1, 10.

[113] z.B. "public pay phones"; "cabines téléphoniques publiques".

dd) Immobilienverträge

Nicht angewandt werden kann die Richtlinie auf Verträge, die für den Bau und den Verkauf von Immobilien geschlossen werden oder die sonstige Rechte an Immobilien mit Ausnahme der Vermietung betreffen, Art. 3 Abs. 1, vierter Spiegelstrich FernAbsRL. Auch diese Bereichsausnahme ist während des Gesetzgebungsverfahrens umstritten gewesen und war im ersten Vorschlag der Richtlinie noch nicht vorgesehen.[114] Bei genauer Betrachtung kommt der Ausnahmeregelung jedoch ohnehin vor allem deklaratorischer Charakter zu. Art. 295 EGV sieht vor, dass die Harmonisierung der Rechtsnormen der Mitgliedstaaten im Eigentums- und Sachenrecht nicht geplant ist. Teil dieser Rechtsgebiete sind Veräußerungsverträge über Immobilien, so dass die Bereichsausnahme in Übereinstimmung zum EGV steht. Im Übrigen dürften die praktischen Konsequenzen der Ausnahmeregelung auch so gering bleiben. Geschäfte von in der Regel beträchtlichem wirtschaftlichen Umfang wie Immobiliengeschäfte, die darüber hinaus zumindest im deutschen Rechtskreis der notariellen Beurkundung bedürfen, werden kaum ohne irgendeine Form des persönlichen Kontaktes zwischen Veräußerer und Erwerber geschlossen. Im gemeinsamen Standpunkt von 1995, der erstmals Immobilienverträge vom Anwendungsbereich ausschloss, wurde die Bereichsausnahme mit einem Hinweis auf die Besonderheiten der einzelstaatlichen Rechtsvorschriften begründet.[115]

ee) Versteigerungen

Nach Art. 3 Abs. 1, fünfter Spiegelstrich FernAbsRL gilt die Richtlinie nicht für Verträge, die bei einer Versteigerung geschlossen werden. Hierunter fallen Rechtsgeschäfte, die durch den Zuschlag auf das Gebot einer Partei zustande kommen. Das Internet ist durch sein dynamisches Erscheinungsbild wie geschaffen für solche Verträge. Es ermöglicht dem Verbraucher, an Versteigerungen teilzunehmen, ohne körperlich anwesend sein zu müssen. Hierdurch werden Hürden aus dem Weg geräumt, die ansonsten mit der Abgabe eines Gebotes verbunden sind und der Verbraucher wird angeregt, an der Versteigerung teilzunehmen.[116] Der europäische Gesetzgeber hat es aufgrund der „praktischen Einzelheiten einer Versteigerung“[117] für gerechtfertigt gehalten, Auktionen vom

[114] vgl. hierzu Grabitz/Hilf-*Micklitz* Bd. II A 3 Rn. 23.

[115] ABlEG 1995 Nr. C 288/10, kritisch zu dieser Begründung Grabitz/Hilf-*Micklitz* Bd. II A 3 Rn. 23.

[116] Die Vorzüge einer Online-Versteigerung liegen darin, dass dem Verbraucher ein schneller Zugriff auf die Produktbeschreibungen gegeben werden kann. Rechtsgeschäfte, die unter Zuhilfenahme der weltgrößten Internet-Auktionsplattform eBay geschlossen werden, sind zumindest nach deutschem Recht aufgrund der von eBay verwandten AGB nicht als Versteigerung sondern als Kauf auf Höchstgebot zu verstehen, vgl. BGH, NJW 2005, S. 53, 54; BGH, NJW 2002, S. 363, 364; LG Hof, CR 2003, S. 854; LG Köln v. 06.03.2003 – 33 O 67/03; LG Hof, CR 2002, S. 844; AG Kehl, CR 2004, S. 60, 61; AG Schwäbisch-Gmünd v. 23.07.2002 – 8 C 130/01. Bei diesen Rechtsgeschäften bleibt das Fernabsatzrecht (in Deutschland) prin-

zelheiten einer Versteigerung“[117] für gerechtfertigt gehalten, Auktionen vom Anwendungsbereich der Richtlinie auszuschließen. Ob diese Auffassung berechtigt ist, kann bezweifelt werden. Bei virtuellen Auktionen ist der Verbraucher in stärkerem Maße der Gefahr ausgesetzt, durch den Einsatz der Fernkommunikationsmittel übereilte Entscheidungen zu treffen, als es bei anderen Fernabsatzgeschäften der Fall ist.[118] Versteigerungen zeichnen sich häufig dadurch aus, dass Waren deutlich unter Neupreis angeboten werden. Hierdurch wird der Spieltrieb des Verbrauchers gereizt und er wird dadurch dazu verleitet, an der Auktion teilzunehmen. Daneben ist er bei Auktionen in gleichem Maße gefährdet wie bei anderen Fernabsatzgeschäften. Auch hier bekommt der Verbraucher die Ware vor Vertragsschluss nicht zu Gesicht. Es lässt sich allerdings nicht leugnen, dass der Ablauf einer Auktion unangemessen behindert würde, wenn der Verbraucher sein Gebot widerrufen könnte. Hierdurch würde dem Charakter von Versteigerungen zuwidergehandelt, der von schnellen und bindenden Geschäften geprägt ist. Dieser Gefahr hätte aber auch in einer weniger drastischen Weise begegnet werden können. Um einen Ausgleich zu schaffen zwischen den Interessen des Verbrauchers und denen des Lieferers wäre es nicht erforderlich gewesen, Versteigerungen gänzlich aus dem Anwendungsbereich des Fernabsatzrechts herauszunehmen. Es hätte ausgereicht, das Widerrufsrecht Verbrauchers bei Verträgen, die bei einer Versteigerung geschlossen werden, auszuschließen.

ff) Verträge über die Lieferung von Lebensmitteln, Getränken und sonstigen Haushaltsgegenständen des täglichen Bedarfs

Die Vorschriften aus den Art. 4, 5, 6 und 7 Abs. 1 gelten gemäß Art. 3 Abs. 2, erster Spiegelstrich FernAbsRL nicht für Verträge über die Lieferung von Lebensmitteln, Getränken oder sonstigen Haushaltsgegenständen des täglichen Bedarfs, die am Wohnsitz, am Aufenthaltsort oder am Arbeitsplatz eines Verbrauchers von Händlern im Rahmen häufiger und regelmäßiger Fahrten geliefert werden. Bei dieser eingeschränkten Ausnahmeregelung hatte der europäische Gesetzgeber anscheinend die vor allem in ländlichen Gebieten häufig anzutreffenden fliegenden Lebensmittelhändler im Blick, die dafür sorgen, dass auch der weniger mobile Teil der Bevölkerung in ausreichendem Maße mit Lebensmit-

---

zipiell anwendbar, vgl. zu dem Problemkomplex *Czeguhn*, ITRB 2001, S. 295. Im englischen Recht hat sich eine vergleichbar eindeutige rechtliche Bewertung bisher noch nicht herausgebildet. Es spricht aber vieles dafür, dass auch dort der über die Plattform eBay geschlossene Vertrag keine Versteigerung im rechtlichen Sinne ist. Auch in den AGB von eBay.co.uk heißt es ausdrücklich, dass eBay nicht als Auktionator auftritt und ein Widerrufsrecht im Sinne der DSR nicht besteht, http://pages.ebay.co.uk/help/community/png-user.html, abgefragt am 01.05.2006.

[117] so die Begründung im Gemeinsamen Standpunkt des Rates und des Parlamentes vom 29.06.1995, ABlEG Nr. C 288, S. 1, 10.

[118] Überzeugend: *Meents*, Verbraucherschutz bei Rechtsgeschäften im Internet, S. 215 ff.

teln etc. versorgt wird. Gründe, dass für diese Art von Verträgen zumindest die Vorschriften der Richtlinie nicht gelten sollen, die Informationserteilung, Widerrufsrechte und Erfüllung des Vertrages betreffen, gibt es zumindest zwei. Zum einen ist bei derartigen Verträgen die Grenze zwischen Vertragsanbahnung und Vertragsschluss nur schwer zu ziehen, so dass durch ihre (teilweise) Herausnahme Abgrenzungsschwierigkeiten vermieden werden. Zum anderen ist bei Verträgen über die Lieferung von Lebensmitteln oder Medikamenten ein Widerrufsrecht des Verbrauchers und ein damit verbundenes Rückgaberecht der Ware aus Gründen der Hygiene und im Interesse der Gesundheit des Verbrauchers nicht besonders wünschenswert. Unklar bleibt allerdings, warum die Ausnahme auf die regelmäßige Lieferung von Lebensmitteln beschränkt bleibt. An der Situation ändert sich nichts bei der nur gelegentlichen Lieferung von leicht verderblichen Produkten. Wünschenswert wäre es im Übrigen gewesen, wenn der Gesetzgeber den Begriff „sonstige Haushaltsgegenstände des täglichen Bedarfs" etwas klarer definiert hätte. So bleibt unklar, ob hierunter auch z.B. Kochtöpfe zu verstehen sind.[119]

gg) Verträge über die Erbringung von Dienstleistungen in den Bereichen Unterbringung, Beförderung, Lieferung von Speisen und Getränken sowie Freizeitgestaltung

Nur eingeschränkt anwendbar ist das Fernabsatzrecht nach Art. 3 Abs. 2, zweiter Spiegelstrich FernAbsRL auch bei Verträgen über die Erbringung von Dienstleistungen in den Bereichen Unterbringung, Beförderung, Lieferung von Speisen und Getränken sowie Freizeitgestaltung, wenn sich der Lieferer bei Vertragsschluss verpflichtet, die Dienstleistungen zu einem bestimmten Zeitpunkt oder innerhalb eines genau angegebenen Zeitraums zu erbringen. Dem Lieferer bleibt darüber hinaus „ausnahmsweise" das Recht vorbehalten, die in Art. 7 Abs. 2 FernAbsRL enthaltene Regelung, dem Verbraucher unter bestimmten Voraussetzungen bei nicht erbrachter Leistung das bereits gezahlte Geld zurückzuerstatten, nicht anzuwenden, wenn die betreffende Veranstaltung unter freiem Himmel stattfindet.

Art. 3 Abs. 2, zweiter Spiegelstrich FernAbsRL enthält Sonderregelungen für touristische Dienstleistungen und für die Anlieferung von Speisen und Getränken. Touristische Dienstleistungen aus dem Anwendungsbereich der Richtlinie herauszunehmen ist das Resultat einer langwierigen Auseinandersetzungen im Gesetzgebungsverfahren[120] und führt im Ergebnis dazu, dass die Anwendungs-

[119] *Roth/Schulze* vermuten in RIW 1999, S. 924, 925 daher, dass nur Verbrauchsgüter unter die Ausnahmeregelung fallen und nennen als Beispiel hierfür Filterpapier im Gegensatz zur Kaffeemaschine.
[120] vgl. hierzu Grabitz/Hilf-*Micklitz* Bd. III A 3 Rn. 26.

bereiche von Pauschalreiserichtlinie und Fernabsatzrichtlinie nicht angeglichen werden müssen. Bei der Ausnahmeregelung für die Anlieferung von Speisen und Getränken ergeben sich Überschneidungen mit Art. 3 Abs. 2, erster Spiegelstrich FernAbsRL. Da die Rechtsfolge der Bereichsausnahmen identisch ist, hat diese Überschneidung aber keine Konsequenzen. Vergleicht man den Wortlaut von Art. 3 Abs. 2, zweiter Spiegelstrich FernAbsRL und Art. 3 Abs. 2, erster Spiegelstrich FernAbsRL, so liegt die Vermutung nahe, dass Art. 3 Abs. 2, erster Spiegelstrich FernAbsRL die Lieferung im Rahmen von Dauerschuldverhältnissen meint, während Art. 3 Abs. 2, zweiter Spiegelstrich FernAbsRL eher für die einmalige Bestellung einer Pizza Anwendung gelten dürfte.

2) Zivilrechtliche Regelungen der FernAbsRL

Die zivilrechtlichen Elemente der Richtlinie haben tiefgreifende Auswirkungen auf die Rechtsordnungen der Mitgliedstaaten, in denen zuvor vorwiegend nur fragmentartige und uneinheitliche Regelungen zum Fernabsatz bestanden. Die Richtlinie enthält Vorgaben über die Modalitäten des Vertragsschlusses, schafft aber keine neuen Voraussetzungen für den Vertragsschluss selbst. Insbesondere bleiben die mitgliedstaatlichen Regelungen über Angebot und Annahme unberührt. Der 1992er Richtlinienvorschlag der Kommission war in dieser Hinsicht innovativer und hätte zweifelsohne zu revolutionäreren Veränderungen in den Zivilrechtsordnungen der Mitgliedstaaten geführt. Nach Art. 2, sechster Spiegelstrich des Vorschlags sollte neben Angebot und Annahme eine dritte Kategorie in das Vertragsschlusssystem eingeführt werden: die „Aufforderung zum Vertragsschluss“.[121] Dieser Ansatz wurde jedoch im weiteren Verlauf des Gesetzgebungsverfahrens aufgegeben. Durch die Richtlinie wird auch kein neuer besonderer Vertragstyp mit dem Namen Fernabsatzvertrag geschaffen.[122] Geregelt sind nur die Voraussetzungen, die für ein wirksames Geschäft im Fernabsatz zu erfüllen sind. Welche Gewährleistungsrecht dem Verbraucher zustehen, hängt jedoch auch weiterhin davon ab, um was für einen Vertragstyp es sich handelt.

Der zivilrechtliche Teil der Richtlinie enthält insbesondere vertragsrechtliche Regelungen, wobei Bestimmungen über Informationspflichten des Lieferers und

---

[121] Diese war wie folgt definiert: „*jede Mitteilung, die alle erforderlichen Elemente beinhaltet, damit der Empfänger eine vertragliche Verpflichtung unmittelbar eingehen kann; die bloße Werbung fällt nicht hierunter.*“

[122] vgl. *Micklitz/Reich*, S. 2; vgl. zur rechtlichen Einordnung von Willenserklärungen, die im Internet abgegeben werden *Bodenstedt*, MMR 2004, S. 719, 721 ff.; *Ernst*, NJW-CoR 1997, S. 165 ff.; *ders.*, JuS 1997, S. 776, 777; *ders.*, VuR 1997, S. 259, 260; *Hoeren*, MMR 1999, S. 192, 198; *Waldenberger*, EuZW 1999, S. 296, 300; *ders.*, BB 1996, S. 2365, 2366, jeweils m.w.N..

Widerrufsrechte des Verbrauchers im Mittelpunkt stehen. Darüber hinaus enthält die Richtlinie Vorgaben zur Erfüllung des Vertrages.

a) *Informationspflichten des Lieferers*

Wie aus dem 11. Erwägungsgrund der Richtlinie deutlich wird, soll der Verbraucher beim Vertragsabschluss im Fernabsatz auf dieselben Informationen zurückgreifen können, die ihm auch im stationären Handel zur Verfügung stehen. Der Umfang der vorvertraglichen Informationspflicht ergibt sich aus Art. 4 FernAbsRL. Informationspflichten als verbraucherschützende Mechanismen haben auf europäischer Ebene lange Tradition. Bereits im ersten Verbraucherschutzprogramm vom 14.04.1975[123] hat der Rat die grundlegende Bedeutung von unternehmerischen Informationspflichten als verbraucherschützendes Instrument betont. An dieser Einschätzung hat sich im zweiten Verbraucherschutzprogramm vom 19.05.1981[124] und in der Entschließung des Rates vom 09.11.1989 über künftige Prioritäten bei der Neubelebung der Verbraucherschutzpolitik[125] nichts geändert. Es überrascht deswegen nicht, dass auch andere EU-Verbraucherschutzrichtlinien unternehmerische Informationspflichten als wesentliches Element beinhalten.[126] Der Unternehmer muss die Kosten tragen, die entstehen, wenn er die umfangreichen Informationspflichten erfüllt. Hierdurch wird er aber nicht unangemessen benachteiligt. Durch den Vertriebsweg Fernabsatz eröffnet sich dem Unternehmer insbesondere in den kostenintensiven Bereichen Personal und Miete die Möglichkeit, kostenbewusst zu wirtschaften.
Nach der Richtlinie hat der Unternehmer den Verbraucher in zwei Phasen[127] mit den vertragsrelevanten Informationen zu versorgen: „Rechtzeitig vor Abschluss des Vertrages" muss der Verbraucher über die in Art. 4 Abs. 1 der Richtlinie genannten Informationen verfügen. Zu diesem Zeitpunkt muss der Unternehmer noch keine bestimmte Form beachten, ausreichend ist es nach Art. 4 Abs. 2, dass die Informationen klar und verständlich auf jedwede der verwendeten Fernkommunikationstechniken angepasste Weise erteilt werden. Für die zweite Phase bestimmt Art. 5 Abs. 1, dass „rechtzeitig während der Erfüllung des Vertrages" dem Unternehmer die Informationen schriftlich oder auf einem anderen für

---

[123] Entschließung des Rates vom 14.04.1975, ABlEG Nr. C 92 v. 25.04.1975, S. 1 ff.
[124] Entschließung des Rates vom 14.04.1975, ABlEG Nr. C 133 v. 03.06.1981.
[125] Entschließung des Rates vom 09.11.1989, ABlEG Nr. C 294 v. 22.11.1989.
[126] z.B. Art. 3 Time-Sharing-RL, Art. 4 Haustürgeschäfterichtlinie oder Art. 3 Abs. 2, Art. 4 Pauschalreiserichtlinie.
[127] vgl. *Meents*, S. 197; *Micklitz*, geht dagegen in *Micklitz/Reich*, Die FernAbsRL im deutschen Recht, Rn. 34 und in *Grabitz/Hilf* Bd. 2 A 3 Rn. 41 von einer Dreiteilung der Informationspflichten aus. Die zweite Stufe sei die Verpflichtung des Unternehmers, die Informationen des Art. 4 Abs. 1 lit. a) bis f) schriftlich zu bestätigen, die dritte Stufe liege in den in Art. 5 Abs. 1 erster bis vierter Spiegelstrich genannten Punkten, die dem Verbraucher unabhängig davon übermittelt werden müssen, ob er sie bereits erhalten hat oder nicht.

ihn verfügbaren Datenträger vorgelegt werden[128]. Die Richtlinie gewährt dem Verbraucher in Art. 4 und Art. 5 ein subjektives Recht auf Information, das gemäß Art. 4 Abs. 1 bereits mit der Kontaktaufnahme durch Fernkommunikationsmittel im Zeitraum der Vertragsanbahnung entsteht.[129]

aa) Vorvertragliche Informationspflichten

Die vorvertraglichen Informationspflichten des Unternehmers werden in Art. 4 FernAbsRL konkretisiert. Für den Lieferer stellen sich in diesem Zusammenhang vor allem drei Fragen. Er muss wissen, wann, in welcher Form und in welchem Umfang er den Verbraucher zu informieren hat.

(1) Transparenzgebot

Art. 4 Abs. 2 FernAbsRL kodifiziert das fernabsatzrechtliche Transparenzgebot. Der kommerzielle Zweck der Informationen muss unzweideutig erkennbar sein und sie müssen klar und verständlich sowie auf eine der verwendeten Fernkommunikationsmittel abgepasste Art und Weise erteilt werden. Im Angesicht der zum Großteil noch unbeantworteten Fragen des Fernabsatzrechts bleibt für den Lieferer eine hohe Rechtsunsicherheit bei der Erfüllung seiner Informationspflichten und er ist gut beraten, eher zuviel als zuwenig zu unternehmen. So bestehen beispielsweise erhebliche Zweifel, ob der Unternehmer bei einem Internetauftritt den Anforderungen des Art. 4 FernAbsRL genügt, wenn er seine Internetseite mit einem Link programmiert, der den Verbraucher zu den erforderlichen Informationen führt.[130] Ansonsten sind stets die Besonderheiten des jeweils gebrauchten Fernkommunikationsmittels zu beachten. So wird es beim telefonischen Vertragsschluss ausreichen, dass der Lieferer den Verbraucher nur kursorisch informiert. Andernfalls würde der Verbraucher wohl das Gespräch entnervt beendet haben, bevor der Lieferer seinen umfangreichen Informationspflichten nachgekommen ist. Verlangt es der Verbraucher, muss der Lieferer aber die ent-

---

[128] Über das Zusammenspiel des vorvertraglichen und des vertraglichen Informationsanspruches des Verbrauchers gab es im Zuge des Gesetzgebungsverfahrens z.T. heftige Auseinandersetzungen zwischen den Organen der Gemeinschaft, vgl. hierzu Grabitz/Hilf-*Micklitz* Bd. III A3 Rn. 40.

[129] vgl. *Micklitz*, ZEuP 1999, S. 875, 880.

[130] Für das deutsche Recht ist diese Frage umstritten und wurde von der Rechtsprechung bisher uneinheitlich beantwortet. Das OLG Karlsruhe, CR 2002, S. 682, 683 hielt einen derartigen Link für irreführend und unverständlich. Zu Recht wurde das vom OLG München, Urt. v. 11.09.2003, Az: 29 U 2681/03 und dem überwiegenden Teil des Schrifttums anders gesehen, da ein mit Impressum bezeichneter Link im Zusammenhang mit dem Internet so zu verstehen ist, dass hier Informationen über den Lieferer zu erlangen sind, vgl. auch *Kaestner/Tews* WRP 2002, 1011, 1016; *Ott* WRP 2003, 945, 949; *Hoß* CR 2003, 687, 689; Staudinger/*Thüsing*, § 312 c Rn. 39.

sprechenden Informationen nachholen. Besteht das verwendete Fernkommunikationsmittel in einem Katalog, so entspricht es dessen Wesen am ehesten, wenn die Mitteilungen im Bestellformular enthalten sind.

(2) Zeitpunkt der Information

Während insbesondere der Umfang der zu gewährenden Informationen durch Art. 4 Abs. 1 weitgehend konkretisiert ist, bleibt die Frage offen, zu welchem Zeitpunkt die Informationen erteilt werden müssen. Die Antwort in Art. 4 Abs. 1 FernAbsRL, der Verbraucher müsse rechtzeitig vor Abschluss des Vertrages über die Informationen verfügen, hilft nur bedingt weiter. Zweck der vorvertraglichen Informationspflichten ist es, dem Verbraucher eine solide Entscheidungsgrundlage zu schaffen. Hierfür muss er die Möglichkeit haben, die Informationen zur Kenntnis zu nehmen.[131] Art. 3 Abs. 1 FernAbsFinanzDienstRL bietet weitere Anhaltspunkte dafür, wann die vorvertragliche Informationspflicht erfüllt sein muss: „rechtzeitig bevor der Verbraucher durch einen Fernabsatzvertrag oder durch ein Angebot gebunden ist", müssen ihm die Informationen zur Verfügung gestellt werden. Bei dieser Formulierung ist insbesondere an die Fälle zu denken, in denen der Vertragsschluss im Internet erfolgt. Reagiert der Verbraucher mit einer Bestellung auf eine Präsentation des Lieferers im Internet oder im Fernsehen, die sich als *invitatio ad offerendum* darstellt, so gibt er hierdurch ein für ihn bindendes Angebot zum Vertragsschluss ab. Der Vertrag kommt dann zustande, wenn der Lieferer das Angebot – durch Erklärung oder direkt durch Warenzusendung – annimmt. Auch in diesen Fällen genügt es nicht, wenn der Verbraucher die bezeichneten Informationen nach Abgabe seines Angebots, aber vor Vertragsschluss erhält. Er soll bereits bei der Entscheidung, ein bindendes Angebot abzugeben, die Informationen in die Entscheidungsfindung einbeziehen können.

(3) Umfang der Informationen

Art. 4 Abs. 1 FernAbsRL bestimmt Umfang und Inhalt der Informationspflichten. Im Einzelnen muss der Unternehmer dem Verbraucher die folgenden Informationen übermitteln: Erforderlich ist nach Art. 4 Abs. 1 lit. a) FernAbsRL die Identität des Lieferers sowie dessen Anschrift, wenn nach dem Inhalt des Vertrages eine Vorauszahlung zu erfolgen hat. Warum die Pflicht zur Nennung der Anschrift des Lieferers auf Verträge beschränkt ist, bei denen eine Vorauszahlung erforderlich ist, ist nicht einzusehen. Die Fernabsatzrichtlinie verfolgt u.a. das Ziel, das Vertrauen des Verbrauchers in den grenzüberschreitenden Fernabsatz zu stärken. Hiervon kann keine Rede sein, wenn der Verbraucher die Anschrift des Lieferers nur erfährt, wenn er zur Vorkasse verpflichtet ist. Ent-

[131] *Pützhoven*, S. 61.

scheidet sich der Verbraucher, mit dem Lieferer in geschäftliche Beziehungen zu treten, spielt auch das Herkunftsland des Lieferers eine entscheidende Rolle. Denn der Verbraucher muss beim Vertragsschluss auch die Schwierigkeiten berücksichtigen, die gegebenenfalls eine Rechtsverfolgung nach sich ziehen würde. Will der Lieferer also das Vertrauen des Verbrauchers stärken und diesen dadurch zum Vertragsschluss bewegen, empfiehlt es sich, über die Anforderungen der Richtlinie hinauszugehen und dem Verbraucher in jedem Fall die Anschrift mitzuteilen.[132]

Der Unternehmer muss dem Verbraucher auch die wesentlichen Eigenschaften der Ware oder Dienstleistung mitteilen, Art. 4 Abs. 1 lit. b) FernAbsRL. Auch wenn die Richtlinie selbst zu der Frage, was eine verkehrswesentliche Eigenschaft sein soll, schweigt, so dürften hiermit doch alle wertbildenden Faktoren gemeint sein, die dem Funktionsgehalt der Sache unmittelbar anhaften[133]. Nach Art. 4 Abs. 1 lit. c) FernAbsRL muss dem Verbraucher der Preis der Ware oder Dienstleistung einschließlich aller Steuern mitgeteilt werden. Wenn die Richtlinie hierbei von Steuern spricht, so ist damit in erster Linie die Mehrwertsteuer gemeint[134] und es wird berücksichtigt, dass es für den Verbraucher nur schwerlich möglich sein dürfte, die Mehrwertsteuer eines Mitgliedstaates selbst auszurechnen. Der europäische Gesetzgeber hat erkannt, dass der Verbraucher im Sinne eines hohen Verbraucherschutzniveaus davor geschützt werden muss, undurchsichtige Informationen über die Preise der ihm angebotenen Waren oder Dienstleistungen zu erhalten, und daher auf diesem Gebiet relativ zeitnah zur Fernabsatzrichtlinie eine weitere Richtlinie auf dem Gebiet des Verbraucherschutzes erlassen.[135]

---

[132] vgl. Grabitz/Hilf-*Micklitz*, Bd. 2 A3 Rn. 44; kritisch zu der nur eingeschränkten Verpflichtung zur Nennung des Namens äußert sich auch *Meents*, Verbraucherschutz im Internet, S. 195. Der deutsche Gesetzgeber ist bei der Umsetzung von Art. 4 Abs. 1 lit. a) über die Vorgaben der Richtlinie hinausgegangen und verpflichtet den Unternehmer in § 1 Abs. 1 Nr. 1 u.2 BGB-InfoV in jedem Fall dazu, seine ladungsfähige Anschrift mitzuteilen.

[133] Der im deutschen Recht geführte Streit, ob Produktbeschreibungen im Sinne von Art. 4 Abs. 1 lit. a) FernAbsRL als Zusicherung einer wesentlichen Eigenschaft im Sinne von § 459 Abs. 2 BGB a.F. zu verstehen sind (dafür: *Freund*, FS Horn S. 228, 246 f.; *Micklitz*, in *Micklitz/Reich*, Die FernAbsRL im deutschen Recht, Rn. 43; dagegen mit überzeugenden Argumenten: *Pützhoven* S. 62) ist durch die Modernisierung der Sachmängelgewährleistung im Kaufrecht weitestgehend obsolet geworden und kann nur noch im Rahmen der §§ 276, 444 BGB eine Rolle spielen. In Anbetracht des Wortlauts dieser Vorschriften („Übernahme einer Garantie") ist aber davon auszugehen, dass deren Voraussetzungen durch eine bloße Produktbeschreibung nicht erfüllt sind. Im Übrigen bestünde für eine verschärfte Haftung des Lieferers auch gar kein Bedarf, da der Verbraucher seine zum Vertragsschluss führende Willenserklärung ohnehin widerrufen kann, wenn ihm die Ware nicht zusagt.

[134] vgl. Grabitz/Hilf-*Micklitz* Bd. 2 A3 Rn. 47.

[135] Richtlinie 98/6/EG des Europäischen Parlaments und des Rates vom 16.02.1998 über den Schutz der Verbraucher bei der Angabe der Preise der ihnen angebotenen Erzeugnisse,

Der Unternehmer muss dem Verbraucher im Übrigen Lieferkosten (nach Art. 4 Abs. 1 lit. d) FernAbsRL nur, soweit sie überhaupt anfallen) und Einzelheiten hinsichtlich Zahlung und Lieferung oder Erfüllung (Art. 4 Abs. 1 lit. e) FernAbsRL) nennen sowie ihn über das Bestehen eines Widerrufsrechts informieren (Art. 4 Abs. 1 lit. f) FernAbsRL)[136]. Informationen über Zahlungs- und Liefermodalitäten sind für den Verbraucher bei Vertragsschluss essentiell, da er regelmäßig in Erfahrung bringen muss, wann die angebotene Ware denn lieferbar ist bzw. in welcher Weise er die vom Unternehmer erbrachte Leistung zu bezahlen hat. Ebenso ist es für den Verbraucher erforderlich, frühzeitig über die generelle Möglichkeit, seine zum Vertragsschluss führende Willenserklärung widerrufen zu können, informiert zu werden. Der Verbraucher wird leichteren Herzens zu einem Vertragsschluss bereit sein, wenn er die hierfür erforderliche Willenserklärung in dem Bewusstsein abgibt, sie innerhalb der Frist von 7 Werktagen widerrufen zu können. Vor dem Vertragsschluss ist es ausreichend, dass der Unternehmer den Verbraucher über die generelle Möglichkeit des Widerrufsrechtes informiert. Einzelheiten, die für die Ausübung des Widerrufsrechtes maßgeblich sind, wie etwa den Beginn der Widerrufsfrist oder die Modalitäten seiner Ausübung, sind dem Verbraucher schriftlich nach Vertragsschluss zu bestätigen, vgl. Art. 5 Abs. 1, erster Spiegelstrich FernAbsRL.

Der Unternehmer muss dem Verbraucher auch die Kosten für den Einsatz der Fernkommunikationstechniken mitteilen, sofern diese nicht nach dem Grundtarif berechnet werden, Art. 4 Abs. 1 lit. g) FernAbsRL. Diese Regelung betrifft vor allem Geschäfte, die über das Telefon abgeschlossen werden. Der Lieferer, der seine Waren und Dienstleistungen auf diesem Weg vertreibt, bedient sich bei der Abwicklung der Bestellung häufig gebührenpflichtiger Telefondienste, bei denen die Kosten der Nutzung die normalen Telefongebühren deutlich übersteigen. Der Verbraucher kann sich auf die ihm entstehenden Kosten einstellen und erlebt bei der Abrechnung seiner Telefonkosten keine böse Überraschung, wenn ihm schon vor dem Vertragsschluss die erhöhten Telefonkosten mitgeteilt werden. Auch Gültigkeitsdauer von Angebot und Preis muss der Lieferer dem Verbraucher offen legen, Art. 4 Abs. 1 lit. h) FernAbsRL. Eine Sonderregelung sieht die Richtlinie für die Informationspflichten des Unternehmers bei Dauerschuldverhältnissen vor. Nach Art. 4 Abs. 1 lit. i) FernAbsRL muss dem

---

ABlEG Nr. L 80 v. 18.03.1998, S. 27; Verkaufspreis im Sinne der Richtlinie ist nach Art. 2 lit. a) der Endpreis einschließlich aller Steuern, insbesondere der Mehrwertsteuer, so dass insofern eine Konstante zu dem Umfang der vorvertraglichen Informationspflichten der Fernabsatzrichtlinie ergibt.

[136] Nicht erforderlich bei den in Art. 6 Abs. 3 aufgezählten Konstellationen.

Verbraucher vor Vertragsschluss nur die Mindestlaufzeit des Vertrages mitgeteilt werden.[137]

bb) Schriftliche Bestätigung der Informationen

In der zweiten Phase der Informationsübermittlung muss der Unternehmer dem Verbraucher die Informationen aus Art. 4 Abs. 1 lit. a) bis f) FernAbsRL rechtzeitig vor der Erfüllung des Vertrages in schriftlicher Form oder auf einem anderen für den Verbraucher dauerhaft verfügbaren Datenträger zukommen lassen, Art. 5 Abs. 1 Satz 1 FernAbsRL. „Auf jeden Fall" muss der Unternehmer darüber hinaus die in Art. 5 Abs. 1 Satz 2 FernAbsRL genannten Informationen übermitteln. Hierbei handelt es sich um Informationen, die über die in Art. 4 Abs. 1 FernAbsRL genannten hinausgehen und die der Verbraucher insbesondere dann benötigt, wenn er sich von dem Vertrag lösen oder – unabhängig vom fernabsatzrechtlichen Widerrufsrecht - Gewährleistungsrechte in Anspruch nehmen will. Im Einzelnen handelt es sich dabei um

- schriftliche Informationen über die Bedingungen und Einzelheiten der Ausübung des Widerrufsrechts im Sinne des Art. 6, einschließlich der in Art. 6 Abs. 3 erster Gedankenstrich genannten Fälle (Art. 5 Abs. 1 Satz 2, erster Spiegelstrich FernAbsRL)
- die geographische Anschrift der Niederlassung des Lieferers, bei der der Verbraucher seine Beanstandungen vorbringen kann (Art. 5 Abs. 1 Satz 2, zweiter Spiegelstrich FernAbsRL)
- Informationen über Kundendienst und geltende Garantiebedingungen (Art. 5 Abs. 1 Satz 2, dritter Spiegelstrich FernAbsRL)
- die Kündigungsbedingungen bei unbestimmter Vertragsdauer bzw. bei einer mehr als einjährigen Vertragsdauer (Art. 5 Abs. 1 Satz 2, vierter Spiegelstrich FernAbsRL)

Die Informationen müssen dem Verbraucher „rechtzeitig während der Erfüllung des Vertrages erteilt werden."[138] Ausreichend ist es hierbei, wenn der Verbraucher über die Informationen verfügt, nachdem der Vertrag geschlossen wurde, aber bevor er erfüllt wird. Bei Verträgen über die Lieferung von Waren, die

---

[137] Die Richtlinie zielt innerhalb der Grenzen von Art. 14 darauf ab, das Kündigungsrecht bei Dauerschuldverhältnissen zu harmonisieren, vgl. Grabitz/Hilf-*Micklitz* Bd. II A3 Rn. 52; vgl. zu den wettbewerbsrechtlichen Konsequenzen der Missachtung der Informationspflichten *Kruse*, WRP 2001, S. 1132..

[138] Die Formulierung hat sich während des Gesetzgebungsverfahrens von „spätestens bei Vertragsausführung" (1992er Richtlinienentwurf) über „rechtzeitig bei der Erfüllung des Vertrages" (Gemeinsamer Standpunkt des EP und des Rates) hin zu der heutigen Fassung entwickelt.

nicht dazu bestimmt sind, an Dritte weitergegeben zu werden, müssen die Informationen zum Zeitpunkt der Lieferung vorliegen, Art. 5 Abs. 1 Satz 1 FernAbsRL. Diese Sonderregelung wird den Bedürfnissen des Lieferers gerecht, da dieser ohne zusätzlichen Aufwand seine Verpflichtungen erfüllen kann, indem er der Lieferung die notwendigen Informationen beifügt. Bei Dienstleistungen wiederum bleibt es dabei, dass der Verbraucher während der Erfüllung des Vertrages informiert werden muss.

Nach Art. 5 Abs. 1 Satz 1 FernAbsRL sind die in Art. 4 Abs. 1 lit. a) bis f) FernAbsRL genannten Informationen dem Verbraucher „schriftlich oder auf einem anderen für diesen verfügbaren dauerhaften Datenträger" vorzulegen. Der aufmerksame Leser horcht in diesem Zusammenhang vor allem bei der Formulierung „dauerhafter Datenträger" auf. Die FernAbsRL selbst enthält keine Definition dieses Mediums. Art. 2 lit. f) FernAbsFinanzDienstRL versteht hierunter jedes Medium, das es dem Verbraucher gestattet, an ihn persönlich gerichtete Informationen derart zu speichern, dass er sie in der Folge für eine für die Zwecke der Informationen angemessene Dauer einsehen kann und das die unveränderte Wiedergabe der gespeicherten Information ermöglicht.[139] Die Information muss also in einer Form vorliegen, die es dem Verbraucher ermöglicht, jederzeit auf sie zugreifen zu können. In Anbetracht der sich stetig entwickelnden neuen Technologien im Bereich der Kommunikationselektronik wäre es verfehlt gewesen, wenn es bei der ursprünglich geplanten Formulierung[140] geblieben wäre, die für die Bestätigung der Informationen „Schriftform" vorgesehen hatte. Der Verbraucher kann sich mit den aus dem Vertrag folgenden Rechten und Pflichten auch dann intensiv auseinandersetzen, wenn er die hierfür erforderlichen Informationen nicht in papierner Form, sondern auf einem Datenträger erhält.[141] Der Lieferer erfüllt das Formerfordernis, wenn er dem Verbraucher eine Diskette mit den relevanten Informationen übergibt oder ihn dazu bringt, die Informationen auf seiner Festplatte zu speichern. Betrachtet man die in Art. 5 FernAbsRL geregelten Formerfordernisse etwas genauer, so fällt auf, dass nach Art. 5 Abs. 1 Satz 1 FernAbsRL nur die in Art. 4 Abs. 1 lit. a) bis f) FernAbsRL genannten Informationen schriftlich oder auf einem dauerhaft verfügbaren Datenträger vorzulegen sind. Für die in Art. 5 Abs. 1 Satz 2 FernAbsRL genannten

[139] In Art. 2 lit. f) des geänderten Richtlinienvorschlags zur FernAbsFinanzDienstRL, ABlEG Nr. C 177, E/21, E/23 v. 27.06.2000 war die Definition noch weniger abstrakt gehalten und als Beispiele für derartige Medien wurden Diskette, CD-Rom oder die Festplatte genannt.

[140] Bis zum geänderten Vorschlag der Richtlinie (ABlEG Nr. C 308/26 v. 15.11.1993) hatte es in Art. 11 geheißen, dass der Verbraucher die Informationen „schriftlich" erhalten müsse.

[141] Zu weit geht jedoch die Anregung von *Meents*, S. 197, der ausführt, dass bei Käufen im Internet bereits mit dem Browsen eine Verkörperung in der Sphäre des Verbrauchers stattfinde, so dass der Lieferer seine Informationspflichten bereits dadurch erfüllen könne, dass er sicherstelle, dass der Verbraucher bis zur Vertragserfüllung die Internetseite mit den notwendigen Informationen aufruft.

Informationen fehlt eine solche Formvorschrift. Nur in Art. 5 Abs. 1 Satz 2, erster Spiegelstrich FernAbsRL heißt es eindeutig, dass die Informationen über die Bedingungen der Ausübung des Widerrufsrechts schriftlich vorliegen müssen. Hieraus zu folgern, dass bei den übrigen Informationen aus Art. 5 Abs. 1 Satz 2 FernAbsRL der Lieferer keine weiteren Formerfordernisse zu beachten hätte, wäre jedoch verfehlt. Vielmehr ist Art. 5 Abs. 1 Satz 2 FernAbsRL in seinem systematischen Zusammenhang zu Satz 1 zu sehen, der ja gerade bezweckt, dass dem Verbraucher die entscheidenden Informationen in verkörperter Form vorliegen, damit er sich vertieft mit ihnen auseinander setzen kann. Es würde keinen Sinn ergeben, wenn dies für die in Art. 5 Abs. 1 Satz 2 FernAbsRL genannten Informationen, die der Lieferer „auf jeden Fall" zu übermitteln hat und denen damit eine höhere Wertigkeit als den Informationen aus Art. 4 Abs. 1 lit. a) bis f) FernAbsRL eingeräumt wird, nicht gelten soll. Auch die in Art. 5 Abs. 1 Satz 2 FernAbsRL genannten Informationen müssen dem Verbraucher also schriftlich oder auf einem dauerhaften Datenträger vorliegen.[142]

cc) Informationsgewährung mittels Allgemeiner Geschäftsbedingungen

Der Lieferer wird sich bemühen, die Kostenbelastungen, die ihm durch die Informationspflichten entstehen, so gering wie möglich zu halten. Zu diesem Zweck bietet es sich an, die erforderlichen Informationen in die Allgemeinen Geschäftsbedingungen einzufügen und sie dem Verbraucher auf diese Weise zu übermitteln. Unberührt bliebe freilich die Verpflichtung des Lieferers aus Art. 5 Abs. 1 Satz 2 FernAbsRL, zusätzliche Informationen während der Erfüllung des Vertrages zu übermitteln.[143] Integriert der Unternehmer die erforderlichen Informationen in seine Allgemeinen Geschäftsbedingungen, muss er dabei vor allem das Transparenzgebot aus Art. 4 Abs. 2 FernAbsRL beachten. Denn Erfahrungen bei der Verwendung von Allgemeinen Geschäftsbedingungen haben gezeigt, dass der Verbraucher die ihm gebotene Möglichkeit, von den Allgemeinen Geschäftsbedingungen Kenntnis zu nehmen, häufig nicht in Anspruch nimmt.

---

[142] a.A. Grabitz/Hilf-*Micklitz* Bd. 2 A3 Rn. 64, der davon ausgeht, dass es nicht ausreicht, wenn die Informationen auf einem dauerhaften Datenträger vorliegen, sondern dass in jedem Fall die Schriftform gewahrt bleiben muss. Hiergegen spricht jedoch, dass es gegenüber schriftlich erteilten Informationen nicht etwa minderwertig ist, wenn die Informationen auf einem dauerhaften Datenträger verkörpert sind. Vielmehr sind in beiden Fällen die Informationen in hinreichender Weise fixiert, so dass Sinn und Zweck der Regelungen erreicht werden können.

[143] Der Lieferer würde also seine Verpflichtung aus Art. 5 Abs. 1 Satz 1 FernAbsRL erfüllen, wenn er dem Verbraucher die Vertragsunterlagen zuschickt und hierbei seine Allgemeinen Geschäftsbedingungen beigefügt. Um Art. 5 Abs. 1 Satz 2 FernAbsRL gerecht zu werden, müssten die dort genannten Informationen jedoch zusätzlich während der Vertragserfüllung dem Verbraucher übermittelt werden, vgl. *Micklitz*, in *Micklitz/Reich*, Die FernAbsRL im deutschen Recht Rn. 47; *Pützhoven* S. 67.

Hierfür gibt es viele denkbare Gründe. Häufig erklärt sich der Verbraucher von vornherein mit den Geschäftsbedingungen einverstanden. Denkbar ist auch, dass es ihm zu mühsam erscheint, die oft umfangreichen Texte im Ganzen zu lesen. Es wird daher erforderlich sein, die in Art. 4 Abs. 1 lit. a) bis f) FernAbsRL genannten Informationen innerhalb der Allgemeinen Geschäftsbedingungen drucktechnisch besonders hervorzuheben. Dem Verbraucher muss deutlich gemacht werden, dass es sich bei ihnen um besonders wichtige Informationen handelt. Als geeignetes Mittel hierfür kommt z.B. in Betracht, die Informationen fett zu drucken oder sie in anderer Weise vom restlichen Text abzurücken.[144]

dd) Informations- und Vertragssprache

Das Transparenzgebot bestimmt auch die Sprache, in der die Informationen zu übermitteln sind. Wie sich aus dem 3. Erwägungsgrund der Richtlinie ergibt, hat sich diese insbesondere zum Ziel gesetzt, dem grenzüberschreitenden Fernabsatz Konturen zu geben und das Vertrauen des Verbrauchers in den gemeinschaftsweiten Geschäftsbetrieb zu stärken. Wenn das Geschäft aber zwischen Bürger unterschiedlicher Mitgliedstaaten geschlossen wird, stellt sich die Frage, wie sich Lieferer und Verbraucher verständigen. In welcher Sprache soll ein dänischer Lieferer einen spanischen Verbraucher über die Bedingungen informieren, unter denen dieser sein Widerrufsrecht ausüben kann? Der 8. Erwägungsgrund der Richtlinie überlässt die Entscheidung über die Vertragssprache den Mitgliedstaaten. Dennoch wird teilweise unter Hinweis auf Art. 4 Abs. 2 FernAbsRL vertreten, dass der Lieferer die am Ort des Verbrauchers übliche Sprache verwenden müsse.[145] Bei Fernabsatzgeschäften, die über das Internet geschlossen werden, wird Englisch als *lingua franca* allgemein anerkannt, so dass es für ausreichend betrachtet wird, wenn der Lieferer die entsprechenden Informationen in dieser Sprache übermittelt.[146] Gegen diese Auffassung spricht aber neben der Entstehungsgeschichte der Richtlinie[147] auch ein vergleichender Blick auf andere sekundärrechtliche Verbraucherschutzrechte. Zwar wird der Lieferer

---

[144] Vorschläge von *Gößmann*, MMR 1998, S. 88, 91; *Micklitz*, ZEuP 1999 S. 875, 881.

[145] so *Micklitz*, ZEuP 1999, S. 875, 884; *ders.* in *Micklitz/Reich*, Die FernAbsRL im deutschen Recht, Rn. 51; *Reich*, ZEuP 1997, S. 581, 584; *Meents*, Verbraucherschutz bei Rechtsgeschäften im Internet, S. 192, hält es bei Rechtsgeschäften im Internet für ausreichend, dass die Informationen in der Sprache des Herkunftslands des Lieferers und in Englisch übermittelt werden.

[146] *Meents*, Verbraucherschutz bei Rechtsgeschäften im Internet, S. 192; *Micklitz*, ZEuP 1999, S. 875, 884; *ders.* in *Micklitz/Reich*, Die FernAbsRL im deutschen Recht, Rn. 51; *Reich*, ZEuP 1997, S. 581, 583.

[147] Art. 10 Abs. 1 des Richtlinienvorschlags von 1992 (ABlEG Nr. C 156/17 v. 23.06.1992) sah vor, dass die Informationen in der „in der Aufforderung verwendeten Sprache" übermittelt werden, wobei dies die Sprache des Lieferers ist, wie sich aus Art. 2, erster Spiegelstrich des Richtlinienvorschlags ergibt.

in einem Großteil des verbraucherschützenden Sekundärrechts zur Information des Verbrauchers verpflichtet. Regelungen über die Sprache, in der die Informationen übermittelt werden müssen, bleiben jedoch die Ausnahme.[148] So sieht die Time-Sharing-Richtlinie in Art. 4, zweiter und dritter Spiegelstrich als eine der wenigen Instrumente europäischen Sekundärrechts vor, dass der Unternehmer auf die Sprache des Verbrauchers oder zumindest eine Amtssprache Rücksicht nehmen muss, wenn er dem Verbraucher die Informationen übermittelt. Ansonsten sind solche Regelungen dem europäischen Verbraucherschutzrecht fremd. Es spricht daher viel dafür, dass es die Fernabsatzrichtlinie offen lässt, in welcher Sprache die Informationen übermittelt werden müssen.[149] Jede andere Lösung würde auch den Lieferer in unangemessener Weise benachteiligen. Schließlich hätte er dafür zu sorgen, dass die Informationen, die er nach Art. 4 und 5 dem Verbraucher zu übermitteln hat, in jeder Vertragssprache vorliegen. Darüber hinaus müsste er konsequenterweise dann auch in der Lage sein, die gesamten Vertragsverhandlungen mit dem Verbraucher in dessen Landessprache zu führen. Das ist insbesondere für Lieferer, deren Geschäftsbetrieb einen eher geringen Umfang hat, nicht darzustellen.

b) Widerrufs- und Rückgaberecht

Art. 6 FernAbsRL gewährt dem Verbraucher ein Widerrufsrecht und wird zu Recht als Herzstück der Richtlinie bezeichnet.[150] Freilich birgt diese Regelung zugleich eine Gefahr für die Rechtssicherheit im Verkehr. Der Grundsatz *pacta sunt servanda* wird durchbrochen. Eine rechtspolitische Rechtfertigung hierfür liefert die Richtlinie selbst in ihrem 14. Erwägungsgrund. Das Widerrufsrecht soll den Nachteil ausgleichen, der für den Verbraucher dadurch entsteht, dass er den Vertragsgegenstand nicht gründlich überprüfen kann, bevor er den Vertrag abschließt.[151] Während diese Gefährdungslage des Verbrauchers bei Verträgen über die Lieferung von Waren nicht bestritten wird, sieht es bei Verträgen über die Erbringung von Dienstleistungen anders aus. In diesem Bereich bestehen zum Teil Zweifel, ob der Verbraucher durch den Vertragsschluss im Fernabsatz

---

[148] Einen Überblick über sekundärrechtliche Sprachregelungen findet sich bei *Downes/Heiss*, ZvglRWiss 98 (1999), S. 28 ff.; *Kallenborn*, Das Sprachproblem bei Vertragsabschlüssen mit ausländischen Verbrauchern, S. 125 ff*;* *Rott*, ZvglRWiss 98(1999), S. 382, 398 ff..

[149] vgl. die überzeugende Argumentation bei *Pützhoven*, Europäischer Verbraucherschutz im Fernabsatz, S. 65.

[150] z.B. *Arnold*, CR 1997, S. 526, 531; *Micklitz*, in *Micklitz/Reich*, Die FernAbsRL im deutschen Recht, Rn. 51.

[151] vgl. hierzu *Heinrichs*, FS Medicus, S. 177, 189; lediglich *Arnold*, CR 1997, S. 526, 531 betrachtet das Widerrufsrecht als einseitige und ungerechtfertigte Machtposition des Verbrauchers, und schlägt vor, den Verbraucher dadurch zu schützen, dass Verstöße gegen die unternehmerischen Informationspflichten schärfer sanktioniert werden.

tatsächlich benachteiligt werde.[152] Auch im stationären Handel kaufe der Verbraucher bei Verträgen über die Erbringung von Dienstleistungen schließlich die „Katze im Sack", da er die Dienstleistung erst dann bewerten könne, wenn sie erbracht worden sei.[153] Dies mag zutreffen. Jedoch ist der Verbraucher in anderer Hinsicht beim Vertragsschluss im Fernabsatz deutlich schlechter gestellt als im stationären Handel. So kann er sich kein eigenes Bild vom Lieferer machen, sondern ist auf dessen Werbeangaben angewiesen. Im Übrigen fehlt ihm die Möglichkeit, den Lieferer in einem Verkaufsgespräch genauer über die Einzelheiten der angebotenen Dienstleistung zu befragen. Findet dagegen vor dem Vertragsschluss ein persönliches Gespräch zwischen Lieferer und Verbraucher statt, kann der Verbraucher Unklarheiten durch gezieltes Nachfragen ausräumen. Die Privilegierung des Verbrauchers ist daher auch bei Verträgen über die Erbringung von Dienstleistungen berechtigt.

Ein Widerrufsrecht zugunsten des Verbrauchers war im traditionellen Versandhandel bereits üblich, bevor die Diskussion über eine gemeinschaftsrechtliche Regelung begann. [154] Als durch das Internet dann neue Welten des länderübergreifenden Konsums erschlossen wurden, ist der europäische Gesetzgeber zu dem Schluss gelangt, dass es Zeit für eine einheitliche Regelung sei. Mit der Fernabsatzrichtlinie und ihrer Umsetzung in das Recht der Mitgliedstaaten wurde das Widerrufsrecht zum „hard law" und stand dem Verbraucher auch außerhalb des klassischen Versandhandels zu. Das heißt jedoch nicht, dass der gute Wille des europäischen Gesetzgebers dem Verbraucher auch tatsächlich in jedem Fernabsatzgeschäft zugute kommt. Aus einer (freilich nichtrepräsentativen) Untersuchung des Europäischen Verbraucherzentrums[155], die im April 2003 durchgeführt wurde, lässt sich ablesen, dass der grenzüberschreitende Fernabsatz für den Verbraucher auch nach Umsetzung der Richtlinie häufig ungünstig ist. Im Rahmen der Untersuchung wurden 114 Waren bei 63 Online-Shops in den Mitgliedstaaten bestellt. Hiervon wurden nur 75 Produkte tatsächlich ausgeliefert, wobei immerhin 8 Prozent der nicht gelieferten Artikel zuvor bereits bezahlt waren. Knapp ein Viertel der Online-Shops informierte den Verbraucher bei dessen Bestellung nicht über das Widerrufsrecht. Ebenso wenig erfuhrt der Verbraucher, wie zu verfahren ist, wenn Gewährleistungsansprüche geltend gemacht werden sollen. Wurden Widerrufs- und Rückgaberecht ausgeübt, so sind

---

[152] *Aigner/Hofmann*, Fernabsatzrecht im Internet, S. 6.

[153] *Aigner/Hofmann*, a.a.O.

[154] Die von der Kommission in Auftrag gegebenen vergleichenden Rechtsgutachten, die sie vor dem 1992er Richtlinienvorschlag erstellen ließ, geben einen Überblick über die bereits zu diesem Zeitpunkt gewährten Widerrufsrechte im Versandhandel, vgl. KOM (92) 11 endg., S. 20. 25.

[155] http://www.europaeischesverbraucherzentrum.de/mediabig/287A.pdf, abgefragt am 01.05.2006.

in einer Vielzahl von Fällen die Vorgaben der Fernabsatzrichtlinie nicht beachtet worden. In einem Drittel der Rücksendungen wurden entgegen Art. 6 Abs. 1 Satz 2 dem Verbraucher sämtliche Kosten, die im Zusammenhang mit der Ausübung des Widerrufsrechts entstanden sind, auferlegt. Diese kurze und unvollständige Darstellung der Ergebnisse der Untersuchung zeigt, dass es noch ein langer Weg ist, bis der Verbraucher beim grenzüberschreitenden Fernabsatz so geschützt ist, wie sich die Verfasser der Richtlinie das einmal vorgestellt haben.

aa) Widerruf oder Rücktritt?

Zumindest den deutschen Juristen dürfte der Wortlaut von Art. 6 Abs. 1 Satz 1 verwirren. Dort heißt es: *„Der Verbraucher kann jeden Vertragsschluss(..) widerrufen."* Besteht nach deutschem Recht das Recht zum Widerruf[156], etwa bei den Rechtsgeschäften Minderjähriger, so ist das Rechtsgeschäft zunächst schwebend unwirksam mit der Folge, dass keine gegenseitigen Erfüllungsansprüche bestehen. Betrachtet man aber Kontext und Entstehungsgeschichte von Art. 6 wird schnell klar, dass der europäische Gesetzgeber etwas anderes im Sinn gehabt haben muss. Zwar heißt es im 14. Erwägungsgrund der Richtlinie, dass die Ausgestaltung des Widerrufsrechts Sache der Mitgliedstaaten sei. Dennoch schließt die Art und Weise, in der die Fernabsatzrichtlinie das Widerrufsrecht regelt, eine schwebende Unwirksamkeit des Vertrages ohne gegenseitige Erfüllungsansprüche aus.[157] Beginnt doch der Lauf der Widerrufsfrist nach Art. 6 Abs. 1, erster Spiegelstrich FernAbsRL bei Verträgen über die Lieferung von Waren erst, wenn dem Verbraucher die Ware auch tatsächlich vorliegt. Dem Verbraucher muss also ein Anspruch auf die Lieferung der Ware zustehen, damit er in Ruhe die Ware in Augenschein nehmen und sich entscheiden kann, ob er an dem Vertrag festhalten möchte. Mit anderen Worten: Bereits mit Abschluss des Vertrages bestehen beim Fernabsatzvertrag gegenseitige Erfüllungsansprüche, von denen sich der Verbraucher einseitig lösen kann mit der Folge, dass bereits erbrachte Leistungen zurückzugewähren sind.

bb) Rechtsfolgen

Widerruft der Verbraucher den Vertragsschluss fristgemäß, muss der Lieferer die vom Verbraucher geleisteten Zahlungen Art. 5 Abs. 2 FernAbsRL kostenlos erstatten gemäß und der Verbraucher muss dem Lieferer Waren, die er aufgrund des Fernabsatzvertrages bereits empfangen hat, zurückgeben. Diese Rechtsfolgen werfen eine Reihe von Fragen auf. Von besonderem Interesse ist dabei, wer die Kosten zu tragen hat, die dadurch entstehen, dass der Verbraucher von sei-

---

[156] vgl. hierzu den Überblick zu deutschen „Vertragslösungsrechten" bei *Meller-Hannich*, JURA 2003, S. 369 ff.

[157] *Heinrichs*, FS Medicus, S. 177, 190.

nem Widerrufsrecht Gebrauch macht, in welcher Frist die gegenseitig erbrachten Leistungen zurückzugewähren sind und wie bei sogenannten verbundenen Geschäften zu verfahren ist, bei denen der Preis der Ware oder der Dienstleistung vollständig oder zum Teil durch einen Kredit des Lieferers finanziert wird.

(1) Im Zusammenhang mit dem Widerrufsrecht entstehende Kosten

Nach Art. 6 Abs. 2 Satz 1 FernAbsRL hat der Lieferer die vom Verbraucher geleisteten Zahlungen „kostenlos“ zu erstatten. In keinem Fall können also Kosten auf den Verbraucher abgewälzt werden, die durch die Rückerstattung des Kaufpreises entstehen. Es bleibt dem Unternehmer insbesondere verwehrt, für die Überweisung Bearbeitungs- oder Verwaltungsgebühren zu verlangen.[158] Auch ansonsten soll der Verbraucher nach den Vorschriften der FernAbsRL möglichst unbeschwert von seinem Widerrufsrecht Gebrauch machen können. In Art. 6 Abs. 2 Satz 2 FernAbsRL heißt es: *„Die einzigen Kosten, die dem Verbraucher infolge der Ausübung seines Widerrufsrechts auferlegt werden können, sind die unmittelbaren Kosten der Rücksendung der Waren.“* Zweifellos fallen hierunter Kosten für Porto und Verpackung. Größeres Kopfzerbrechen bereitet da schon die Frage, ob es die Vorschrift erlaubt, dem Verbraucher eine Nutzungsentschädigung aufzuerlegen.[159]

(2) Verbundene Verträge

Art. 6 Abs. 4 FernAbsRL enthält einen „Widerrufsdurchgriff“[160]: Bei durch den Lieferer finanzierten Verträgen über die Lieferung von Waren oder die Erbringung von Dienstleistungen wird auch der Kreditvertrag entschädigungsfrei aufgelöst, wenn der Verbraucher von seinem Widerrufsrecht Gebrauch macht.[161] Dasselbe gilt, wenn der Vertrag durch einen Dritten oder aufgrund einer Vereinbarung zwischen Drittem und Lieferer finanziert wird. Anknüpfungspunkt für den Durchgriff ist das kreditfinanzierte Geschäft und nicht das Finanzierungsge-

---

[158] Das wird besonders deutlich, wenn man die englische Fassung der Richtlinie zu Rate zieht. Dort heißt es: *„(..) the supplier shall be obliged to reimburse the sums paid by the consumer free of charge.“*

[159] Diese Frage wird ausführlich diskutiert auf S. 123 f. im Zusammenhang mit der deutschen Umsetzung der Vorschrift, da nach deutschem Recht der Verbraucher eine Nutzungsentschädigung auch für den bestimmungsgemäßen Gebrauch der Sache zu zahlen hat. Auch im europäischen Gesetzgebungsverfahren wurde dieser Punkt kontrovers diskutiert, vgl. Grabitz/Hilf-*Micklitz* Bd. 2 A3 Rn. 86 f.

[160] vgl. zum Begriff *Reich*, EuZW 1997, S. 581, 585.

[161] Eine ähnliche, nicht so weit gehende Regelung findet sich in Art. 11 Abs. 2 Satz 1 lit. a) bis e) Verbraucherkreditrichtlinie, wonach der Verbraucher Einwendungen aus dem Warenlieferungs- oder Dienstleistungsgeschäft auch dem Kreditgeber des Verbraucherkredits entgegenhalten kann.

schäft selbst. Der Verbraucher kann den Widerruf gegenüber dem Lieferer oder gegenüber dem Dritten nach seiner Wahl erklären. Dritter und Lieferer sind durch eine Vereinbarung, die das zwischen Lieferer und Verbraucher geschlossene Geschäft betrifft, miteinander verbunden. Durch diese Verbindung entstehen gegenseitige Sorgfaltspflichten, die u.a. die Verpflichtung beinhalten, den anderen Teil über den Widerruf des Geschäftes zu informieren. Der Verbraucher braucht den Widerruf nur dem einen Teil gegenüber zu erklären.[162] Nach Art. 6 Abs. 4 Satz 1 FernAbsRL wird der Kreditvertrag entschädigungsfrei aufgelöst. Da die Vorschrift zugleich auf Abs. 1 verweist, ist der Begriff im gleichen Sinne zu verstehen. Dem Verbraucher dürfen daher keine Bearbeitungs- oder Buchungsgebühren auferlegt werden, die im Zusammenhang mit der Auflösung des Kreditvertrages entstehen. Die Auflösung des Kreditvertrages betreffende Einzelheiten werden von den Mitgliedstaaten festgelegt, Art. 6 Abs. 4 Satz 2 FernAbsRL.

cc) Widerrufsfrist

Der Verbraucher kann den Vertragsabschluss innerhalb einer Frist von „mindestens sieben Werktagen" widerrufen, Art. 6 Abs. 1 Satz 1 FernAbsRL. Indem die Richtlinie die vorgegebene Frist ausdrücklich als Mindestmaß bezeichnet, wird noch einmal betont, was durch Art. 14 ohnehin klar ist. Den Mitgliedstaaten bleibt es unbenommen, zugunsten des Verbrauchers über die Vorgaben der Richtlinie hinauszugehen und eine längere Widerrufsfrist festzulegen. Wie unglücklich es war, dass der europäische Gesetzgeber die Frist auf sieben *Werk*tage[163] festgelegt hat, zeigt sich schon daran, dass die Mitgliedstaaten mit diesem Begriff unterschiedliche Bedeutungen verbinden[164]. Sollte also die von der Richtlinie vorgegebene Frist von den Mitgliedstaaten übernommen werden, führt das nicht ohne weiteres dazu, dass auch in allen Mitgliedstaaten die gleiche Zeit bis zum Ablauf der Frist vergeht. Der Begriff der Werktage wurde gewählt, da diese im Gesetzgebungsverfahren mit den Öffnungstagen der Post gleichgesetzt wurden. Der Verbraucher sollte die Möglichkeit haben, an möglichst vielen Tagen seinen Widerruf zur Post zu bringen.[165]

---

162 vgl. Grabitz/Hilf-*Micklitz* Bd. 2 A3 Rn. 101.

163 Im Verlaufe des Gesetzgebungsverfahrens änderte sich der Begriff von *Kalender*tagen (Richtlinienvorschlag 1992) über *Arbeits*tage (geänderter Richtlinienvorschlag 1993) und *Tage* (gemeinsamer Standpunkt des Rates von 1995) zu *Werk*tagen (seit der Stellungnahme der Kommission 1996).

164 In Deutschland und Frankreich werden etwa Samstage als Werktage betrachtet, in England hingegen nicht, vgl. *Schulte-Nölke*, NJW 1998, S. 210, 211.

165 so *Jean Allix*, tätig im Generaldirektorat für Verbraucherschutz der Kommission und als solcher maßgeblich am Gesetzgebungsverfahren der Fernabsatzrichtlinie beteiligt, zitiert von *Schulte-Nölke*, NJW 1998, S. 211, 212.

Bei der Berechnung der Widerrufsfrist unterscheidet Art. 6 Abs. 1 Satz 3 zwischen Verträgen über die Lieferung von Waren und solchen über die Erbringung von Dienstleistungen. Hat der Lieferer den Verbraucher in der von Art. 5 Abs. 1 geforderten Weise informiert und betrifft der Vertrag die Lieferung von Waren, beginnt die Frist, wenn die Waren beim Verbraucher eingetroffen sind. Erst ab diesem Zeitpunkt ist er auch in der Lage, sich eine umfassende Meinung zu den Gegenständen zu bilden.[166] Bei Sukzessivlieferungsverträgen beginnt die Frist mit der ersten Lieferung zu laufen.[167] Handelt es sich um einen Vertrag über Dienstleistungen, so beginnt die Frist entweder mit dem Tag des Vertragsschlusses oder, wenn der Lieferer bei Vertragsschluss seine Informationspflichten aus Art. 5 FernAbsRL noch nicht erfüllt hat, an dem Tag, an dem er dies nachgeholt hat.

Die unterschiedliche Berechnung der Widerrufsfrist ist in dem Charakter des jeweiligen Vertragsgegenstandes begründet. Bei Verträgen über die Lieferung von Waren kann der Verbraucher den Vertragsgegenstand vollständig beurteilen, wenn er ihn vor sich sieht. Eine Dienstleistung dagegen kann er einschätzen, wenn ihm die Beschreibung in schriftlicher Form vorliegt. Auch wenn es also gute Gründe hat, dass die Widerrufsfrist bei Verträgen über die Lieferung von Waren zu einer anderen Zeit beginnt als bei Verträgen über Dienstleistungen, zieht diese Unterscheidung doch Schwierigkeiten nach sich. Gerade im Internet geschlossene Rechtsgeschäfte sind nämlich häufig nicht ohne weiteres der einen oder der anderen Kategorie zuzuordnen. Vielmehr sind Elemente beider Vertragstypen oft vermischt, etwa bei Verträgen über die Lieferung von Blumen an einen Dritten. Zum Teil wird für solche Mischfälle vorgeschlagen, dass die Widerrufsfrist erst mit der Erfüllung des Vertrages – also im Beispiel mit der Auslieferung der Blumen an den Dritten – beginnen solle. Der Widerruf sei jedenfalls dann auszuschließen, wenn er kraft Natur der Sache nicht mehr möglich sei, wie bei Dienstleistungen im herkömmlichen Sinne.[168] Hiergegen wurde zu Recht eingewandt, dass der Wortlaut der Richtlinie dieser Auffassung entgegensteht.[169] Andere regen an, den kombinierten Vertrag in seine Bestandteile zu zerlegen und den Fristbeginn für Waren und Dienstleistungen getrennt zu ermitteln[170] Auch dieser Vorschlag überzeugt nicht. Gerade das erwähnte Beispiel

[166] Die Frist beginnt daher noch nicht zu laufen, wenn die Waren dem Verbraucher nur zugegangen sind, d.h. in irgendeiner Form in seinen Machtbereich gelangten; so auch *Reich*, EuZW 1997, S. 581, 581; a.A. *Pützhoven*, S. 81.

[167] vgl. *Meents*, Verbraucherschutz bei Rechtsgeschäften im Internet, S. 224 f., der als Beispiel einen Kaufvertrag über eine 24bändige, sukzessiv gelieferte Brockhaus-Enzyklopädie nennt. Der Lieferer würde über die Maßen belastet, wenn man ihm noch nach der Lieferung des 24. Bandes ein Widerrufsrecht einräumen würde.

[168] So *Meents*, Verbraucherschutz im Internet, S. 200 ff.

[169] Grabitz/Hilf-*Micklitz* Bd. 2 A3 Rn. 74.

[170] Grabitz/Hilf-*Micklitz* Bd. 2 A3 Rn. 74.

zeigt, dass eine Aufteilung häufig nicht möglich ist. Sachgerecht ist es daher, auf den Schwerpunkt des Vertrages abzustellen. Betrifft dieser die Lieferung einer Ware, beginnt die Frist zu laufen, wenn der Verbraucher die Ware erhalten hat. Liegt der Schwerpunkt des Vertrages dagegen in der Erbringung einer Dienstleistung, ist weiterhin der Tag des Vertragsschlusses bzw. der Tag, an dem der Unternehmer die in Art. 5 genannten Informationen bereit gestellt hat, entscheidend. Bei dem Beispiel liegt der Schwerpunkt auf der Lieferung der Blumen. Die Widerrufsfrist beginnt also, wenn der Dritte die Blumen erhalten hat.

Die Widerrufsfrist verlängert sich gemäß Art. 6 Abs. 1 Satz 4 auf drei Monate, wenn der Unternehmer seiner Pflicht aus Art. 5 nicht nachkommt. Holt es der Unternehmer innerhalb der Dreimonatsfrist nach, dem Verbraucher die entsprechenden Informationen zu übergeben, beginnt mit diesem Tag eine neue Frist von 7 Werktagen zu laufen. Durch die verlängerte Widerrufsfrist soll der Unternehmer dazu gezwungen werden, seine Informationspflichten zu erfüllen.[171] In dieser Hinsicht ist die FernAbsRL großzügiger zu dem Lieferer als ihr Pendant, die HWiRL. Hier ist in Art. 5 HWiRL nicht vorgesehen, dass die Widerrufsfrist begrenzt wird, wenn der Unternehmer den Verbraucher nicht ordnungsgemäß informiert.[172]

Die Richtlinie schweigt zu der Frage, wann die Widerrufsfrist als gewahrt gilt. Ist auf Abgabe oder Zugang des Widerrufs abzustellen? Die Haustürwiderrufsrichtlinie hat einen ähnlichen Schutzzweck wie die Fernabsatzrichtlinie. Dort ist in Art. 5 Abs. 1 HWiRL geregelt, dass die Frist als gewahrt gilt, wenn der Verbraucher den Widerruf am letzten Tag der Frist abgesandt hat.[173] Eine solche Lösung bietet sich auch für die Fernabsatzrichtlinie an.

dd) Ausnahmen

Art. 6 Abs. 3 und Art. 3 Abs. 2 FernAbsRL enthalten einen Katalog von Verträgen, bei denen dem Verbraucher kein Widerrufsrecht zusteht. Es wäre sinnvoller gewesen und hätte einer besseren Übersicht der Richtlinie gedient, wenn die

---

[171] Vgl. Grabitz/Hilf-*Micklitz*, Bd. 2 A3 Rn. 77 ff.; *Meents*, Verbraucherschutz bei Rechtsgeschäften im Internet, S. 202 f., bezweifelt mit guten Gründen den Strafcharakter der verlängerten Widerrufsfrist. Schließlich hat auch die verlängerte Frist für den Unternehmer keine Konsequenzen, wenn der Verbraucher nie davon erfährt, dass er zum Widerruf berechtigt ist.

[172] Dass diese Abweichung gerade im Hinblick auf die vergleichbaren Vertriebsformen misslich ist, wurde auch vom europäischen Gesetzgeber gesehen, der in einer Erklärung zu Art. 6 Abs. 1 FernAbsRL „zur Kenntnis genommen" hat, dass die Kommission Möglichkeiten der Harmonisierung zwischen den beiden Richtlinien prüfen wird.

[173] So auch *Micklitz*, in: *Micklitz/Reich*, Die FernAbsRL im deutschen Recht, S. 25; a.A: *Pützhoven* S. 81 der auf das deutsche Rechtsverständnis zurückgreifen will und daher den Zugang der Erklärung für entscheidend hält.

Ausnahmen in einer einheitlichen Regelung zusammengefasst worden wären. Die Parteien können Art. 6 Abs. 3 abbedingen[174] und vereinbaren, dass dem Verbraucher auch bei den dort genannten Verträgen ein Widerrufsrecht zusteht. Hierzu ist eine ausdrückliche Vereinbarung erforderlich.[175] Im Folgenden werden die Verträge dargestellt, bei denen dem Verbraucher gemäß Art. 6 Abs. 3 FernAbsRL kein Widerrufsrecht zustehen soll.

(1) Vor Ablauf der Widerrufsfrist begonnene Dienstleistungen

Nach Art. 6 Abs. 3, erster Spiegelstrich FernAbsRL besteht kein Widerrufsrecht bei Verträgen über die Erbringung von Dienstleistungen, deren Ausführung der Lieferer mit Zustimmung des Verbrauchers vor Ende der Widerrufsfrist begonnen hat.[176] Als Beispiele, die deutlich machen, dass die Regelung interessengerecht ist, werden die Lieferung schnell verderblicher Lebensmittel[177] und Online-Verträge über Datenbank-Recherchen[178] genannt.

(2) Von der Entwicklung der Sätze auf den Finanzmärkten abhängige Waren oder Dienstleistungen

Der Verbraucher hat kein Widerrufsrecht bei Verträgen über Waren oder Dienstleistungen, deren Preis von der Entwicklung auf Finanzmärkten, auf die der Lieferer keinen Einfluss hat, abhängt, Art. 6 Abs. 3, zweiter Spiegelstrich FernAbsRL. Der Verbraucher könnte ansonsten die Entwicklung auf den Finanzmärkten abwarten und sich bei einer für ihn ungünstigen Tendenz von dem Vertrag lösen und dadurch das alleinige Risiko dem Lieferer aufbürden. Das wäre nicht interessengerecht und würde den Lieferer einseitig benachteiligen.[179]

---

174 Art. 6 Abs. 3: „(..) *sofern die Parteien nichts anderes vereinbart haben* (..)".

175 Grabitz/Hilf-*Micklitz* Bd. III A 3 91 weist zurecht darauf hin, dass es nicht ausreicht, wenn der Unternehmer den Verbraucher unter Beachtung von Art. 5 über das Bestehen des Widerrufsrechts informiert. Eine vertragliche Vereinbarung, der AGB zugrunde liegen, ist nur möglich, wenn die entsprechende Klausel in den AGB in besonderer Form drucktechnisch abgesetzt ist.

176 Solche Verträge waren schon im ersten Richtlinienentwurf mit der Begründung vom Anwendungsbereich des Widerrufsrechts ausgenommen, ein solches sei bei ihnen nicht „sinnvoll".

177 Sofern diese überhaupt von dem Anwendungsbereich der Richtlinie erfasst werden, vgl. Grabitz/Hilf-*Micklitz* Bd. III A 3 Rn. 93.

178 *Meents*, Verbraucherschutz bei Rechtsgeschäften im Internet, S. 223 f., der darauf hinweist, dass der Verbraucher aufgrund der vorvertraglichen Informationspflichten des Lieferers ausreichend geschützt sei.

179 Diese Bereichsausnahme hat erst eigenständige Bedeutung erlangt, als nach der FernAbsFinanzDienstRL das Fernabsatzrecht auch auf Finanzdienstleistungen angewandt werden konnte. Zuvor fielen die in Art. 6 Abs. 3, zweiter Spiegelstrich genannten Verträge bereits

(3) Maßanfertigungen

Das Widerrufsrecht besteht ferner nicht bei Verträgen zur Lieferung von Waren, die nach Kundenspezifikation angefertigt werden oder eindeutig auf die persönlichen Bedürfnisse zugeschnitten sind oder die aufgrund ihrer Beschaffenheit nicht für eine Rücksendung geeignet sind oder schnell verderben können oder deren Verfallsdatum überschritten würde, Art. 6 Abs. 3, dritter Spiegelstrich FernAbsRL. Schon auf den ersten Blick leuchtet ein, warum ein Widerrufsrecht ausgeschlossen sein soll, wenn der Vertragsgegenstand für den Kunden maßgeschneidert ist. Anders als bei Massenprodukten, die der Lieferer an andere Verbraucher weitergeben kann, bliebe er auf der Ware sitzen, die er zuvor speziell den Bedürfnisse des Verbrauchers angepasst hat. Aus ähnlichen Gründen soll leicht verderbliche Ware nicht ohne weiteres vom Verbraucher zurückgegeben werden können – auch diese könnte nicht mehr zu einem wettbewerbsfähigen Preis an andere Verbraucher weiterverkauft werden. Weit weniger klar ist, wann Waren aufgrund ihrer Beschaffenheit nicht für die Rücksendung geeignet sind. Abzustellen ist hierbei aber wohl darauf, ob es dem Lieferer im Einzelfall zugemutet werden kann, den Vertrag rückabzuwickeln. Das ist regelmäßig nicht der Fall, wenn die Beschaffenheit der Ware es nicht ermöglicht, dass sie in derselben Form an den Lieferer zurückgegeben wird, in der dieser sie ausgeliefert hatte[180]

(4) Lieferung von Audio- oder Videoaufzeichnungen oder Software

Art. 6 Abs. 3, vierter Spiegelstrich FernAbsRL schließt Verträge zur Lieferung von Audio- oder Videoaufzeichnungen oder Software, die vom Verbraucher entsiegelt worden sind, vom Anwendungsbereich der Richtlinie aus. An die Versiegelung der Software sollten hierbei keine allzu hohen Anforderungen gestellt werden. Insbesondere ist der Begriff des Siegels nicht etwa technisch zu verstehen, sondern meint jede Vorrichtung, die den Verbraucher daran hindert, unmittelbar auf die Software zuzugreifen. Die Ausnahmeregelung dient dem Schutz des Urheberrechts. Eine analoge Anwendung auf unversiegelte Datenträger kann

---

unter die in Art. 3 Abs. 1 genannten Bereichsausnahmen, so dass die Richtlinie ohnehin nicht angewandt werden konnte.

[180] Der deutsche Gesetzgeber, der die Regelung über den Ausschluss des Widerrufsrechts wörtlich übernommen hat, nennt als Beispiel für eine Ware, die nicht „rückstandslos" zurückgegeben werden kann, elektronisch übermittelte wissenschaftliche oder literarische Werke sowie Heizöl, da dieses durch die Vermischung mit im Tank des Kunden vorhandenem Heizöl die nach der DIN-Norm erforderlichen Eigenschaften ebenso verliert wie die zusätzlichen Qualitätsstandards, die im Handel eingeführt worden sind, vgl. BT-Drs. 14/2658 S. 44. Gleichwohl ist die Vorschrift eng zu verstehen, um das mit der Richtlinie verfolgte Ziel eines hohen Verbraucherschutzes nicht zu unterlaufen, vgl. *Arnold*, CR 1997, S. 526, 531. *Hoffmann*, Die Grundzüge der europäischen Fernabsatzrichtlinie, S. 10, geht daher zu weit, wenn er auch Kosmetika unter Art. 6 Abs. 3, 3. Spiegelstrich FernAbsRL fassen will.

auch nicht mit der Begründung erfolgen, dass ansonsten ein Wertungswiderspruch zum Softwareverkauf im „Downloadverfahren" entstünde.[181] Hiergegen spricht zum Einen der eindeutige Wortlaut der Vorschrift. Auch der vom EuGH in ständiger Rechtsprechung betonte enge Charakter verbraucherschutzrechtlicher Ausnahmeregelungen steht einer analogen Anwendung entgegen.[182]

(5) Lieferung, von Zeitungen, Zeitschriften und Illustrierten

Nach Art. 6 Abs. 3, fünfter Spiegelstrich FernAbsRL kann der Verbraucher Fernabsatzverträge über die Lieferung von Zeitungen, Zeitschriften und Illustrierten nicht widerrufen. In rechtspolitischer Hinsicht ist diese Ausnahmeregelung insbesondere im Hinblick darauf, dass bei Verträgen über die Lieferung von Büchern ein Widerrufsrecht besteht, nicht überzeugend. Zum Teil wird die unterschiedliche Behandlung damit begründet, dass gerade Tageszeitungen eine deutlich geringere Halbwertzeit hätten.[183] Hiergegen spricht jedoch, dass Zeitungen, die archiviert werden, ihren Wert gerade dadurch bekommen, dass sie auch antiquarische Qualität besitzen. Mindestens in diesem Fall ist es nicht berechtigt, einen Unterschied zwischen Verträgen über die Lieferung von Büchern und Verträgen über die Lieferung von Zeitungen, Zeitschriften oder Illustrierten zu machen.[184]

(6) Lotterie

Auch bei Verträgen zur Erbringung von Wett- und Lotteriedienstleistungen steht dem Verbraucher kein zwingendes Widerrufsrecht zu, Art. 6 Abs. 3, sechster Spiegelstrich FernAbsRL. Wett- und Lotteriedienstleistungen, die im Internet vertrieben werden, sind einer der Geschäftsbereiche, die das größte Stück des E-Commerce Kuchens abbekommen[185] und sich nachhaltig etabliert haben. Zwar

---

[181] so aber *Arnold*, CR 1997, S. 526, 531 f.

[182] z.B. EuGH, Urteil v. 13.12.2001 C 481/99 (*Heininger./.Bay. Hypo- und Vereinsbank*), Slg. 2001 I-9945: „Dazu ist erstens festzustellen, dass Ausnahmen von gemeinschaftsrechtlichen Verbraucherschutzvorschriften nach ständiger Rechtsprechung eng auszulegen sind." Im Übrigen ist per Download-Verfahren erworbene Software aufgrund ihrer Beschaffenheit nicht zur Rücksendung geeignet, so dass bereits deshalb ein Widerrufsrecht nach Art. 3 Abs. 3, 3. Spiegelstrich FernAbsRL ausscheidet.

[183] *Pützhoven*, Europäischer Verbraucherschutz im Fernabsatz, S. 87.

[184] Anders ist es bei Publikationen, die als e-paper vertrieben werden. Hier ist die Konstellation vergleichbar damit, dass der Lieferer mit Zustimmung des Verbrauchers mit der Ausführung der Dienstleistung begonnen hat, vgl. *Meents*, Verbraucherschutz bei Rechtsgeschäften im Internet, S. 87.

[185] Allein im Bereich der Sportwetten wird nach einer Studie des britischen Marktforschungsinstituts Informa Media Group damit gerechnet, dass sich weltweit bis 2006 die Umsätze auf

findet sich in den Materialien der Richtlinie kein Hinweis auf das Motiv des Gesetzgebers, solche Verträge aus dem Anwendungsbereich des Fernabsatzrechts herauszunehmen. Jedoch kann die Ausnahme überzeugend mit dem besonderen Charakter von Wett- und Lotteriedienstleistungen erklärt werden. Es wäre geradezu grotesk und für den Lieferer nicht hinnehmbar, wenn der Verbraucher das Ergebnis der Lotterieauslosung oder der Sportveranstaltung, auf die er gewettet hat, abwarten könnte, um bei einem ungünstigen Ausgang den Vertragsschluss widerrufen zu können. Die auch weiterhin bestehenden Informationspflichten des Lieferers gewährleisten andererseits, dass der Verbraucher vor dem Vertragsschluss in angemessener Form informiert wird und dadurch ausreichend geschützt ist.

c) Erfüllung des Vertrages

Die Fernabsatzrichtlinie sorgte für eine Premiere im europäischen Verbraucherschutzrecht und etablierte in Art. 7 und 8 dispositive Vertragsrechtsvorschriften.[186] Art. 7 regelt die Erfüllung des Vertrages, Art. 8 gibt Vorgaben über die Zahlungsmodalitäten. Die Richtlinie hat sich hierbei am amerikanischen Vorbild orientiert: die Vertragsausführungsfrist von 30 Tagen richtet sich nach der in Amerika üblichen Lieferfrist für Versandhandelsgeschäfte.[187]

aa) Erfüllung des Vertrages

Art. 7 Abs. 1 FernAbsRL normiert die Erfüllungspflicht[188] des Lieferers. Er hat die Bestellung spätestens 30 Tage nach dem Tag auszuführen, der auf den Tag folgt, an dem der Verbraucher dem Lieferer seine Bestellung übermittelt hat. Die Parteien können eine hiervon abweichende Vereinbarung treffen.[189] Der Lieferer hat die Bestellung ausgeführt, wenn er das Nötige unternommen hat, damit die Ware den Verbraucher erreicht.[190] Hierzu reicht es aus, dass die Ware

---

mehr als 12 Milliarden Dollar steigern werden, http://de.biz.yahoo.com/031214/85/3swqo.html abgefragt am 01.05.2006.

186 Den Ansatz eines gemeinsamen Vertragsrechts für den gemeinsamen Markt skizziert *Basedow*, CMLR 1996, S. 1169.

187 Richtlinienvorschlag 1992 (ABlEG Nr. C 156 v. 23.06.1992, S. 14-19) KOM (92) 11 endg., S. 19; OECD, New home shopping technologies, S. 26.

188 vgl. zum Begriff *Micklitz*, in *Micklitz/Reich*, Die FernAbsRL im deutschen Recht, Rn. 66.

189 Art. 7 Abs. 1 gewährleistet insoweit, dass der Grundsatz der Privatautonomie gewahrt bleibt, vgl. *Reich*, EuZW 1997, S. 586, 585.

190 *Pützhoven*, Europäischer Verbraucherschutz im Fernabsatz, S. 71, zeigt, dass die Formulierung „Ausführung der Bestellung“ auf dem Hintergrund der Entstehungsgeschichte der Richtlinie nur bedeuten kann, dass der Lieferer innerhalb der 30 Tage alle Erfüllungshandlungen vorgenommen haben muss. Art. 7 Abs. 1 FernAbsRL wird dagegen nicht erfüllt, wenn

an einen Spediteur oder eine andere Versandperson übergeben wird. Auch die Fassung der Richtlinie in anderen Amtssprachen[191] spricht dafür, dass mit „Ausführung der Bestellung" nicht gemeint ist, dass der Lieferer sie eigenhändig ausführen muss.

Art. 7 Abs. 2 FernAbsRL verpflichtet den Lieferer, den Verbraucher zu informieren, wenn die bestellte Ware oder Dienstleistung nicht verfügbar ist. Zugleich muss der Verbraucher die Möglichkeit erhalten, sich geleistete Zahlungen „möglichst bald", spätestens jedoch nach 30 Tagen, zurückerstatten zu lassen. Die 30-Tagesfrist, binnen derer der Lieferer die Zahlung erstatten muss, beginnt, wenn der Lieferer erwähnt, dass er die vertraglichen Verpflichtungen nicht erfüllen kann.[192] Die Frage, wann die bestellte Ware oder Dienstleistung „nicht verfügbar" ist, wird von der Richtlinie an das nationale Recht weitergegeben. Die Mitgliedstaaten müssen sich daher bei der Umsetzung entscheiden, wie hoch die Hürde ist, über die der Lieferer springen muss, um seinen Erfüllungspflichten zu entgehen.

Art. 7 Abs. 3 FernAbsRL erlaubt es den Mitgliedstaaten, Regelungen einzuführen, die es gestatten, dass der Lieferer dem Verbraucher eine qualitätsmäßig und preisliche gleichwertige Ware liefern kann oder eine qualitätsmäßig und preislich gleichwertige Dienstleistung erbringen kann, wenn diese Möglichkeit vor Vertragsschluss oder im Vertrag vorgesehen wurde.[193] Von dieser Möglichkeit ist der Verbraucher „in klarer und verständlicher Form" in Kenntnis zu setzen, Art. 7 Abs. 3 Satz 2 FernAbsRL. Für den Fall, dass der Lieferer eine Ersatzlieferung oder eine Ersatzdienstleistung vornimmt, dürfen dem Verbraucher, der von seinem Widerrufsrecht Gebrauch macht, keine Rücksendungskosten entstehen, Art. 7 Abs. 3 Satz 3 FernAbsRL. Der Verbraucher wird bei Ersatzlieferungen oder Ersatzdienstleistungen privilegiert, weil sich die fernabsatztypische Gefährdungslage verdoppelt hat. Neben der typischen Gefahr, dass er sich von Ware oder Dienstleistung kein näheres Bild machen kann, muss der Verbraucher darüber hinaus noch das Risiko tragen, eine Ware oder Dienstleistung zu erhalten, die ihn nicht dazu bewogen hat, den Vertrag zu schließen. Ein solcher Änderungsvorbehalt war nicht von Beginn an in der Richtlinie zu finden. Erstmals enthielt Art. 8 Abs. 5 des geänderten Vorschlags der Kommission eine vergleichbare Ausnahmeregelung in der Vorschrift zum Verbot der Zusendung un-

---

der Lieferer innerhalb der Frist damit beginnt, die erforderlichen Erfüllungshandlungen durchzuführen.

[191] „execute"; „exécuter"; „eseguire".

[192] Das ergibt sich aus dem Kontext der Vorschrift; vgl. auch Grabitz/Hilf-*Micklitz*, Bd. 2 A3 Rn. 109.

[193] *Reich*, EuZW 1997, S. 581, 587 weist darauf hin, dass die Pauschalreiserichtlinie in Art. 4 Abs. 5 bis 8 eine vergleichbare Regelung enthält.

bestellter Waren.[194] Nach einiger Diskussion[195] wurde der Änderungsvorbehalt dann an systematisch fragwürdiger Stelle in die Vorschrift über die Erfüllung des Vertrages eingefügt. Art. 7 Abs. 3 FernAbsRL schweigt zu der Frage, ob dem Verbraucher im Falle einer Ersatzlieferung ein erneutes Widerrufsrecht zusteht. Systematischer Zusammenhang sowie Sinn und Zweck der Vorschrift lassen aber keinen anderen Schluss zu. Auch wenn der Änderungsvorbehalt wirksam wird, weiß der Verbraucher nichts näheres über den (neuen) Vertragsgegenstand und muss deswegen durch ein Widerrufsrecht geschützt werden. Als Konsequenz ergibt sich, dass er bei Ausübung des Änderungsvorbehalts über das „neue" Widerrufsrecht belehrt werden muss.[196]

bb) Zahlungsmodalitäten

Art. 8 FernAbsRL gewährleistet, dass der Verbraucher nicht völlig ungeschützt ist, wenn er mit seiner „Zahlungskarte" bezahlt. Der Begriff „Zahlungskarte" wurde absichtlich neutral gehalten, um den Anwendungsbereich der Vorschrift möglichst weit zu halten. Am häufigsten dürfte die Vorschrift aber bei Kreditkarten relevant werden. Die Vorschrift will der größten Angst des Verbrauchers und damit auch dem höchsten Hindernis einer noch schnelleren Verbreitung des E-Commerce entgegenwirken: dem Missbrauch von Daten, die bei elektronischer Zahlung weitergegeben werden.[197] Die Kommission war sich dieser Skepsis des Verbrauchers bewusst und fügte bereits in den ersten Richtlinienentwurf Vorgaben ein, die der Sicherheit moderner Zahlungsmittel dienen das Vertrauen des Verbraucher in den elektronischen Geschäftsverkehr stärken sollten.[198] Art.

---

[194] Geänderter Vorschlag für eine Richtlinie des Rates über den Verbraucherschutz bei Vertragsabschlüssen im Fernabsatz, ABlEG Nr. C 308/18 v. 15.11.1993; der Änderungsvorbehalt geht zurück auf einen Vorschlag des Versandhandels, der erreichen wollte, dass eine jahrelang übliche Praxis legalisiert wird, vgl. hierzu im Einzelnen Grabitz/Hilf-*Micklitz* Bd. 2 A3 Rn. 110.

[195] Nach dem Willen von Kommission und Europäischem Parlament sollte der Änderungsvorbehalt zusätzlich von der Zustimmung des Vertragspartners abhängen (zu erkennen im Beschluss des Europäischen Parlaments, ABlEG Nr. c17 v. 22.01.1996, S. 51, 55), der Rat konnte diese Einschränkung im Vermittlungsausschuss jedoch verhindern, vgl. den gemeinsamen Text nach Billigung durch den Vermittlungsausschuss, PE Cons 3636/96 (C4-0666/97), S. 16.

[196] vgl. *Reich*, EuZW 1997, S. 581, 586, der die Überlegungen jedoch auf die Ausübung des Änderungsvorbehaltes bei Dienstleistungen beschränkt.

[197] Nach einer Umfrage der Europäischen Union über das Vertrauen des Verbrauchers in den E-Commerce vom Herbst 2003 waren 48 % der Teilnehmer besorgt über Sicherheit ihrer Online-Bezahlung, vgl. http://europa.eu.int/comm/consumers/topics/btoc_ecomm.pdf, abgefragt am 01.05.2006.

[198] Ursprünglich war sogar vorgesehen, dass dem Verbraucher das Recht zusteht, Einspruch gegen die Gültigkeit eines Zahlungsvorgangs zu erheben, bei dem die Kartennummer bekannt gegeben wurde, ohne dass das Zahlungsmittel selbst vorgelegt oder elektronisch überprüft

8 FernAbsRL soll den Verbraucher vor jeder nicht ordnungsgemäßen Verwendung der Karte schützen.[199]

Art. 8 FernAbsRL verpflichtet die Mitgliedstaaten, „geeignete Vorkehrungen" zu schaffen, um den Verbraucher vor dem Missbrauch seiner Karte zu schützen. Zu Beginn des Gesetzgebungsverfahrens wurde diskutiert, in Anlehnung an Art. 7 Pauschalreise-Richtlinie weitergehende Vorkehrungen zu schaffen, die gewährleisten, dass der Verbraucher sein Geld auch bei Insolvenz des Lieferers zurückerhält. Der Änderungsvorschlag des Parlaments[200] enthielt in Art. 11b eine Regelung, nach der die Mitgliedstaaten mit den Branchenverbänden und Berufsorganisationen ein Garantiesystem ausarbeiten sollten, das den Verbraucher vor der Insolvenz des Lieferers schützt. Dieser Vorschlag wurde jedoch nicht weiter verfolgt und der Rat hat schließlich im gemeinsamen Standpunkt dem ehrgeizigen Vorhaben eine endgültige Absage erteilt.[201] Es verbleibt damit bei der Empfehlung der Kommission 92/295/EWG, die es den Berufsverbänden anheim stellt, sich selbst Verhaltenscodices zu geben, die den Verbraucher davor schützen, dass Vorauszahlungen verloren gehen.

3) Lauterkeitsrechtliche Regelungen

Wie aus dem 17. Erwägungsgrund der Richtlinie hervorgeht, soll der Verbraucher vor der „Belästigung durch gewisse besonders aufdringliche Kommunikationstechniken" geschützt werden. Den Schutz des Verbrauchers vor irreführenden und aggressiven Verkaufsmethoden sollen die lauterkeitsrechtlichen Vorgaben der Richtlinie bewirken. Neben den wettbewerbsrechtlichen Aspekten von Art. 4 Abs. 2 und 3 FernAbsRL finden sich lauterkeitsrechtliche Vorschriften noch in Art. 9 und 10 FernAbsRL. Da der Fokus dieser Arbeit auf den zivilrechtlichen Regeln der Richtlinie liegt, sollen die lauterkeitsrechtlichen Regelungen nur im Überblick dargestellt werden.[202]

---

worden wäre, vgl. Art. 12 des 1992er Richtlinienentwurfs, KOM (92) 11 endg. - SYN 411. Der bloße Protest des Karteninhabers sollte hier ausreichen, damit die Zahlung rückgängig gemacht wird, vgl. zu den Einzelheiten Grabitz/Hilf-*Micklitz* Bd. 2 A3 Rn. 115. Die jetzige Regelung bietet dem Verbraucher geringeren Schutz.

[199] vgl. Grabitz/Hilf-*Micklitz* Bd. 2 A3 Rn. 116; *Reich*, EuZW 1997, S. 581, 586; *Pichler*, NJW 1998, S. 3234, 3236; *Pützhoven*, Europäischer Verbraucherschutz im Fernabsatz, S. 88 f.

[200] ABlEG Nr. C 176/94 v. 28.06.1993.

[201] ABlEG Nr. C 288/11 v. 30.10.1995: *„Der Rat vertritt die Auffassung, dass die Einrichtung eines Garantiesystems für den Fall der Nichterfüllung durch den Lieferer eine horizontale Frage darstellt, die sich auf alle Verpflichtungen des Lieferers bezieht und als solche zu behandeln ist."*

[202] Einen umfassende Darstellung der lauterkeitsrechtlichen Vorschriften der Richtlinie gibt *Reich*, in *Micklitz/Reich*, Die FernAbsRL im deutschen Recht, Rn. 122 ff.

Art. 9 verbietet es dem Lieferer, dem Verbraucher Waren zuzusenden oder für ihn Dienstleistungen zu erbringen, die nicht bestellt wurden und mit denen eine Zahlungsaufforderung verbunden ist.[203] Für Werbegeschenke gilt die Vorschrift nicht, wenn der Verbraucher nicht zugleich dazu aufgefordert wird, die „Geschenke“ zu bezahlen. Der Verbraucher soll nach Art. 9, zweiter Spiegelstrich FernAbsRL von jeder Gegenleistung freigehalten werden. Schweigt er auf die unbestellte Leistung, darf das nicht als Zustimmung verstanden werden.

Nach Art. 10 FernAbsRL wird der Einsatz von Fernkommunikationsmitteln zur Vertragsanbahnung in einem abgestuften System eingeschränkt. Hierbei werden höhere Anforderungen an die Zulässigkeit der Verwendung von Fernkommunikationsmitteln gestellt, die in besonders starker Weise die Privatsphäre des Verbrauchers beeinträchtigen können. So dürfen Voice-Mail-Systeme und Fernkopien nur eingesetzt werden, wenn der Verbraucher zuvor ausdrücklich zugestimmt hat (opt-in-System). Andere Fernkommunikationsmittel, die eine individuelle Kommunikation zwischen Verbraucher und Lieferer ermöglichen, dürfen dagegen eingesetzt werden, wenn der Verbraucher nicht ausdrücklich oder konkludent widersprochen hat (opt-out-System).[204]. Verwunderlich ist in diesem Zusammenhang, dass die Kommunikation per Telefon nicht ebenfalls von der vorherigen Zustimmung des Verbrauchers abhängen soll. Für die Intensität des Eingriffs in die Privatsphäre ist es unerheblich, ob der Verbraucher von einem Voice-Mail-System oder einem Menschen mit Telefonanrufen belästigt wird.

Es stellt sich im Übrigen die Frage, wie der Lieferer, der Voice-Mail-Systeme oder Fernkopien zur Kommunikation einsetzen will, die Zustimmung des Verbrauchers erlangen kann. Aufgrund des insoweit eindeutigen Wortlauts von

---

[203] Eine rechtsvergleichende Untersuchung der Vorschrift unter Berücksichtigung des deutschen, schweizerischen, österreichischen und englischen Rechts nimmt *Geist*, Die Rechtslage bei Zusendung unbestellter Waren nach Umsetzung der Fernabsatzrichtlinie vor. Vgl. im Übrigen hierzu *Casper*, ZIP 2000, S. 1602 ff. Schon die Entwürfe der Richtlinie legten Wert darauf, dass die unbestellte Zusendung von Waren nur unzulässig ist, wenn sie mit einer Zahlungsaufforderung verbunden ist; Art. 8 Abs. 4 des 1992er Richtlinienvorschlags und Art 9 Abs. 4 des 1993er Richtlinienvorschlags legen ausdrücklich fest, dass die Vorschrift für „Muster oder Werbegeschenke“ nicht gelten soll, wenn klar ersichtlich ist, dass ihre Übersendung an den Verbraucher diesen zu nichts verpflichten.

[204] Das System des Art. 10 war während des Gesetzgebungsverfahrens höchst umstritten. Die Verbraucherschutzverbände traten dafür ein, dass auch die Kontaktaufnahme per Telefon oder E-Mail die vorherige Zustimmung des Verbrauchers erfordert, vgl. hierzu *Funk*, CR 1998, S. 411, 415; *Leible/Sosnitza*, K&R 1998, S. 283, 286; *Günther*, CR 1999, S. 172, 173 f.. Nachdem es im 1993er Richtlinienvorschlag noch so aussah, als sollten die Bemühungen von Erfolg gekrönt sein, entschied sich der Gesetzgeber letztlich dann doch für Art. 10 in der jetzigen Fassung, vgl. die ausführliche Übersicht zur Diskussion bei Grabitz/Hilf-*Micklitz* Bd. 2 A3 Rn. 123 ff.

Art. 10 Abs. 1 ist es nicht möglich, dass die Zustimmung eingeholt wird, während der Lieferer eines der dort genannten Fernkommunikationsmittel nutzt. Er kann den Verbraucher aber telefonisch um Zustimmung zu dieser Art des Kontaktes bitten. Ein Telefonanruf ist nicht von der vorherigen Zustimmung des Verbrauchers abhängig – dieser hat aber die Chance, während des Telefonats nicht nur seine Zustimmung zu verweigern, sondern der zukünftigen telefonischen Kontaktaufnahme durch den Lieferer zu widersprechen.[205] Dieses aufwändige Verfahren dürfte dazu führen, dass der Lieferer nur noch in Ausnahmefällen Voice-Mail-Systeme und Fernkopien nutzen wird, um mit dem Verbraucher in Kontakt zu treten. Unter die individuellen Kommunikationstechniken von Art. 10 Abs. 2 fallen Telefonate ebenso wie Postwurfsendungen. Im Interesse eines umfassenden Verbraucherschutzes ist die Vorschrift weit auszulegen. Aus demselben Grund dürfen auch keine allzu hohen Anforderungen an die „offenkundige" Ablehnung der Verwendung der Fernkommunikationsmittel durch den Verbraucher gestellt werden. Es reicht aus, wenn der Verbraucher an seinem Briefkasten einen Aufkleber anbringt, auf dem er kundgibt, keine Werbung empfangen zu wollen.[206]

4) Rechtsdurchsetzung

Art. 11 Abs. 1 FernAbsRL verpflichtet die Mitgliedstaaten, für geeignete und wirksame Mittel zu sorgen, die die Einhaltung der Bestimmungen der Richtlinie gewährleisten. Als Beispiel eines geeigneten Mittels nennt Art. 11 Abs. 2 FernAbsRL kollektive Rechtsbehelfe. Derartiger, kollektiver Rechtsschutz ist ein klassisches Instrument des europäischen Verbraucherschutzes.[207] Art. 11 Abs. 3 ermöglicht es den Mitgliedstaaten, die Beweislast zu Lasten des Lieferers umzukehren, wenn Unklarheiten über die Einhaltung seiner Informations- und Belehrungspflichten bestehen und verpflichtet die Mitgliedstaaten, Vorkehrungen zu treffen, damit die Betreiber von Kommunikationstechniken Praktiken unterlassen, die nicht im Einklang mit den Vorgaben der Richtlinie stehen. Art. 11

---

[205] Grabitz/Hilf-*Micklitz* Bd. 2 A3 Rn. 126 und *Pützhoven*, Europäischer Verbraucherschutz im Fernabsatz, S. 100 gehen dagegen davon aus, dass dem Lieferer nur die Möglichkeit bleibt, den Verbraucher schriftlich um dessen Einverständnis zu bitten. Das folgt aber zumindest nicht direkt aus Art. 10 FernAbsRL.

[206] Aus dem Wortlaut („abgelehnt hat") ergibt sich, dass die Ablehnung vor der Werbung des Lieferers erfolgen muss, vgl. im Einzelnen Grabitz/Hilf-*Micklitz* Bd. 2 A3 Rn. 129 ff.

[207] kollektive Rechtsbehelfe finden sich im europäischen Sekundärrecht u.A. in den folgenden Rechtsakten: Art. 4 der Richtlinie 84/450/EWG über irreführende Werbung; Art. 7 Abs. 2 der Richtlinie 93/13/EWG über missbräuchliche Klauseln in Verbraucherverträgen; Art. 2 der Richtlinie 98/27/EG über Unterlassungsklage zum Schutz der Verbraucherinteressen; einen Überblick über kollektiven Rechtsschutz im Europäischen Verbraucherrecht gibt *Reich*, in: *Reich/Micklitz*, Europäisches Verbraucherrecht, Rn. 30.1 ff.

Abs. 4 erlaubt es den Mitgliedstaaten, Selbstregulierungsinstrumente zur außergerichtlichen Streitschlichtung zu schaffen.

Art. 17 verpflichtet die Kommission zu untersuchen, ob wirksame Verfahren zur Behandlung von Verbraucherbeschwerden geschaffen werden können, und einen entsprechenden Bericht zwei Jahre nach Inkrafttreten der Richtlinie vorzulegen. Dieser Bericht liegt seit März 2000 vor[208] und die Kommission erkennt hierin an, dass die Mitgliedstaaten zahlreiche Regelungen über verbraucherschützende Rechtsbehelfe zu bieten haben, die jedoch aus unterschiedlichen Gründen für den Verbraucher untauglich sind.[209] Um diese Situation zu verbessern, schlägt die Kommission neben einer intensiven Nutzung des 1998 eingeführten Formblatts für Verbraucherbeschwerden[210] vor, weitere Strukturen für eine außergerichtliche Streitbeilegung im Sinne des Art. 11 Abs. 4 zu schaffen. Dazu könnten Regelungen gehören, die dafür sorgen, dass bei grenzüberschreitenden Rechtsstreitigkeiten ein europäischer Verbraucher-Ombudsmann eingesetzt werden kann.[211]

5) Unabdingbarkeit der verbraucherschützenden Vorschriften

Art. 12 Abs. 1 bestimmt, dass der Verbraucher auf die Rechte, die ihm aufgrund der Umsetzung der Richtlinie in innerstaatliches Recht zustehen, nicht verzichten kann. Durch den zwingenden Charakter der Vorschriften wird die Position des Verbrauchers gegenüber dem Lieferer gestärkt. Dieser kann in Vertragsverhandlungen seine größere geschäftliche Erfahrung nicht dazu nutzen, den Verbraucher durch geschicktes Taktieren aufs Glatteis zu führen und die

---

[208] Bericht der Europäischen Kommission über Verbraucherbeschwerden im Zusammenhang mit Fernabsatz und vergleichender Werbung vom 10.03.2000, COM (2000) 127 endg., http://europa.eu.int/comm/consumers/cons_int/safe_shop/mis_adv/rep01_de.pdf, abgefragt am 01.05.2006.

[209] Auf Seite 6 des Berichts heißt es: „*Vielfach sieht sich der Verbraucher durch das Zusammenspiel von durch lange Wege bedingten Kosten, schleppendem Verfahrensgang, Gerichtskosten, psychologischen Hemmnissen und Formvorschriften vor eine schier unüberwindbare Mauer gestellt, die ihn davon abhält, darauf hinzuwirken, dass seinen legitimen Erwartungen, d.h. dass er mit seiner Beschwer Gehör findet und zu seinem Recht kommt, entsprochen wird.*“

[210] Auch das Formblatt soll der außergerichtlichen Streitschlichtung dienen, es soll „den Dialog zwischen Verbraucher und Lieferer“ verbessern und findet sich unter http://europa.eu.int/comm/consumers/redress/compl/cons_compl/acce_just03_de.pdf, abgefragt am 01.05.2006.

[211] Bericht der Kommission über Verbraucherbeschwerden im Zusammenhang mit Fernabsatz und vergleichender Werbung v. 10.03.2000, COM (2000) 127 endg., S. 16.

verbraucherschützenden Vorschriften durch vertragliche Vereinbarungen auszuschließen.[212]

6) Internationale Verbraucherverträge

Durch Art. 12 Abs. 2[213] werden die Mitgliedstaaten verpflichtet, die erforderlichen Maßnahmen zu ergreifen, damit der Verbraucher den Schutz der FernAbsRL nicht verliert, wenn das Recht eines Drittlandes als anzuwendendes Recht bestimmt wurde und der Vertrag einen engen Zusammenhang mit dem Gebiet eines Mitgliedstaates aufweist. Der erste Entwurf der Richtlinie enthielt noch keine Kollisionsregeln. Erst nachdem Befürchtungen geäußert wurden, dass der durch die Richtlinie gewährte Verbraucherschutz durch die Wahl des Rechts eines Drittstaates unterlaufen werden könnte, entschied sich die Kommission dazu, eine entsprechende Norm in den 1993er Vorschlag einzufügen. Der Wortlaut von Art. 12 Abs. 2 FernAbsRL könnte darauf hindeuten, dass die Richtlinie selbst unmittelbare Rechte gewährt, die dem Verbraucher erhalten bleiben sollen. Im Lichte der Rechtsprechung des EuGH, der wiederholt die horizontale Wirkung von Richtlinien verneint hat[214], muss die Vorschrift aber so verstanden werden, dass die durch die Umsetzung in den Mitgliedstaaten entstandenen Rechte gemeint sind.[215] Wie andere kollisionsrechtliche Richtlinienbestimmungen auch[216] will Art. 12 Abs. 2 FernAbsRL den räumlichen Anwendungsbereich sachrechtlicher Normen gegenüber Drittstaatenrecht schützen.[217]

---

[212] Ähnliche Regelungen finden sich auch in anderen Richtlinien des Verbraucherschutzrechts wie etwa Art. 6 Haustürgeschäfterichtlinie, Art. 8 Time-Sharing-Richtlinie; Art. 14 Verbraucherkreditrichtlinie oder Art. Art. 7 Abs. 1 Verbrauchsgüterkaufrichtlinie.

[213] vgl. Zur Entwicklung der Vorschrift *Kronke*, RIW 1996, S. 985, 986; *Pfeiffer*, NJW 1997, S. 1207, 1214; *Thorn*, IPRax 1999, S. 1 ff; *Wagner*, IPRax 2000, S. 249 ff.

[214] z.B. EuGH, Slg. 1996, I-1281 (1296, 1303 ff.).

[215] so auch *Mankowski*, RabelsZ 63 (1999), S. 203, 256; *Thorn*, IPRax 1999, S. 1, 6 f.; *Wagner*, IPRax 2000, S. 249, 250 jeweils m.w.N.

[216] z.B. Art. 6 Abs. 2 der Klauselrichtlinie und der 14. Erwägungsgrund der Time-Sharing-Richtlinie; vgl. zu kollisionsrechtlichen Bestimmungen europäischen Sekundärrechts *von Hoffmann*, ZfRV 1995, S. 45 ff.; *Rüßmann*, K&R 1998, S. 422 ff., insb. S. 425; *Wagner*, WM 1995, S. 1129, 1134; *von Wilmowsky*, ZEuP 1995, S. 735 ff..

[217] So *Basedow*, NJW 1996, S. 1921, 1925 f.; *ders.*, in: Schnyder/Heiss/Rudisch, Internationales Verbraucherschutzrecht, S. 11, 31 sieht als das Ziel der kollisionsrechtlichen Richtlinienbestimmungen die „kollisionsrechtliche Absicherung des Binnenmarktes gegenüber Drittstaaten-Recht".

B Ergebnis

Bei den Regelungen der Fernabsatzrichtlinie hat der europäische Gesetzgeber sich nicht in unbekanntes Terrain gewagt, sondern auf die bekannten Instrumente des Verbraucherschutzes zurückgegriffen. Vor- und nachvertragliche Informationspflichten des Lieferers, Widerrufsrechte des Verbrauchers und kollektive Rechtsbehelfe wie Verbandsklagen haben schon in der Vergangenheit bewiesen, dass sie geeignet sind, um die gestörte Vertragsparität zwischen Verbraucher und Lieferer auszugleichen. Der Gesetzgeber hat gut daran getan, mit der Fernabsatzrichtlinie nicht das Rad neu zu erfinden, sondern auf Bewährtes zurückzugreifen. So kann sich der Verbraucher an eine in den Grundzügen einheitliche Systematik gewöhnen und dadurch routinierter mit den Verbraucherschutzrechten umgehen, wodurch letztlich der Verbraucherschutz EU-weit gestärkt wird. Es war daher richtig, eine EU-Verbraucherschutzrichtlinie für den immer stärker anwachsenden Bereich der Fernabsatzgeschäfte zu schaffen. Zwar bestanden schon vorher vergleichbare Schutzmechanismen auf freiwilliger Basis. Solche freiwilligen Selbstregulierungen bieten aber keine Gewähr dafür, dass ein hohes Verbraucherschutzniveau erhalten bleibt. Ohne Frage leistet auch das Soft Law seinen Beitrag zur Weiterentwicklung des Rechts, insbesondere in Detailfragen. Allerdings bleibt es stets mit dem Makel der fehlenden Durchsetzbarkeit behaftet und kann damit nur Vorläufer bindenden Rechtsordnung sein. Oder, um das eingangs erwähnte Zitat *Reagans* aufzugreifen: soft law kann dem Verbraucherschutz nur in der Zeit wirksam dienen, in der die Fernabsatzindustrie noch geschlafen hat. Als jedoch beim Aufwachen dieses Geschäftsbereich festgestellt wurde, in welcher Geschwindigkeit sich dieser schlafende Riese räkelte und wachrüttelte, war der europäische Gesetzgeber gut beraten, *Reagans* Maxime zu folgen und ein Regelwerk zu schaffen.

Auch wenn die Richtlinie Wasser auf den Mühlen derer ist, die eine fortdauernde Zersplitterung des europäischen Rechts befürchten und sich ein einheitlich kodifiziertes europäisches Zivilrecht wünschen[218], ist doch zu bedenken, dass dieser große Wurf jedenfalls in absehbarer Zeit nicht zu erwarten ist. Die schrittweise und mosaikartige Harmonisierung ist daher zumindest zur Zeit der einzig denkbare Ansatz legislativer Rechtsvereinheitlichung.[219]

---

[218] Statt vieler im Zusammenhang mit der Verbrauchsgüterkauf-Richtlinie: *Juncker*, DZWir 1997, S. 278 m.w.N.

[219] vgl. *Bodewig*, DZWir 1997, S. 447, 451.

3. Kapitel

Umsetzungsbedarf im deutschen und im englischen Recht

A. Einleitung

Gemäß Art. 15 Abs. 1 Satz 1 FernAbsRL müssen die Mitgliedstaaten die erforderlichen Rechts- und Verwaltungsvorschriften in Kraft setzen. Primärrechtlich folgt die Pflicht zur Umsetzung von Richtlinien aus Art. 249 Abs. 3 EGV. Der Umfang der Umsetzung hängt u.a. davon ab, ob der Umsetzungsgegenstand für die Rechtsordnungen der Mitgliedstaaten etwas Neues ist oder ob sich die Vorgaben der Richtlinie zum Teil oder vollständig bereits im nationalen Recht finden lassen. Nachdem der Umsetzungsgegenstand dargestellt wurde, ist im weiteren Verlauf der Arbeit zu untersuchen, inwieweit im deutschen und englischen Recht Umsetzungsbedarf bestand. Im Einklang mit dem von der Arbeit gesetzten Schwerpunkt wird der Fokus hierbei auf das Zivilrecht gerichtet. Auf die lauterkeitsrechtlichen Regelungen wird nur Bezug genommen, soweit das zum Verständnis erforderlich ist.

B Die englische Rechtslage

I. Einleitung

Will man die Auswirkungen europäischer Rechtsakte in den Mitgliedstaaten miteinander vergleichen, bietet es sich an, als erstes Vergleichsobjekt die englische Rechtsordnung zu wählen. Das englische Rechtssystem geht von einem anderen Paradigma aus als die Rechtssysteme des Kontinents und ist deshalb für kontinentaleuropäische Juristen „schon immer etwas besonders Fremdartiges und Wundersames gewesen.“[220] Das mag vor allen Dingen daran liegen, dass die englische Rechtsordnung, das „Common Law“, nicht danach strebt, ein durch Kodifikationen gebildetes, in sich logisches System zu entwickeln. Vielmehr liegt dem Common Law ein ausgebildetes Präjudiziensystem zugrunde, bei dem der Richter Schöpfer des Rechts ist.[221] In jüngerer Zeit verlieren diese Abgrenzungskriterien freilich immer mehr an Schärfe. In England hat in den letzten Jahren eine wahre Flut an Kodifikationen eingesetzt, die für die dortige Rechtsprechung ebenso bindend sind wie in den kontinentaleuropäischen Rechtsord-

[220] *Zweigert/Kötz*, S. 177.

[221] Dies wird im Allgemeinen als maßgebliches Abgrenzungskriterium zwischen common-law-Rechtsordnungen und civil-law-Rechtsordnungen vorgebracht, vgl. nur *Koch / Magnus / Winkler von Mohrenfels* S. 255.

nungen. Gleichwohl bestehen nach wie vor fundamentale Unterschiede, die auch für die vorliegende Untersuchung von Bedeutung sind. Diese Unterschiede treten besonders deutlich zutage, wenn man die Umsetzung europäischen Sekundärrechts näher betrachtet. Insbesondere zu den Anfangszeiten der Harmonisierung der Rechtsordnungen der Mitgliedstaaten bestanden in England aufgrund der strukturellen Besonderheiten des Common Law Unsicherheiten über die korrekte Vorgehensweise bei der Umsetzung europäischer Richtlinien.[222] Diese Unsicherheiten sind im Laufe der Zeit zwar verschwunden, jedoch kann die Umsetzung der Fernabsatzrichtlinie nur vollständig dargestellt werden, wenn zuvor zumindest in einem Überblick auf die Besonderheiten des Common Law wie dessen geschichtliche Entwicklung oder seine Rechtsquellen eingegangen wird. Die Arbeit bliebe des Weiteren unvollständig, würde eine Beschreibung der Probleme, die sich bei der Umsetzung von EU-Richtlinie in Common Law Systemen stellen können, fehlen. In einem dritten Teil dieses Abschnittes wird dann beschrieben, welche Antworten das englische Recht für Fernabsatzgeschäfte vor der Umsetzung der Richtlinie zur Verfügung gestellt hatte.

II. Überblick über die geschichtliche Entwicklung und die Rechtsquellen des Common Law

Der Grundstein für eine einheitliche Rechtsgeschichte Englands wurde 1066 gelegt.[223] Wollte man in diesen Tagen sein Recht durchsetzen, musste zunächst der passende *writ* ausgewählt werden. *Writs* waren Befehle des Königs, mit denen der Sheriff oder andere Gerichtsherren aufgefordert wurden, eine bestimmte Maßnahme zu ergreifen. Waren die *writs* zunächst noch für den Einzelfall formuliert, wurden sie bald standardisiert und als Blankett abgefasst, in das nur noch Name und Wohnort der Beteiligten eingetragen zu werden brauchten.[224] Dieses Verfahren erwies sich recht bald als zu starr und deshalb ungeeignet, eine ausgewogene und interessengerechte Entwicklung des Rechts zu ermöglichen. Soweit die Klageformel des *writs* passte, konnte das Recht missbraucht werden. Ungerechte Ergebnisse waren die Folge. In einer solchen Konstellation hatten

---

[222] Vgl. *Wyatt & Dashwood*, S. 91, wo als Beispiel die Probleme, die bei der Umsetzung der Produkthaftungsrichtlinie 85/374/EWF auftraten, geschildert werden.

[223] Nachdem in diesem Jahr die Angelsachsen von den Normannen in der Schlacht von Hastings vernichtend geschlagen worden waren, begann sich die Herrschaft der Normannen auf fast die gesamte britische Insel auszudehnen und die Normannenkönige verliehen dem angelsächsischen Recht Konturen. Der König schickte hierzu seine Richter durch das Land und ließ sie Recht sprechen. Dieses Recht setzte sich allmählich gegenüber den besonderen Gewohnheiten der einzelnen Landesteile durch.

[224] In der Zeit des 13. und 14. Jahrhunderts gab es etwa 75 *writs*. Die meisten von ihnen dienten der Durchsetzung von Ansprüchen aus dem Lehnsrecht. Mit dem *writ of customs and services* etwa konnte der Lehnsherr seinen Anspruch gegen den Lehnsmann auf die Leistung von bestimmten Diensten durchsetzen. Vgl. die weiteren Beispiele bei *Zweigert/Kötz*, S. 181.

die Rechtssuchenden die Möglichkeit, sich mit der Bitte an den König wenden, seine Entscheidungsgewalt zu ihren Gunsten auszuüben. Da diese Bitten schon bald überhand nahmen, übertrug der König seine Befugnis auf den Kanzler. Auf diese Weise entstand nach und nach ein neues Gericht, der *Court of Chancery*. Der Kanzler entschied hierbei nach selbst aufgestellten Maximen von Gerechtigkeit und Billigkeit (*ex aequo et bono*). Mit der Zeit fühlte er sich an einmal getroffene Wertungen gebunden und das Recht der Equity entstand[225]. Equity ist eines der wesentlichen Bestandteile des englischen Rechts. Daneben stehen das Common Law im engeren Sinne[226] und das Statute Law.

Dem Common Law im engeren Sinne, also dem von den königlichen Gerichten geschaffenen Recht, kommt eine absolute Bindungswirkung zu. In gewisser Form haben die Urteile sogar Gesetzeskraft. Als Grundsatz gilt, dass die Urteile des höheren Gerichts die unteren Gerichte in ihren Entscheidungen binden. Inwieweit höhere Gerichte an ihre eigenen Entscheidungen gebunden sind, ist in dem hier angebrachten Zusammenhang nicht im Einzelnen darstellbar.[227] Es bleibt jedoch festzuhalten, dass sich das House of Lords seit 1966 das Recht herausnimmt, von einer früheren Entscheidung abzuweichen, wenn dies gerechtfertigt erscheint.[228] Wichtiges Instrument der englischen Rechtsentwicklung ist im Übrigen noch das *distinguishing*. Hierbei stellt der Richter entweder fest, dass der Sachverhalt des Präzedenzfalles in entscheidenden Punkten von dem der anstehenden Entscheidung abweicht oder dass das Rechtsprinzip, das ihn angeblich binden soll, nicht der tragende Grund der früheren Entscheidung ist. Liegt eine der beiden Konstellationen vor, ist der Richter nicht an die frühere Entscheidung gebunden.

---

225 *Zweigert/Kötz*, S. 184.; Die Equity Regeln verdrängen das Common Law nicht und stehen nicht im Widerspruch zu diesem. *Zweigert/Kötz*, S. 187: *„Vielmehr enthält das Equity-Recht gleichsam nur Marginalien, Glossen und Zusätze zum Common Law, die freilich manchmal von größter Wichtigkeit sind und gelegentlich (..) die Regeln des Common Law praktisch paralysieren.“*

226 Der Begriff „Common Law“ wird häufig unpräzise als Gegenstück zum kontinentaleuropäischen Civil Law gebraucht. Neben dieser weiten Bedeutung, in der es das gesamte englische Recht umfasst, meint es im engeren Sinne auch noch das in den gerichtlichen Entscheidungen enthaltene Juristenrecht.

227 vgl. aber ausführlich *Zweigert/Kötz*, S. 250 ff.; sowie die kürzere, überblickartige Darstellung bei *Henrich/Huber*, S. 24 ff.

228 Bis 1966 hielt sich das House of Lords durch seine früheren Entscheidungen für gebunden. Dies erwies sich für eine Weiterentwicklung des Rechts als hinderlich, so dass *Lord Gardener* im *Practise Statement* feststellte: *"Their Lordships nevertheless recognise that too rigid adherence to precedent may lead to injustice in a particular case and also unduly restrict the proper development of the law. They propose, therefore to modify their present practice and, while treating former decisions of this House as normally binding, to depart from a previous decision when it appears right to do so. This announcement is not intended to affect the use of precedent elsewhere than in this House."*, [1966] 3 All E.R. 77.

Gegen Ende des glorreichen Zeitalters des Westminster-Parlamentarismus erwies sich das Common Law insbesondere im Verfahrensrecht immer mehr als überfordert, die unterschiedlichen Zuständigkeitsregelungen der verschiedenen Gerichte zusammenzuhalten. Erstmals wurden Stimmen laut, die eine totale Kodifikation des englischen Rechts forderten.[229] Diese Vorstellung wurde jedoch von der überwältigenden Mehrheit der englischen Juristen für absurd gehalten. Das Recht sollte sich aus den Erfahrungen vergangener Zeiten entwickeln und nicht am Reißbrett entwickelt werden.[230] Gleichwohl wurde damit begonnen, in einigen Bereichen Kodifikationen zuschaffen (Statutory Law), die von den Gerichten in gleichem Maße zu beachten waren wie Common Law und Equity. Diese Gesetze werden vom Parlament erlassen und korrigieren dort die Entwicklung des Rechts, wo es den Gerichten nicht möglich ist. Sie setzen das von den Richtern geformte Common Law als Basis voraus. Auf diesem Hintergrund wird verständlich, dass in England eine Vielzahl von Einzelgesetzen existiert, die oft nur aus wenigen Artikeln bestehen. Diese hatten als Ziel, einem einzelnen festgestellten Missstand abzuhelfen. Nach dem zweiten Weltkrieg sah sich dann auch die englische Rechtsordnung nicht zuletzt aufgrund des immer stärker werdenden Zusammenrückens Europas einer ungewöhnlich hohen Zahl von Statutory Law ausgesetzt. Insbesondere im Verwaltungsrecht führten wirtschaftliche, soziale und ökologische Probleme und Herausforderungen zu einer immer stärkeren Verwendung gesetzlicher Regelungen.[231]

III. Umsetzung von EU-Richtlinien im Common Law

Der Eintritt Großbritanniens in die Europäischen Gemeinschaften hat England neue Rechtsquellen eröffnet. Manche fürchten sogar das Ende englischer Rechtstraditionen. So nutzten Lord Denning und Lord Scarman[232] einen geradezu poetischen Vergleich, um die Auswirkungen des Europarechts auf das englische Rechtssystem deutlich zu machen. Lord Denning verglich die Wirkung der europäischen Verträge mit der Flut:

> *„The treaty is like an incoming tide. It flows into the estuaries and up the rivers. It cannot be held back.*"

Von diesem Vergleich wurde Lord Scarman inspiriert, der eine Sturmflut befürchtete:

---

[229] Insbesondere der Jurist und Sozialreformer *Jeremy Bentham* fand einige Anhänger mit seiner Forderung nach totaler Kodifikation des Common Law.

[230] *Holmes* schrieb in The Common Law [1881]1: "*The life of the law has not been logic: it has been experience.*"

[231] vgl. *Koch/Magnus/Winkler von Mohrenfels* S. 255.

[232] In *Bulmer v. Bolinger*, [1974] Ch 401, CA 46, S. 70, 73.

„For the moment, (..), the incoming tide has not yet mingled with the home waters of the common law: but it is inconceivable that, like the Rhone and the Arve where these two streams meet at Geneva, they should move on, side by side, one grey with the melted snows and ice of the distant mountains of our legal history, the other clear blue and clean, reflecting modern opinion. If we stay in the Common Market, I would expect to see its principles of legislation and statutory interpretation, and its conception of an activist court whose role is to strengthen and fulfil the purpose of statute law, replace the traditional attitudes of English judges and lawyers to statute law and the current complex style of statutory drafting."

Lord Scarman lag nicht falsch mit seiner Prophezeiung. Als englische Gerichte erstmals statutory law nicht anwandten, weil es gegen europäisches Recht verstieß[233], brach unter englischen Juristen ein Aufschrei los, der den Eindruck erweckte, als stünde der Untergang des Abendlandes unmittelbar bevor. Es wurde befürchtet, dass die *Factortame* Entscheidung die legislativen Rechte des Parlaments beschneiden und damit zu einer Gefahr für das englische Rechtssystem werden könnte.[234] Die Aufregung hat sich zwar inzwischen etwas gelegt, jedoch hat es einige Zeit gebraucht, bis die Konsequenzen des Beitritts Großbritanniens zur Europäischen Union in der englischen Justiz angekommen waren.

Art. 249 Abs. 3 EGV erklärt die Richtlinien für jeden Mitgliedstaat hinsichtlich des zu erreichenden Ziels für verbindlich. Den innerstaatlichen Stellen verbleibt aber bei der Umsetzung die Wahl der Form und der Mittel. Insbesondere sind die Mitgliedstaaten verpflichtet, die Richtlinien hinreichend bestimmt, klar und transparent umzusetzen[235]. Die Mitgliedstaaten sind nicht verpflichtet, den Wortlaut der Richtlinie zu übernehmen, solange sich die Rechtsgehalte der Richtlinie im nationalen Recht inhaltsgleich wiederfinden[236]. Großbritannien neigte ursprünglich dazu, Richtlinien durch Formulierungen umzusetzen, die der einheimischen Rechtsterminologie entsprungen sind. Die Gefahren einer solchen Vorgehensweise wurden dann bereits bei der Umsetzung der Produkthaftungs-

[233] In *R v Secretary of State for Transport ex parte Factortame*, [1990] 2 AC 85, S. 46, 72.
[234] Vgl. nur die Übersicht der Reaktionen bei *Drewry*, ILP 1990, S. 74, 75. *Drewry* stellt im Titel seines Beitrags bezeichnenderweise die Frage: *„Factortame . British sovereignty laid to rest?"*
[235] Ständige Rechtsprechung des EuGH, z.B. Rs. C.16/95, *Kommission/Spanien*, Slg. 1995, I-4883; Rs. C-220//94, *Kommission/Luxemburg*, Slg. 1995, I-1589; vgl. allgemein zur Umsetzung von Richtlinien Grabitz/Hilf-*Nettesheim*, Bd. II, Art. 249 EGV, Rn. 133 ff..
[236] EuGH, Rs. C-360/87, *Kommission/Italien*, Slg. 1991 I-791.

richtlinie[237] deutlich. Diese setzte man in England im ersten Teil des CPA um und versäumte es hierbei, die Formulierungen der Richtlinie zu übernehmen. Die Kommission rügte daraufhin - erfolglos - vor dem EuGH[238], dass Großbritannien seiner Verpflichtung zur vollständigen Umsetzung nicht nachgekommen sei. Schon bald wurde aber erkannt, dass es nicht zu unterschätzende Vorteile mit sich bringt, die Vorgaben des Umsetzungsgegenstandes wörtlich zu übernehmen. So wird an Rechtssicherheit gewonnen, wenn auf die Wortwahl des europäischen Gesetzgebers zurückgegriffen werden kann. Wird der Originaltext der Richtlinie umformuliert, können die durch die Richtlinie begründeten Rechte und Pflichten unter Umständen nicht mit Sicherheit bestimmt werden. Darüber hinaus müsste bei einer Unsicherheit über die genaue Bedeutung der nationalen Umsetzungsvorschriften ohnehin auf das europäische Sekundärrecht zurückgegriffen werden, um anhand einer richtlinienkonformen Auslegung Sinn und Zweck der Vorschrift zu ermitteln. Es liegt daher nahe, bei der Umsetzung auf den Wortlaut der europäischen Vorgabe zurückzugreifen. Dieser Praxis hat sich auch der britische Gesetzgeber mehr und mehr angenommen, wie u.a. die Umsetzung der Fernabsatzrichtlinie zeigt.

Durch die Flut von europäischen Rechtsakten, die der Umsetzung in das Recht Großbritanniens harrten, ist die Bedeutung von *statutes* innerhalb der Quellen des englischen Rechts gestiegen. Es ist wohl nur noch eine Frage der Zeit, bis sich das englische Rechtssystem dem Prinzip der kontinentaleuropäischen Kodifikationen annähert und die Bedeutung der Richter für die weitere Entwicklung des Rechts abnimmt. Der Grund hierfür ist vor allen Dingen in der Europäisierung des Rechts zu sehen. Viele Rechtsgebiete sind heute von europäischen Vorgaben beeinflusst. Richtlinienbestimmungen sind in zwingendes und verbindliches staatliches Recht umzusetzen. Eine bestehende Verwaltungspraxis genügt den Anforderungen an die Umsetzung einer Richtlinie[239] nicht, die schlichte Nichtanwendung entgegenstehenden nationalen Rechts auch nicht.[240] Eine Umsetzung ist nur dann entbehrlich, wenn das nationale geschriebene Recht bereits den Vorgaben der Richtlinie entspricht.[241]

---

[237] Richtlinie 85/374/EWG des Rates vom 25.07.1985 zur Angleichung der Rechts- und Verwaltungsvorschriften der Mitgliedstaaten über die Haftung für fehlerhafte Produkte, ABlEG Nr. L210, S. 29; vgl. Zu weiteren Beispielen für die anfängliche Neigung Großbritanniens, Richtlinien unter der Verwendung einheimischer Rechtsterminologie umzusetzen vgl. *Wyatt & Dashwood*, S. 91.

[238] Rs. C-300/95, *Kommission / Großbritannien*, Slg. 1997 I-2649.

[239] EuGH, Rs. 300/81, *Kommission/Italien*, Slg. 1983, S. 449.

[240] EuGH, Rs. C-207/96, *Kommission/Italien*, Slg. 1997 I-6869.

[241] EuGH, Rs. C-29/84 *Kommission/Deutschland*, Slg. 1985, 1661 (1673).

Angesichts der überragenden Bedeutung des Fallrechts im englischen Common Law System drängt sich die Frage auf, ob die Umsetzung der europäischen Vorgaben durch die Judikative dem Gebot der vollständigen Umsetzung der Richtlinie entspricht. Dieses Problem ist auch für das deutsche Rechtssystem kontrovers diskutiert worden.[242] Da gerichtliche Entscheidungen im Unterschied zu Gesetzen oder den englischen statutes nicht *inter omnes*, sondern lediglich *inter partes* wirken, spricht vieles dafür, dass auch eine obergerichtliche Entscheidungspraxis legislatives Tätigwerden bei der Umsetzung einer Richtlinie nicht ersetzen kann.[243] In England hat sich diese Frage nie gestellt. Der Weg einer grundsätzlich nicht direkt wirkenden Richtlinie hin zu mitgliedstaatlichem Recht, aus dem die Einwohner des Mitgliedstaates Rechte und Pflichten ableiten können, beginnt dort bereits 1972 mit der Verabschiedung des European Communities Act (ECA). Sec. 2 (4) ECA bestimmt, dass englisches Rechts gemeinschaftskonform auszulegen ist und verankert darüber hinaus den Vorrang von Gemeinschaftsrecht gegenüber nationalem Recht auch in England. Daneben enthält sec. 2 (2) ECA weitreichende Ermächtigungen für Minister, die europäischen Rechtsinstrumente umzusetzen. Solche Ermächtigungen finden sich auch in anderen Gesetzen, die den Regelungsgegenstand der umzusetzenden Richtlinie betreffen. Machen die Minister von ihrem Recht Gebrauch, werden Regierungsverordnungen erlassen (nichtparlamentarische statutes, sog. secondary legislation), die als *statutory instrument* bezeichnet werden.[244] Ebenso ist es möglich, dass Richtlinien durch parlamentarische Gesetze umgesetzt werden.[245] Regierungsverordnungen haben gegenüber den parlamentarischen Verordnungen den Vorteil, dass sie schneller erlassen werden können und weniger formale Hürden zu überwinden sind. Es besteht daher eine deutliche Tendenz, Richtlinien durch *secondary legislation* umzusetzen. Eine Umsetzung des europäischen Sekundärrechts durch die englischen Gerichte ist also nicht ausreichend. Gleichwohl bleibt auch die höchstrichterliche englische Rechtsprechung nicht unbeeindruckt von dem die Mitgliedstaaten überflutenden europäischen Sekundärrecht. Vereinzelt wird der Wunsch geäußert, dass die Vorgaben der Umset-

---

242 vgl. *Dreher*, EuZW 1997, S: 522, 523 f.; *Ehricke*, EuZW 1999, S. 553, 558; *Erdmann/Bornkamp*, GRUR 1991, S. 877, 880; *Lindacher*, DZWiR 1998, S. 514, 515; *Plassmann*, GRUR 1996, S. 377, 382; *Rüffler*, in: *Koppensteiner* S. 121; *Sack*, WRP 1998, S: 241, 244; *ders*., GRUR Int. 1998, S. 263, 272; *Salzwedel*, UPR 1989, S. 41; *ders./Viertel*, Zeitschrift für angewandte Umweltforschung 1989, S. 131, 133 ff.; *Sedelmeier*, ZRP 1991, S. 370, 374; *Tilmann*, GRUR 1997, S. 790, 791.

243 So auch *Ehricke*, EuZW 1999, S: 553, 558; Grabitz/Hilf-*Nettesheim*, Bd. 2 Art. 249 EGV Rn. 141, jeweils m.w.N.

244 s. hierzu ausführlich unten S. 93.

245 *primary legislation*, vgl. zur Aufgabe der Legislative in England und der Rolle des UK Parliament *Elliott/Quinn*, S. 26 ff.; *Smith/Keenan*, S. 150 ff.

zungsgegenstände als politische Richtschnur für die Gerichte gelten sollen, wenn diese das Common Law weiterentwickeln.[246]

IV. Rechtslage vor der Umsetzung der Fernabsatzrichtlinie

Bevor die Fernabsatzrichtlinie umgesetzt wurde, gab das englische Recht nur wenige Antworten auf die Fragen, die vom Fernabsatzrecht gestellt werden. Insbesondere wurde der Fernabsatzvertrag nicht speziell geregelt. Common Law und statutes trafen nur als Querschläger auch Fernabsatzgeschäfte.[247] So galten die allgemeinen Regeln des Kaufrechts, Wettbewerbsrechts sowie des Verbraucherkreditrechts natürlich auch für Rechtsgeschäfte, die im Fernabsatz geschlossen worden. Ebenso sind in diesem Zusammenhang die althergebrachten Regeln des englischen Rechts über das Zustandekommen von Verträgen zu beachten. Auch der Data Protection Act 1998 (DPA) spielt eine gewichtige Rolle. Neben diesen allgemeinen Regelungen gab es aber auch *statutes*, die unmittelbar an die Fernabsatzindustrie gerichtet waren. Hierbei handelte es sich um den Mail Order Transactions (Informations) Order 1998 (MOTO) und den Unsolicited Goods and Services Act (1971) (UGSA). Am stärksten wurde das englische Recht über Fernabsatzgeschäfte in der Zeit vor der Umsetzung der Richtlinie aber durch *soft law* beeinflusst. Dessen Regelungen wurden jedoch nur für die Unternehmen verbindlich, die sich freiwillig dazu bereit erklärten, sie zu befolgen. Lange Zeit drückten diese freiwilligen Verhaltenskodices dem englischen Fernabsatzrecht ihren Stempel auf. Im Folgenden wird zunächst das Recht dargestellt, das in der Zeit vor der Umsetzung der Fernabsatzrichtlinie für Fernabsatzgeschäfte galt. Im Anschluss soll dann eine Übersicht über die wichtigsten freiwilligen Verhaltenskodices der Unternehmerverbände gegeben werden. In diesem Zusammenhang werden nicht nur die einzelnen Instrumente selbst dargestellt, sondern auch die rechtspolitische Umwelt, in der sie eingebettet sind. Von besonderem Interesse wird anschließend die Untersuchung sein, wie sich der Wechsel von *soft law* zu *hard law*, der im englischen Fernabsatzrecht bei der Umsetzung der FernAbsRL stattgefunden hat, auf Niveau des englischen Verbraucherschutzrechts ausgewirkt hat.

1) Common Law i.e.S.

Gegenüber den kontinentaleuropäischen Rechtsordnungen sind im englischen Vertragsrecht einige Besonderheiten zu beachten, die von grundlegender Bedeutung für den Vertragsschluss unter Abwesenden sind. Bevor daher auf spezielle

---

[246] Lord Justice *Schiemann*, Transposition into UK law of EC directives, http://193.191.217.21/colloquia/1966/united_kingdom.pdf, abgefragt am 01.05.2006.

[247] vgl. hierzu *Weatherill*, in: Heusel (Hrsg.), Neues europäisches Vertragsrecht und Verbraucherschutz, S. 117, 131.

fernabsatzrechtliche Regelungen eingegangen wird, erfolgt zunächst ein Überblick über die allgemeinen Regeln.

a) Der Vertragsschluss

Wie im deutschen Recht entsteht ein Vertrag durch die Annahme eines Angebotes,[248] also durch zwei übereinstimmende Willenserklärungen. Rechtlich bindend wird der Vertrag jedoch nur, wenn als weitere Voraussetzung das Vertragsversprechen im Hinblick auf ein Gegenopfer des Versprechensempfängers, die sog. *consideration*, abgegeben wird. Consideration indiziert die Seriosität des Leistungsversprechens.[249] Dem kontinentaleuropäischen Juristen ist das Common Law Institut der *doctrine of consideration* fremd. Sie besagt, dass ein (vertragliches) Versprechen nur dann gerichtlich durchgesetzt werden kann, wenn es im Synallagma zu einer Gegenleistung steht, die ein rechtliches Interesse des Versprechensempfängers verkörpert. Der Anspruchsteller muss einen rechtlichen Nachteil erleiden, aufgrund dessen ihm eine Leistung versprochen wird. Die Gegenleistung kann hierbei etwa in dem Versprechen zur Lieferung einer Kaufsache liegen. In diesem Beispiel wäre ein Anspruch auf Zahlung des Kaufpreises nur gerichtlich durchsetzbar, wenn der Anspruchsteller durch den Vertrag selbst einen Nachteil (die Lieferung des Kaufgegenstandes) erleidet. Dieser Nachteil kann geringfügig sein und muss keine wesentliche wirtschaftliche Beeinträchtigung mit sich bringen. Er darf sich aber nicht darin beschränken, dass dem Versprechenden ein schlechtes Gewissen entsteht, wen er seinen moralischen Verpflichtungen nicht nachgekommen ist. Erforderlich ist, dass die Parteien ein Geschäft miteinander geschlossen haben und das Versprechen, welches es durchzusetzen gilt, sich als Bestandteil dieses Geschäftes darstellt.[250] Eine strikte Anwendung der *consideration* Lehre kann im Einzelfall zu Ergebnissen führen, die dem Rechtsgefühl widersprechen. Ein ungutes Gefühl stellt

---

[248] vgl. ausführlich die rechtsvergleichende Untersuchung zu rechtlichen Problemen bei Angebot und Annahme *Schlesinger*, Formation of Contracts, Bd. 1, S 16 ff.

[249] vgl. *Zweigert/Kötz*, S. 384.

[250] *Cheshire/Fifoot/Furmston* schreiben hierzu auf S. 28: „An Englishman is liable, not because he has made a promise, but because he has made a bargain." Freilich haben die englischen Richter zuweilen Erfindungsreichtum bewiesen, um allzu ungerechte Ergebnisse zu vermeiden. In *Ward v. Byham* [1956] 2 All E.R. 318 (C.A.) hatte *Byham* der *Ward* versprochen, ihr pro Woche ein Pfund zu zahlen, damit sie das ihrer unehelichen Verbindung entsprungene Kind gut beaufsichtigt und glücklich macht. Nachdem die Beziehung gescheitert war, stellte *Byham* die Zahlungen ein und machte vor Gericht geltend, dass sein Zahlungsversprechen mangels consideration nichtig sei, da die *Ward* nach englischem Unterhaltsrecht ohnehin verpflichtet sei, für das Kind zu sorgen. Dieses Argument wurde mit der Begründung zurückgewiesen, dass auch in der Erfüllung einer gesetzlichen Pflicht eine consideration zu sehen sei (*Lord Denning*) bzw. dass die Mutter sich nicht nur verpflichtet habe, dass Kind aufzuziehen, sondern es glücklich zu machen (die anderen beiden Richter).

sich insbesondere bei Geschäften ein, die einseitige Leistungsverpflichtungen enthalten, wie es etwa bei Spendenversprechen der Fall ist.[251] Bisher haben die englischen Gerichte aber große Kreativität bewiesen und diese Fälle in der Regel zu einem zufriedenstellenden Ergebnis geführt.[252] Für einen rechtswirksamen Vertrag ist neben Angebot, Annahme und consideration noch der Wille erforderlich, sich rechtlich binden zu wollen[253].

b) Vertragsschluss unter Abwesenden

Fernabsatzverträge werden grundsätzlich unter Abwesenden geschlossen. Bei dieser Art des Vertragsschlusses zeigt sich der auffälligste Unterschied zwischen englischem und deutschem Vertragsrecht. Anders als im deutschen Recht[254] ist im englischen Recht der Antrag nicht bindend und kann bis zu seiner Annahme jederzeit widerrufen werden[255]. Der Grund hierfür liegt in der bereits erläuterten consideration Lehre. Ein Angebot wird in aller Regel abgegeben, ohne dass hierfür eine Gegenleistung vorliegen würde. Erst das Versprechen einer Gegenleistung, eines rechtlichen Opfers, führt aber dazu, dass ein gerichtlich durchsetzbarer Anspruch entsteht. Deshalb wird der Offerent erst dann an sein Angebot gebunden, wenn ihm eine Gegenleistung versprochen wird. Zuvor kann er den Antrag jederzeit widerrufen. Insbesondere für den Annehmenden ist das ungünstig, da er zunächst mit dem Widerruf des Angebotes rechnen muss. Diese Benachteiligung wird jedoch dadurch ausgeglichen, dass die Annahmeerklärung grundsätzlich als zugegangen gilt, wenn der Annehmende die Annahmeerklärung zur Post gebracht hat.[256] Mit der Post ist hierbei das örtliche Postamt oder ein Postangestellter gemeint, in dessen Aufgabenbereich die Entgegennahme von Briefen fällt. Die *posting rule* wird dagegen nicht angewandt, wenn der Brief, in dem

---

[251] vgl. hierzu den US-amerikanischen Fall *Devecmon v. Shaw* 69 Md. 199, 14 A. 464 (1888).

[252] vgl. die Übersicht zu den Entscheidungen mit umfassenden Rechtsprechungsverweisen bei *Zweigert/Kötz*, S. 384 ff.

[253] sog. *Contractual Intention*, vgl. hierzu *Treitel*, S. 149 – 160 mit umfangreichen Verweisen auf das zu diesem Thema existierende *Case Law*.

[254] Nach deutschem Recht ist der Antragende an seinen Antrag grundsätzlich gebunden, vgl. § 145 BGB.

[255] Das gilt selbst, wenn der Anbietende erklärt, er wolle für eine bestimmte Zeit an sein Angebot gebunden sein, vgl. *Zweigert/Kötz*, S. 351.

[256] Sog. *posting rule*, die auf die *leading cases Henthorn v Fraser,* [1892] 2 Ch. 27, 33; *Adams v. Lindsell* [1818], B.&Ald. 681, 106 Eng. Rep. 250; *Potter v. Sanders* [1846] 6 Hare 1; *Harris' Case* [1872] L.R. 7 Ch.App. 587 zurückgeht. Als Begründung wurde hierbei genannt, dass der Offerent regelmäßig die Post konkludent bevollmächtige, für ihn als Vertreter die Annahmeerklärung entgegenzunehmen. *Zweigert/Kötz*, S. 352 vermuten dagegen, dass die Regel auf das ökonomische Bedürfnis zurückgehe, dem Offerenten die Widerrufsmöglichkeit möglichst schnell abzuschneiden. Vgl. ausführlich zum Vertragsschluss unter Abwesenden *Treitel*, S. 23 – 29.

die Annahme erklärt wird, einem Postboten übergeben wird, der nur für die Auslieferung von Briefen zuständig ist.[257]

Die Anwendung der *posting rule* auf Fernkommunikationsmittel, die einen sofortigen Zugang der Nachricht ermöglichen wie etwa Telefon, Telefax oder E-Mail hat sich als problematisch erwiesen. Für die Kommunikation per Telefon wurde entschieden, dass die *posting rule* nicht gelten soll[258]. Der Erklärende weiß in diesen Fällen, dass die Übermittlung der Annahme fehlgeschlagen ist. Es liegt also an ihm, die Annahme in erfolgversprechender Weise zu übermitteln. Diese Konstellation unterscheidet sich von der per Briefpost erklärten Annahme. Hier erfährt der Erklärende nicht bzw. zu spät davon, dass sein Brief verloren gegangen und damit die Kommunikation mit dem Vertragspartner gescheitert ist. Noch nicht geklärt wurde die Frage, wie bei der Verwendung von E-Mail oder Telefax zu verfahren ist. Es spricht vieles dafür, diesen Kommunikationsformen eine Zwischenstellung einzuräumen.[259] Scheitert der Versuch, ein Fax oder eine E-Mail zu versenden, wird das dem Versender in der Regel sofort angezeigt. In einem solchen Fall dürfte die *posting rule* nicht gelten. Der Erklärende müsste vielmehr erneut versuchen, die Annahme zu erklären. Wenn allerdings nach erstmaliger Sendung des Faxes oder der E-Mail keine Fehlermeldung erfolgt, gilt die *posting rule*. Die Annahme des Antrags erfolgt dann in dem Moment, in dem Nachricht per Fax oder E-Mail abgegeben wird.

Es stellt sich in diesem Zusammenhang abschließend die Frage, wie es zu bewerten ist, wenn ein Unternehmer einen Warenkatalog auf seiner Internetseite einstellt. Nach deutschem Rechtsverständnis kann hierin kein den Unternehmer bindenden Antrag gesehen werden. Denn ein Angebot wirkt grundsätzlich bindend und der Unternehmer möchte schließlich nicht mit jedem beliebigen Verbraucher einen Vertrag schließen.[260] Er will sich vielmehr vorbehalten, zuvor zu überprüfen, ob das Produkt in der gewünschten Menge lieferbar ist. Darüber hinaus ist es insbesondere bei Verträgen, denen eine größere wirtschaftliche Bedeutung zukommt, ratsam, die wirtschaftliche Zuverlässigkeit des Vertragspartners vor dem Vertragsschluss zu überprüfen. Diese Bedenken scheinen auf den ersten Blick im englischen Recht unbegründet, wäre der Unternehmer doch ohnehin zunächst nicht durch ein Angebot gebunden. Gleichwohl ist in einigen Geschäftsbereichen anerkannt, dass durch das Auslegen der Ware der Kunde eingeladen wird, Handel zu betreiben („*invitation to treat*"). Eine solche rechtli-

---

[257] *Re London & Northern Bank* [1900] 1 Ch. 220.

[258] z.B. *Entores Ltd v. Miles Far East Corp.* [1955] 2 Q.B. 327; *Brinkibon Ltd v. Stahag Stahl- und Stahlwarenhandelsgesellschaft m.b.H.* [1983] 2 A.C. 34.

[259] so auch *Treitel*, S. 26.

[260] vgl. zur invitatio ad offerendum ausführlich und m.w.N. *Larenz/Wolf* § 29 Rn. 19.

che Bewertung wurde getroffen, wenn die Ware im Schaufenster auslag[261], im Regal eines Supermarktes präsentiert wurde[262] oder in einem Katalog zu finden war[263]. Als Begründung dieser rechtlichen Wertung finden sich Argumente, die an gleicher Stelle im deutschen Recht zu finden sind. Auch wenn der Unternehmer bis zur Annahme nicht an sein Angebot gebunden ist, so muss er doch damit rechnen, dass sein Vertragspartner annimmt und er dadurch rechtlich gebunden wird. Der Unternehmer wird also benachteiligt, wenn er mit seiner Nachricht lediglich Verhandlungen einleiten will oder ähnliche, im Vorfeld eines Vertragsschlusses liegende Maßnahmen vornimmt.[264] Das *Case Law* hatte bisher noch nicht darüber zu entscheiden, ob in der Einrichtung eines Online-Kataloges eine *invitation to treat* oder ein Antrag zu sehen ist, der durch Annahme für den Unternehmer bindend werden kann. Da die Situation aber vergleichbar ist zu den Fällen, in denen die Waren in einem herkömmlichen Katalog angeboten werden, spricht vieles dafür, hierin ebenfalls kein Angebot zu sehen. Besteht die Möglichkeit, aus einem Online-Katalog Waren auszuwählen, wird die Internetseite als virtuelles Kaufhaus genutzt und es besteht kein Unterschied zu dem Einkauf in einem realen Kaufhaus. Stellt der Unternehmer Waren in diesem virtuellen Kaufhaus aus, möchte er hierdurch das Interesse der potentiellen Kunden wecken. Dagegen soll kein an die Allgemeinheit gerichteter Antrag abgegeben werden, der mit der Annahme durch den Kunden wirksam wird. Das wäre insbesondere beim elektronischen Geschäftsverkehr fatal. Der Unternehmer sieht sich hier einer unüberschaubaren Anzahl von Kunden gegenüber und wäre kaum in der Lage, seine vertraglichen Verpflichtungen in jedem Fall zu erfüllen. Vielmehr ist sein Ziel, Verhandlungen einzuleiten und den Kunden einzuladen, zu diesem Zweck an ihn heranzutreten. Auch die Einrichtung eines Online-Kataloges ist daher als *invitation to treat* zu bewerten.

Der Online-Vertrag kommt dann zustande, wenn der Unternehmer das Angebot des Kunden annimmt. Dies geschieht in der Regel durch eine E-Mail, die häufig einen standardisierten Text enthält. Hier heißt es, bei der Formulierung der Antwort äußerste Sorgfalt walten zu lassen, damit man nicht unverhofft rechtlich gebunden ist. Auch in England[265] gab es Fälle, in denen Händler versehentlich wertvolle Ware mit einem viel zu niedrigen Preis auszeichneten. Besonderes Aufsehen erregte die Firma Kodak, die eine Kamera, die tatsächlich 329 £

---

[261] *Fisher v Bell* [1961] 1 Q.B. 394.

[262] *Pharmaceutical Society of Great Britain v Boots Cash Chemists Ltd* [1952] 2 Q.B. 795.

[263] *Partridge v Crittenden* [1968] 1 W.L.R 1204.

[264] Vgl. ausführlich *Treitel*, S. 10 – 16.

[265] Ähnliche Probleme haben deutsche Internethändler. Im deutschen Zivilrecht gibt es zu der Abgrenzung zwischen Zugangsbestätigung und Annahmeerklärung einen bunten Strauß (unter-)gerichtlicher Entscheidungen, vgl. hierzu ausführlich *Bodenstedt*, MMR 2004, S. 719 ff., sowie konkret zu einem ähnlich gelagerten Fall *Bodenstedt*, EWiR 2004, S. 739..

wert war, versehentlich mit 100 £ in ihrem Onlineshop auszeichnete[266]. Dieses scheinbar sensationelle Angebot, das nur wenige Stunden online war, bevor der Irrtum bemerkt wurde, führte zu Tausenden von Bestellungen. Der Eingang dieser Bestellungen wurde von Kodak durch eine standardisierte auto-reply E-Mail beantwortet, in der bestätigt wurde, dass ein Vertrag geschlossen war. Nach kurzer Überlegung sah sich Kodak durch die nachlässig formulierte Bestätigung und durch die öffentliche Entrüstung gezwungen, die Verträge zu erfüllen. Hierdurch entstand der Firma ein Schaden in Höhe von mehr als 2.000.000 £.

c) Vertragserfüllung

Auch im Common Law haben sich Regeln zur Erfüllung von Verträgen, insbesondere zur Leistungszeit, entwickelt. Am Rande berührt werden auch die übrigen in Art. 7 FernAbsRL geregelten Punkte wie die Rückzahlungsverpflichtung des Unternehmers und die Möglichkeit, eine gleichwertige Alternativleistung zu erbringen.

aa) Leistungszeit

In der Regel wird die Leistungszeit durch entsprechende Klauseln in den einzelnen Verträgen bestimmt. Fehlt eine solche spezielle Regelung, wird allgemein angenommen, dass die Leistung innerhalb einer angemessenen Zeit nach Vertragsschluss erbracht werden muss.[267] Ob die Leistung innerhalb einer angemessenen Zeit erbracht wurde, war unter Berücksichtigung der besonderen Umstände des Einzelfalles zu entscheiden. Hierbei mussten auch Gegebenheiten zu Rate gezogen werden, die nicht in dem konkreten Vertrag verwurzelt waren. Bei einem Frachtvertrag, nach dem die Ware in Übereinstimmung mit den Zoll- und Verwaltungsvorschriften des Hafens abgeladen werden musste, entschied das House of Lords, dass der Spediteur die Ware so schnell abzuladen hat, wie es die örtlichen Regularien erlauben.[268] In den Verträgen fand sich nur in Ausnahmefällen eine genauer bezifferte Leistungszeit. Es war vielmehr üblich, zu vereinbaren, dass die Leistung „alsbald“, „innerhalb kürzester Zeit“ oder „so schnell wie möglich“ zu erfolgen habe. Zu jedem dieser Begriffe gib es umfang-

---

[266] vgl. hierzu *Eaglesham*, A troubled Deal on the Internet, FT vom 11.02.2002, S. 18.

[267] *Cheshire/Fifood/Furmston*, S. 613; *Chitty on Contracts* 22-020; *Postlethwaite v. Freeland* (1880) 5 App. Cas. 599; *Castlegate Shipping Co. Ltd. V. Dempsey* [1892] 1 Q.B. 854; *Hick v. Raymond* [1893] A.C. 22; *Carlton Steamship Steamship Co. Ltd v. Castle Mail Packet Co. Ltd* [1898] A.C. 486; *Re Longlands Farm* [1968] 3 All E.R. 552; diese Auffassung hat sich auch in den statutes niedergeschlagen, vgl. Sec. 29 (3) Sale of Goods Act 1979.

[268] *Postlethwaite v. Freeland*, (1880) 5 App.Cas. 599.

reiche Erläuterungen in der Rechtsprechung, die darzustellen den hier angebrachten Rahmen sprengen würde.[269]

bb) Rückzahlungsverpflichtung

Nach Art. 7 Abs. 2 FernAbsRL ist der Unternehmer verpflichtet, Vorauszahlungen des Verbrauchers binnen 30 Tagen zu erstatten, wenn die bestellte Ware nicht verfügbar ist. Das englische Recht kannte eine derartige Verpflichtung nicht. Rückzahlungsansprüche des Verbrauchers ergaben sich vor allem aus dem Bereicherungsrecht.[270] In Fällen wie dem in Art. 7 Abs. 2 FernAbsRL zugrundeliegenden war der Verbraucher jedoch nicht hinreichend geschützt.

cc) Gleichwertige Alternativleistung

Der Unternehmer war vor Umsetzung der Richtlinie nicht berechtigt, statt der vereinbarten Leistung eine qualitativ gleichwertige Ersatzleistung zu erbringen. Eine derartige Vereinbarung konnte zwischen Unternehmer und Verbraucher allenfalls durch eine individuelle Abrede getroffen werden.

2) Gesetze und Verordnungen („hard law“)

Vor Umsetzung der Fernabsatzrichtlinie gab es drei Gesetze und Verordnungen, die signifikante Auswirkungen auf die Fernabsatzindustrie hatten: den DPA, die MOTO und den UGSA.

a) DPA

Der DAP wurde 1998 im Zuge der Umsetzung der EU-Datenschutzrichtlinie[271] neu gefasst[272]. Gemäß sec. 1 (1) DPA gilt das Gesetz für alle persönlichen Da-

[269] vgl. aber die erschöpfenden Erläuterungen bei *Chitty on Contracts*, 22-021 ff. mit umfangreichen Verweisen auf die Rechtsprechung. Im Übrigen tauchte die Frage nach der Leistungszeit vor allem im Zusammenhang mit den vertraglichen Hauptleistungspflichten auf, insbesondere bei der Frage, ob die Leistungszeit „of the essence of the contract“ ist, vgl. hierzu *Chitty on Contracts* 22-011 ff; *Treitel*, The Law Of Contract, S. 739 ff; *Cheshire/Fifoot/Furmston*, S. 613 ff.

[270] Vgl. hierzu ausführlich Meier, ZEuP 1993, S. 365, 371 f., der insbesondere auf *Lipkin Gorman v. Karpnale Ltd.* [1991] 2 AC 548 eingeht. In dieser Entscheidung betrachtete das House of Lords erstmals das Bereicherungsrecht losgelöst vom allgemeinen Vertragsrecht, vgl. auch *Chitty on Contracts*, 30-149 ff.

[271] Richtlinie 95/46/EG des Europäischen Parlaments und des Rates vom 24.10.1995 zum Schutz natürlicher Personen bei der Verarbeitung personenbezogener Daten und zum freien Datenverkehr, ABlEG Nr. L 281 v. 23.11.1995, S. 31.

ten, die natürliche Personen betreffen und auf manuelle oder elektronische Weise gespeichert sind. Juristische Personen können sich nicht auf den Schutz des Gesetzes berufen. Ob die natürliche Person zu gewerblichen oder privaten Zwecken handelt, spielt für die Anwendbarkeit des Gesetzes keine Rolle. Es handelt sich also nicht um ein klassisches Verbraucherschutzgesetz. Der DPA gilt ohne Ausnahme für natürliche Personen, so dass Einzelkaufleute sich ebenso auf seine Regelungen berufen können wie Personengesellschaften, die zu gewerblichen Zwecken handeln.[273] Ein Datenschutzbedürfnis besteht im besonderen Maße in Bereichen, die die Privatsphäre in besonderem Maße berühren. Sec. 2 DPA nennt Beispiel hierfür. Aufgeführt sind zum Beispiel religiöse Vorlieben, politische Meinungen, ethnische Herkunft, die Zugehörigkeit zu einer Gewerkschaft oder die sexuelle Orientierung. Daten aus diesen Bereichen sind für Unternehmen von besonderen Interessen, da sie Aufschluss über das Konsumverhalten der betroffenen Person geben können. Es ist deshalb erforderlich, solche Daten in besonderem Maße vor der unbefugten Weitergabe zu schützen. Aus diesem Grund dürfen auch Daten-Inspektoren[274] diese Daten nur bearbeiten, wenn der DPA dies gestattet. Daten-Inspektoren können private oder öffentliche Einrichtungen sein. Insbesondere ist es denkbar, dass der Kreditgeber oder Lieferant, der die Daten erhoben hat, eine dritte Partei mit der Kontrolle der Daten beauftragt[275].

In jedem Fall müssen die Dateninspekteure die acht Schutzprinzipien beachten des DPA beachten. Für die Fernabsatzwirtschaft ist vor allem das erste Prinzip von besonderer Bedeutung. Es findet sich in Sec. 4 (1) i.V.m. mit Teil 1 des Anhangs zum DPA und besagt, dass personenbezogene Daten nur nach den gesetzlichen Vorgaben und in wettbewerbsgerechter Weise weitergegeben werden sollen. Im Übrigen muss vor der Weitergabe die Zustimmung des Betroffenen eingeholt werden. Fehlt es hieran, ist eine Weitergabe der Daten nur zulässig wenn der Betroffene zuvor einen Vertrag zu diesem Zweck geschlossen hat, oder weil

[272] 2000 wurde das Datenschutzgesetz durch das Informationsfreiheitsgesetz (Freedom of Information Act 2000) in einigen Punkten geändert. Die Änderungen betreffen vor allen Dingen Informationen, die im Besitz von Behörden stehen und sind daher für diese Untersuchung nicht von Belang.

[273] *MacLeod*, Consumer Sales Law, Absatz 3.27.

[274] *Data-Controller*, durch Sec. 1 (1) definiert als jemand, der die Daten beaufsichtigt und hierbei den Zweck und die Form bestimmt, in der sie weitergegeben werden.

[275] Hierbei handelt es sich dann um den sog. „data processor", den Sec. 1 (1) als jede Person definiert, die anstelle des Dateninspektors die Daten beaufsichtigt. Die kommerzielle Daten-Kontrolle hat sich in Großbritannien zu einem lukrativen Geschäft entwickelt und inzwischen bieten auch im Internet diverse Unternehmen ihre Dienste an, z.B. http://www.dataprivacy.ie/index.htm, abgefragt am 01.05.2006.

es die berechtigten Interessen der Betroffenen verlangen.[276] Wie die Bezugnahme auf wettbewerbsgerechtes Verhalten bereits erahnen lässt, spielt das erste Prinzip insbesondere im Direktmarketing eine bedeutende Rolle. Hier schließt sich dann auch der Kreis zum Anwendungsbereich der Fernabsatzrichtlinie. Der Begriff Direktmarketing umfasst alle Marketingaktivitäten, bei denen Medien in der Absicht eingesetzt werden, eine interaktive Beziehung zu Verbrauchern herzustellen und diese zu einer individuell messbaren Reaktion zu veranlassen. Klassische Instrumente des Direktmarketings sind adressierte Werbesendungen, Postwurfsendungen, Prospekte und Kataloge sowie aktives und passives Telefonmarketing. Hierbei handelt es sich ausnahmslos um Fernkommunikationstechniken, wie sie im Anhang I der Fernabsatzrichtlinie beispielhaft aufgeführt sind. Der englische Verbraucher war also auch vor Umsetzung der Fernabsatzrichtlinie der Fernabsatzindustrie nicht schutzlos ausgesetzt. Diese hatte sich vielmehr bei der Verwendung der Fernkommunikationsmittel an gesetzliche Vorgaben wie den DPA zu halten. Dass die Unternehmer dennoch nicht gerade zimperlich waren, zeigt sich daran, dass es lange Zeit gängige Praxis war, Listen mit den registrierten Wählern einer Gemeinde an kommerzielle Unternehmen zu verkaufen. Erst 2002, also nach Umsetzung der Fernabsatzrichtlinie und dem damit einhergehenden Hervortreten des Verbraucherschutzes aus dem Schatten des öffentlichen Bewusstseins, erklärte der High Court diese Praxis für wettbewerbswidrig.[277] Auch andere Entscheidungen liefern eine Richtschnur für den zulässigen Einsatz von Fernkommunikationsmitteln. So wurde es als Verstoß gegen das erste Schutzprinzip des DPA angesehen, dass der damalige Monopolist Gaslieferant British Gas Verbraucherdaten, die aus den Gaslieferungsverträgen bekannt waren, dazu nutzte, die Verbraucher mit Informationen über andere Produkte von British Gas zu informieren.[278]

Der DPA gibt dem Betroffenen Mittel an die Hand, mit deren Hilfe er sich gegen den Missbrauch seiner Daten zur Wehr setzen kann. In sec. 11 (1) DPA ist geregelt, dass der Betroffene der Weitergabe seiner persönlichen Daten zum Zwecke des Direktmarketings widersprechen kann. Handelt der Dateninspekteur den Anweisungen des Betroffenen zuwider, kann dieser Schadensersatz verlangen. Vergleichbaren Schutz vor der Verwendung bestimmter Fernkommunikationstechniken bietet auch die FernAbsRL, wenn auch aus einem anderen Blick-

---

[276] Die übrigen Prinzipien bestimmen u.a., dass personenbezogene Daten nicht länger als erforderlich gespeichert werden, dass sie nur zu den gesetzlich bestimmten Zwecken aufbewahrt werden und dass Vorkehrungen gegen den Missbrauch der Daten getroffen werden.

[277] *R (Robertson) v Wakefield MDC [2002] Q.B. 1052*; um Erkundigungen über die Kreditwürdigkeit von Verbrauchern einzuholen, ist diese Praxis freilich auch heute noch zulässig, vgl. *I-CD Publishing Ltd v The Secretary of State, The Information Commisioner [2003] EWHC 1761.*

[278] *British Gas Trading Ltd v Data Protection Registrar* [1997 – 98] Info. T.L.R. 393.

winkel. In jedem Fall war der englische Verbraucher jedoch schon vor der Umsetzung der FernAbsRL davor geschützt, dass seine Daten missbraucht und in seine Privatsphäre eingegriffen wurde.

b) MOTO

Die erste Regierungsverordnung, die sich unmittelbar mit dem Versandhandel beschäftigte, war die MOTO 1976. Sie wäre ohne den Fair Trading Act 1976 (FTA)[279] nicht denkbar gewesen. Der FTA stellte einen ersten Meilenstein in der Entwicklung des Verbraucherschutzes in England dar und schuf mit dem Office of fair Trading (OFT) und dessen Direktor effektive Instrumente zum Schutz der Interessen des Verbrauchers. Insbesondere wurde der Direktor des OFT dazu ermächtigt, Verordnungen zum Schutz des Verbrauchers zu erlassen. Eine dieser Verordnungen war dann die MOTO, die 1976 zu einem Zeitpunkt erlassen wurde, an dem der wirtschaftliche Boom, den der Versandhandel in den nächsten Jahrzehnten erleben sollte, noch nicht absehbar war. Gleichwohl hat der Versandhandel in Großbritannien eine lange Tradition, die bis auf das Viktorianische Zeitalter zurückblicken kann[280]. Seinerzeit erreichte die bestellte Ware den Verbraucher über das örtliche Postamt. Diese Zeiten sind lange vorbei und als Fernkommunikationsmittel werden heute anstelle von Postkutschen elektronische Medien genutzt. In ähnlicher Weise haben sich auch die rechtlichen Vorgaben für diese Art von Geschäften verfeinert. Die MOTO beinhaltete im Vergleich zu den Vorgaben der Fernabsatzrichtlinie nur oberflächliche und ungenaue Regelungen. So beschränkte sich der Anwendungsbereich auf Verträge, die unter der ausschließlichen Verwendung von Postsendungen zustande gekommen sind. Die Schutzvorschriften der Verordnung mussten dagegen nicht beachtet werden, wenn der Verbraucher durch Sprache, Fernsehen, Rundfunk oder die Vorführung eines Filmes auf die Produkte des Unternehmers aufmerksam gemacht wurde. Zweifelhaft ist, ob die Werbung, die vom Unternehmer im Internet geschaltet wird und die den Verbraucher zur Abgabe einer Bestellung per Post auffordert, unter den Anwendungsbereich der Verordnung fallen sollte. Vieles spricht dagegen. Denn das Internet ist in seinem technischen Umfang eher mit Fernsehen oder dem Rundfunk zu vergleichen, so dass die Ausgangslage nicht vergleichbar dazu ist, dass der Lieferer per Post mit dem Verbraucher in Kontakt tritt. Die Versandhandelsverordnung gilt darüber hinaus nur für Verträge über die Lieferung von Waren. Verträge über die Erbringung von Dienstleistungen werden hingegen nicht erfasst. Diese Einschränkung hat zu ungerechten Ergebnissen geführt, wenn die Ware über moderne Vertriebswege transportiert werden konnte.[281] So ist es nicht einzusehen, warum der Unternehmer, der

[279] vgl. hierzu ausführlich unten S. 67 ff.
[280] vgl. *MacLeod*, Rn. 8.19.
[281] vgl. hierzu sowie generell zur MOTO *MacLeod*, Rn. 4.22, 8.06.

Software auf dem Postweg an den Verbraucher schickt, strengeren Regularien unterliegen soll als der Unternehmer, der dem Verbraucher die Software als Online-Download zur Verfügung stellt.[282]

Manche Passagen der Verordnung erwecken auch heute noch einen erstaunlich modernen Eindruck. Insbesondere sind einige Informationspflichten zu finden, die auch das moderne Fernabsatzrecht enthält. So muss der Unternehmer dem Verbraucher gemäß sec. 12 MOTO seinen tatsächlichen Namen bzw. den registrierten Namen seines Unternehmens und seine genaue Anschrift mitteilen, wenn der Verbraucher zur Vorauszahlung verpflichtet ist. In sec. 16 MOTO waren weitreichende Sanktionen für Unternehmer vorgesehen, die sich nicht an die Vorgaben gehalten haben. Der Verstoß gegen die verbraucherschützenden Vorschriften wurde als Straftat gewertet und daneben bestand für den Verbraucher die Möglichkeit, sich von dem Vertrag zu lösen. Die Versandhandelsverordnung wurde durch die Consumer Protection (Distance Selling) Regulations 2000 (DSR) ersetzt und ist heute nicht mehr in Kraft.

c) UGSA

Art. 9 FernAbsRL will verhindern, dass der Lieferer den Verbraucher durch die Zusendung unbestellter Waren unter Druck setzt und zum Vertragsschluss zwingt. In England wurde dieses Problem bereits zu Beginn der 70er Jahre adressiert. Zu diesem Zeitpunkt hatten sich Fälle gehäuft, in denen Unternehmer ohne vorherige Bestellung Waren an Verbraucher geschickt haben und sie anschließend durch aggressiv formulierte Zahlungsaufforderungen zum Vertragsschluss bewegen wollten. Dieser unlauteren Vorgehensweise sollte der UGSA entgegentreten. Das Gesetz sah vor, dass unter bestimmten Umständen unbestellte Ware als Geschenk behandelt werden durfte. Das setzte voraus, dass mindestens 6 Monate vergangen sind, seitdem die Ware verschickt wurde oder dass 30 Tage vergangen waren, nachdem der Empfänger der Ware dem Unternehmer mitgeteilt hat, dass die Ware ungewünscht ist. Mit Umsetzung der FernAbsRL wurden diese Regelungen aufgehoben und ähnliche Bestimmungen in die DSR integriert. Anders als die MOTO wurde der UGSA jedoch nicht gänzlich aufgehoben. In Kraft sind insbesondere solche Regelungen geblieben, in denen bestimmte wettbewerbswidrige Verhaltensweisen auch auf strafrechtlicher Ebene sanktioniert werden.[283]

---

[282] vgl. zu der entsprechenden Diskussion bei der Abgrenzung zwischen Waren und Dienstleistungen oben S. 11 ff.

[283] So wird es etwa als Straftat gewertet, wenn der Unternehmer die Bezahlung unbestellter Waren verlangt oder androht, solche angeblich bestehenden Geldforderungen gerichtlich durchzusetzen; vgl. ausführlich zum UGSA *Harvey/Perry*, S. 282 ff.

d) Sonstiges

Fernabsatzrechtliche Regelungen fanden sich auch in anderen Gesetzen, von denen man es auf den ersten Blick nicht vermutet hätte. So stellt es der Consumer Credit Act 1974 (CCA) unter Strafe, wenn ein Unternehmer Wurfsendungen an Minderjährige verschickt. Ebenso verbietet es das Gesetz, unbestellte Kreditmarken zu verschicken. Gesetzliche Bestimmungen, die sich direkt und unmittelbar an Fernabsatzverträge richteten, gab es jedoch außer den erörterten Regelungen kein. Vielmehr wurden die Fernabsatzverträge vor allem von freiwilligen Verhaltenskodices bestimmt, denen sich ein Großteil der Unternehmen unterworfen hatte.

3) Freiwillige Verhaltenskodices („soft law")

In England spielen freiwillige Verhaltenskodices als Regelungstechnik traditionell eine gewichtigere Rolle als anderswo.[284] Ein Grund hierfür mag sein, dass aufgrund der Besonderheiten des englischen Rechtssystems eine grundsätzliche Skepsis gegenüber der Kodifizierung von Regeln nicht zu leugnen ist.[285] In jüngerer Zeit wird es zwar mehr und mehr hinterfragt, dass in England so sehr auf soft law als Regelungsinstrument gesetzt wird.[286] Ungeachtet dessen kommt freiwilligen Verhaltenskodices insbesondere im Bereich des Verbraucherschutzes auch heute noch eine große Bedeutung zu. Vor Umsetzung der Fernabsatzrichtlinie war das Fernabsatzgeschäft in weiten Teilen in freiwilligen Verhaltenskodices geregelt. Um diese angemessen darstellen zu können, ist es zunächst erforderlich, einen Überblick über ihre rechtspolitische Einbettung zu geben.

a) Rechtspolitische Einbettung

Wenn man das rechtspolitische Umfeld des soft law im englischen Verbraucherschutzrecht untersuchen möchte, führt zunächst kein Weg am OFT, einer Art Verbraucherschutzbehörde, sowie seinem Direktor (DGFT) vorbei. Das OFT ist

---

[284] Bis zum heutigen Tage existieren 42 Verhaltenskodices von Handelsverbänden, die durch das OFT bestätigt wurden. Bereits 1880 existierte ein System zur freiwilligen Selbstkontrolle von Werbeplakaten, vgl. den Bericht im Circus [1988] International Journal of Advertising, 307 (308), BCAP, S. 97.

[285] In diese Richtung geht auch die Argumentation des Generaldirektors des OFT. Er betonte in seinem zweiten Bericht, dass die Erweiterung und Ausdehnung des geschriebenen Rechts kein Wundermittel sei, durch das der Verbraucherschutz automatisch verstärkt werde. Vielmehr seien „codes of practice" aufgrund ihrer flexiblen Struktur eher geeignet, eine dynamische Weiterentwicklung des Verbraucherschutzes zu gewährleisten, vgl. den gesamten Bericht des Direktors 1976 HCP, S. 9 f.

[286] vgl nur *Howells*, in: Stauder/Stauder (Hrsg.), La Protection des consommateurs acheteurs à distance, S. 163, 168 f.

eine Regierungsbehörde und wird durch das Handelsministerium finanziert.[287] Der Posten des DGFT wurde durch den FTA geschaffen, der bereits 1973 verabschiedet wurde.[288] Ihm lag auch die Überlegung zugrunde, dass Verbraucherschutz ein elementarer Bestandteil der Marktwirtschaft ist, der von einem gerechten Wettbewerbsrecht nicht zu trennen ist.[289] Von 1973 bis zum heutigen Tage gab es 5 verschiedene DGFT, die den unterschiedlichsten beruflichen Hintergründen entstammten. Akademische Größen wie Prof. John Vickers waren ebenso darunter wie erfahrene Wirtschaftskapitäne, etwa John Bridgeman, der zuvor als Geschäftsführer eines großen privatwirtschaftlichen Unternehmens tätig war.[290] Der DGFT ist – vereinfacht gesprochen – für den Schutz des Wettbewerbes zum Nutzen des Verbrauchers verantwortlich. In diesem Zusammenhang beaufsichtigt er Zusammenschlüsse von Unternehmen, überwacht den Vertrieb von Waren und Dienstleistungen an Verbraucher und sorgt generell dafür, dass der Wettbewerb nicht gegen das Lauterkeitsrecht verstößt. Hierbei wird er vom OFT unterstützt. Das OFT ist als Exekutive des Direktors tätig und wird zurecht als Wachhund des Wettbewerbrechts bezeichnet.[291] Der DGFT konnte jedoch unter dem FTA 1973 nur in begrenztem Umfang Verstöße gegen das Verbraucherschutzrecht sanktionieren. Sec. 34 (1) FTA 1973 sieht zwar vor, dass der DGFT alle Anstrengungen unternimmt, um den Unternehmer bei verbraucherschädlichen Praktiken zu einer Unterlassungserklärung zu bewegen. Verweigert sich der Unternehmer, bleibt es aber letztlich Aufgabe der Gerichte, eine derartige Erklärung zu erzwingen. Mitte der 80er Jahre begann die Kritik am FTA immer lauter zu werden.[292] Dies führte letztlich dazu, dass das OFT durch den Enterprise Act 2002 umfassend reformiert wurde. Dem OFT wurde der Status einer Körperschaft verliehen und der DGFT wurde durch das OFT ersetzt. Das OFT besteht gemäß Schedule 1 Sec. 1 (1), 3 (1) ETA aus insgesamt 5 Mitgliedern, die vom Handelsminister bestimmt werden. Neben diesen formalen Änderungen ist auch das Verfahren bei Verstößen gegen das Verbraucherschutzrecht effizienter gestaltet worden.[293]

---

[287] Das OFT kann jedoch weitgehend autonom arbeiten, insb. ist die Weisungsbefugnis des Handelsministers stark begrenzt, vgl. Sec. 12 FTA.

[288] Ausführlich zum FTA *Harvey/Parry*, S. 345 ff.

[289] So der damalige Minister für Handel und Verbraucherschutz, Sir Geoffrey Howe, 848 HC Official Report (5th series) col 454; vgl. ausführlich zum Wettbewerbsgesetz *Harvey/Parry*, S. 345 ff.

[290] vgl. zu den Direktoren im Einzelnen *Harvey/Parry*, S. 347 ff.

[291] vgl. *Harvey/Parry*, S. 349.

[292] Auch der DGFT bemängelte in seinen Jahresberichten immer wieder die Ineffizienz des Verfahrens nach dem FTA, vgl. OFT, Annual Report of the DGFT 1993, S. 24; 1997, S. 27; 1999, S. 27.

[293] vgl. hierzu eingehend *Obermair*, S. 180 ff.

Der Entwurf des FTA 1973 enthielt zunächst keine Vorgaben über freiwillige Verhaltenskodices. Auf Vorschlag eines Handelsverbandes wurde dann mit Sec. 123 Abs. 3 eine Vorschrift in das Gesetz eingefügt, die den Direktor verpflichtet, die entsprechenden Verbände zu ermutigen, freiwillige Verhaltenskodices in Verbraucherschutzfragen einzuführen und zu beachten. Dieser Vorschrift wurde zunächst keine besondere Bedeutung beigemessen. Das erscheint im Rückblick fast ironisch, war die Entwicklung und Förderung von freiwilligen Verhaltenskodices doch ein wesentlicher Beitrag des OFT zum Verbraucherschutz.[294] Allerdings erwiesen sich die im 2. Kapitel des Gesetzes vorgesehenen Vorschriften über die Rechtssetzung in Verbraucherschutzangelegenheiten recht bald als ungeeignet, den Verbraucherschutz zu stärken.[295] Das OFT richtete dann zu diesem Zweck seinen Fokus auf freiwillige Verhaltenskodices.[296] Das erste Regelwerk, das auf Bestreben des OFT veröffentlicht wurde, waren 1974 die *Principles for Domestic Electric Appliance Servicing* des Verbandes der Hersteller von elektronischen Haushaltsgeräten.[297] In den ersten Jahren nach Erlass des FTA 1973 kam es dann im jugendlichen Überschwang des OFT zu einer wahren Flut von freiwilligen Verhaltenskodices, die Jahr für Jahr veröffentlicht worden. Nach der ersten Euphorie ist diese Welle dann Anfang der 80er Jahre etwas abgeebbt. Zum Teil wurde die Vermutung geäußert, dass einer der Gründe hierfür darin zu sehen sei, dass der damalige Gesetzgeber nicht gerade dazu neigte, verbraucherfreundliche Gesetze zu erlassen und die Industrieverbände daher kaum Gründe dafür hatten, sich als „geringeres Übel“ auf freiwillige Verhaltenskodices einzulassen.[298]

b) Verfahren bei Erlass der freiwilligen Verhaltenskodices

Grundsätzlich bestimmen die Industrieverbände den Inhalt ihrer Kodices selbst. Bereits unter dem Regime des FTA 1973 war es jedoch möglich, dass der DGFT an gewissen Stellschrauben dreht und dadurch den Inhalt der Kodices mitbestimmt. So verlieh der Restrictive Trade Practices Act (RTPA) 1976 dem DGFT das Recht, ein Schiedsgericht anzurufen, wenn er der Meinung ist, dass die Ver-

---

[294] vgl. *Howells/Vogt*, in: Micklitz/Kessler, Marketing Practices Ragulation and Consumer Protection in the EC Member States and the US, S. 361, 365.

[295] Vereinzelt wird vertreten, dass die Entwicklung von Verhaltenskodices der wichtigste Beitrag des Wettbewerbsgesetzes zur Stärkung des Verbraucherschutzes gewesen ist, vgl *Lowe/Woodroffe*, S. 62.

[296] Als die Handelsverbände merkten, dass zumindest weitreichende Gesetzgebung nicht zu befürchten war, ließ ihre Begeisterung für die Entwicklung von freiwilligen Verhaltenskodices jedoch spürbar nach, wie der DGFT Sir Gordon Borrie bemerkte, zitiert bei *Howells*, in: Stauder/Stauder (Hrsg.), La Protection des consommateurs acheteurs à distance, S. 161, 165.

[297] vgl. *Howells/Voigt*, S. 365.

[298] Diese Vermutung äußerte zumindest der ehemalige DGFT Sir Gordon Borrie, zitiert bei *Ramsay*, S. 287.

haltenskodices dem öffentlichen Interesse widersprechen. Hierdurch sollte gewährleistet sein, dass die Industrie über die Inhalte ihrer Verhaltenskodices mit dem OFT verhandelt, bevor die Regelwerke beschlossen werden.[299] Gleichwohl haben die Erfahrungen in den 70er und 80er Jahren gezeigt, dass der Gebrauch von soft law auch Schattenseiten mit sich bringt. Insbesondere erwies sich das Regime des FTA als ungeeignet, um verbraucherschädigende Praktiken in den Verhaltenskodices zu verhindern. Als hinderlich hat sich vor allem gezeigt, dass der DGFT nicht die Kompetenz besitzt, die Einhaltung der Kodices zu überprüfen und Verstöße zu sanktionieren. Diesem Problem sollte mit dem Enterprise Act (EA) 2002[300] begegnet werden. Das OFT, das an die Stele des DGFT getreten war, wurde hierdurch mit deutlich erhöhten Befugnissen ausgestattet. Sec. 8 (2) EA schafft die rechtlichen Rahmenbedingungen, damit das OFT das Gütesiegel „den Regeln des OFT entsprechend" an ausgewählte Verhaltenskodices verleihen kann.[301] Diese Bewertung kann zurückgezogen werden, wenn die Voraussetzungen nicht mehr vorliegen. Unternehmer, die sich an die vom OFT bestätigten Kodices halten, können das zu Marketingzwecken nutzen. Sec. 8 (4) (b) EA sieht vor, dass das OFT Unternehmern den Gebrauch eines Logos gestatten kann, wenn sich der Unternehmer an die Vorgaben der vom OFT akzeptierten Kodices hält. Diese Zertifizierung dürfte aus Verbraucherschutzgesichtspunkten weitaus effektiver sein als das Verfahren nach dem RTPA. Für den Unternehmer ist es eine attraktive Option, sich mit einem solchen Logo schmücken zu können. Hierdurch wird gewissermaßen amtlich bestätigt, dass der Verbraucher darauf vertrauen kann, bei Geschäften nicht übervorteilt zu werden. Der Unternehmer erlangt dadurch einen Wettbewerbsvorteil gegenüber seinen Konkurrenten, die sich nicht an diesem System beteiligen. In erster Linie soll also durch die Neuerungen des EA das Niveau des Verbraucherschutzes erhöht werden.[302] Hierdurch erhofft sich das OFT, dass in den freiwilligen Verhaltenskodices ein höheres Verbraucherschutzniveau erreicht wird, als es die gesetzlichen Regelungen vorsehen.

b) Kodices im Fernabsatzrecht

Es gibt zwei Handelsverbände, deren freiwillige Verhaltenskodices unmittelbaren Einfluss auf die Fernabsatzindustrie haben: die Direct Marketing Association (DMA) und die Mail Order Traders' Association (MOTA). Daneben gibt es noch weitere Vereinbarungen. Das OFT hat eigene Richtlinien über den Verkauf

---

[299] vgl. zum Verfahren nach dem Trade Practices Act ausführlich *Howells/Voigt*, S. 365 ff.
[300] ausführlich hierzu *Harvey/Parry*, S. 24 ff.
[301] Die Kriterien, nach denen das Gütesiegel den jeweiligen Kodices verliehen wird, sind unter http://www.oft.gov.uk/Business/Codes/default.htm abrufbar, abgefragt am 01.05.2006.
[302] Das Ziel, den Verbraucherschutz zu stärken, wird auch vom OFT genannt, vgl. http://www.oft.gov.uk/Business/Codes/default.htm, abgefragt am 01.05.2006.

von Waren am Telefon herausgegeben[303] und auch der Verband der Britischen Werbeindustrie[304] hat veröffentlichte Richtlinien, die Fernabsatzgeschäfte betreffen. Diese Regelwerke haben jedoch nur untergeordnete Bedeutung erlangt. Im Folgenden werden daher nur die freiwilligen Verhaltenskodices der DMA (unter aa) und der MOTA (unter bb) erörtert.

aa) DMA

Die DMA ist entstanden, als sich 1993 die Association of Mail Order Publishers (AMOP) und die British Direct Marketing Association zusammengeschlossen haben. Im selben Jahr sind erstmals gemeinsame freiwillige Verhaltenskodices veröffentlicht worden, die die vorigen Regelwerke der Verbände ersetzten. Das inzwischen in der 3. Auflage vorliegende Regelwerk[305] des DMA kostet den Verbraucher immerhin 90 Euro. Für diesen Betrag wird jedoch auch einiges geboten. Die Ausgabe umfasst 113 Seiten und wurde gegenüber den ersten beiden Auflagen präzisiert und den gesetzlichen Gegebenheiten nach Umsetzung der FernAbsRL angepasst. Neben den Verhaltenskodices, die für die Mitglieder der DMA verpflichtend sind, hat die DMA noch Richtlinien über das Geschäftsgebaren im Fernabsatz[306] herausgegeben, die jedoch auch für ihre Mitglieder nicht bindend sind. Da in diesem Abschnitt Englands Rechtslage vor Umsetzung der FernAbsRL dargestellt werden soll, liegt den folgenden Erläuterungen die 2. Auflage der Verhaltenskodices zugrunde, die 1997 veröffentlicht worden ist.

Die Verhaltenskodices werden von der Direct Marketing Authority verwaltet. Die Regelungen über die Direct Marketing Authority finden sich im 4. Abschnitt der Kodices. Es handelt sich bei ihr um eine unabhängige Organisation mit Rechtssetzungsbefugnissen und quasi-judikativer Kompetenz, die kontrolliert, ob sich die Fernabsatzunternehmer an die Kodices halten. Der Vorsitzende der Behörde kommt nicht aus den Reihen der Fernabsatzindustrie und neben ihm ist das Komitee mit mindestens zwei unabhängigen Mitgliedern sowie drei Vertretern der Industrie besetzt. Das Komitee muss paritätisch besetzt sein, wobei der Vorsitzende zu den unabhängigen Mitgliedern gezählt wird. Die Direct Marketing Authority überwacht, ob sich die Mitglieder DMA an die Vorgaben der Ko-

---

303 Die Richtlinien wurden 1984 in einem Bericht über die Handelspraxis beim Verkauf am Telefon veröffentlicht.

304 Hierbei handelt es sich um die Advertising Standards Authority's British Codes of Advertising and Sales Promotion.

305 Die dritte Auflage ist 2003 erschienen und kann auf der Internetseite der DMA eingesehen werden, vgl. http://www.dma.org.uk/content/Pro-Code.asp, abgefragt am 01.05.2006.

306 Durch die „Best Practice Guidelines" sollen Standards festgelegt werden, die im Fernabsatzhandel zu beachten sind. Im Unterschied zu den freiwilligen Verhaltenskodices sind sie gebührenfrei und ohne größeren technischen Aufwand im Internet herunterzuladen, http://www.dma.org.uk/content/Pro-BestPractice.asp, abgefragt am 01.05.2006.

dices halten. Die schärfste Sanktion, die von den Kodices der DMA zur Verfügung gestellt wird, ist der Ausschluss des Mitglieds aus dem Verband. Dieser ultima ratio sind zahlreiche Schritte vorgelagert. So muss das Mitglied abgemahnt werden und es muss ein Gespräch zwischen dem Mitglied und der Direct Marketing Authority stattfinden, in dem gemeinsam nach Lösungsmöglichkeiten gesucht wird.

Die Kodices sind in 12 Kapitel unterteilt, die folgende Überschriften haben: Einleitung; Auslegung; Allgemeine Pflichten der Mitglieder; Allgemeine Regeln zum Gebrauch der Daten; Besondere Regeln zum Gebrauch der Daten; Allgemeine Regeln zu Werbung und Angebot; Besondere Regeln zu Werbung und Angebot; Kundenservice; Telefonmarketing; Mit Gewinnspielen verbundene Werbung; Sammelreihen; Behörde für Direktvertrieb. Gegenüber der ersten Auflage sind die Bestimmungen in der zweiten Auflage verfeinert und den Rechtsentwicklungen auf europäischer Ebene angepasst worden. Auch die Diskussionen, die im Gesetzgebungsverfahren der FernAbsRL geführt wurden, sind berücksichtigt worden. Das wird besonders deutlich bei den Punkten, zu denen zwischen den beteiligten Interessenverbänden keine Einigkeit erzielt werden konnte und die deshalb nicht den Weg in die endgültige Fassung der Richtlinie gefunden.[307] So sehen die Verhaltenskodices der DMA in sec. 24 vor, dass der Unternehmer vom Verbraucher nur unter bestimmten Voraussetzung verlangen kann, die Ware vorab zu zahlen. Es muss gewährleistet sein, dass die Überweisung nicht eingelöst wird, bevor der Unternehmer die bestellte Ware zum Versand vorbereitet und der Versand muss wenige Tage nach Eingang der Zahlung erfolgt. Kann der Unternehmer dieses nicht gewährleisten, muss er an einem Programm teilnehmen, das gewährleistet, dass die Zahlungen des Verbrauchers nicht verloren gehen. In allen anderen Fällen ist es nicht zulässig, zu vereinbaren, dass der Verbraucher die Waren vorab bezahlt. Der Schutzzweck, den die FernAbsRL dem Verbraucher in solchen Fällen bietet, ist deutlich geringer, als es in England schon vor ihrer Umsetzung der Fall war. Art. 4 Abs. 1 lit. a) FernAbsRL sieht lediglich vor, dass die Informationspflichten des Unternehmers erweitert werden, wenn der Vertrag eine Vorauszahlung erfordert.[308]
Die Kodices sind auch in anderer Hinsicht deutlich spezifischer, als es der Richtlinie möglich ist. Sie enthalten sogar eine detaillierte Regelung über die Auswahl des „Vorschlags des Monats" in den einschlägigen Buchclubs. Auch in anderer Hinsicht geht das Regelwerk über die Bestimmungen der FernAbsRL hinaus. Beispielweise soll dem Verbraucher durch besondere Zusicherungen des Unternehmers schon vor dem Vertragsschluss die Möglichkeit gegeben werden, sich ein klareres Bild von dem Vertragsgegenstand zu machen. Außerdem enthalten die Kodices wettbewerbsrechtliche Regelungen, die etwa die Zulässigkeit

[307] S.o., S. 8 f.
[308] vgl. insoweit zu der Diskussion oben S. 29.

von Telemarketing betreffen. Zwar ist insofern Vorsicht geboten, als sich – wie regelmäßig bei soft law – die Frage nach der Durchsetzbarkeit der Regelungen stellt.[309] Dennoch verdient die Absicht der DMA, ein möglichst verbraucherfreundliches Klima im Fernabsatz zu schaffen, Applaus.

bb) MOTA

Die erste Auflage der Verhaltenskodices der MOTA ist 1978 erschienen. MOTA repräsentiert die führenden Firmen der britischen Fernabsatzindustrie.[310] Gleichwohl sind die Verhaltenskodices der MOTA weit weniger ausgereift als die der DMA. Obwohl auch dieses Regelwerk einige Male überarbeitet wurde, sind einige Entwicklungen auf dem Gebiet des Fernabsatzrechts unberücksichtigt geblieben. Diese Nachlässigkeit lässt sich schon im Sprachgebrauch beobachten. So hat sich schon 1994 im SGA die Definition einer erfüllungstauglichen Ware geändert. Bis 1994 musste die Ware von „handelsüblicher Qualität" sein, danach musste Ware von „befriedigender Qualität" geliefert werden. Diese Änderungen sind in den Kodices nicht berücksichtigt worden.[311] Nichtsdestotrotz finden sich auch in den Kodices der MOTA Antworten auf alle wesentlichen Fragen des Fernabsatzrechts. Sie enthalten Bestimmungen zu Werbung, Verpackung und Lieferung von Waren, Kundendienst, Informationspflichten, Lieferterminen, Gewährleistungsfristen u.ä. Auch das Regelwerk der MOTA enthält verbraucherfreundliche Bestimmungen. Zum Beispiel werden unter Punkt 2.4 der Kodices die Unternehmer verpflichtet, nur dann servicebedürftige Waren im Fernabsatz zu vertreiben, wenn sie auch Serviceleistungen erbringen, die üblicherweise im Zusammenhang mit der Ware erforderlich werden. Ursprünglich war geplant, eine solche Bestimmung auch in der Verbrauchsgüterkaufrichtlinie[312] aufzunehmen. Im Verlaufe des Gesetzgebungsverfahrens konnte aber keine Einigkeit in diesem Punkt erzielt werden, so dass darauf verzichtet wurde, eine entsprechende Vorschrift in die Richtlinie einzufügen.[313] Darüber hinaus sehen die Kodices in sec. 8.4 vor, dass Waren, die während des Versands beschädigt worden sind, ohne zusätzliche Kosten an den Unternehmer zurückgesandt werden können und dieser verpflichtet ist, die Waren auszutauschen. Auch

---

[309] vgl. zu dem grundsätzlichen Problem, freiwillige Verhaltenskodices durchzusetzen *Bothe*, FS Schlochauer, S: 761, 765; *Ehricke*, NJW 1989, S. 1906, 1908.

[310] vgl. hierzu im Einzelnen *Harvey/Parry* S. 372

[311] vgl. zu weiteren Beispielen, die eine nachlässige Überarbeitung vermuten lassen *Howells*, in: Stauder/Stauder (Hrsg.), La Protection des consommateurs acheteurs à distance, S. 161, 174 f.

[312] Richtlinie 99/44/EG des Europäischen Parlaments und des Rates zu bestimmten Aspekten des Verbrauchsgüterkaufs und der Garantien für Verbrauchsgüter, ABlEG Nr. L 171v. 07.07.1999, S. 12.

[313] vgl. hierzu ausführlich *Morgenroth*, Umsetzung der Verbrauchsgüterkaufrichtlinie in Spanien und Deutschland, S. 89 ff. m.w.N.

insoweit bieten die Kodices einen höheren Standard an Verbraucherfreundlichkeit als die FernAbsRL, in der eine vergleichbare Regelung nicht zu finden ist. Gleichwohl kann man sich des Eindrucks nicht erwehren, als könnten die Verhaltenskodices der MOTA denen der DMA nicht das Wasser reichen.[314] Das gilt nicht nur in inhaltlicher Hinsicht. Auch unter formalen Gesichtspunkten lässt das Regelwerk doch einiges zu wünschen übrig. Der Aufbau ist deutlich unübersichtlicher, als es bei den Kodices der DMA der Fall ist. Im Übrigen sind die Regelungen viel zu allgemein gehalten. Es fehlt an spezifischen Regelungen, an die sich die Mitglieder der MOTA im Einzelfall halten können. Alles in allem wäre die MOTA gut beraten gewesen, bei Erstellen der Kodices auf die Erfahrungen der DMA zurückzugreifen.

V. Fazit

Vor Umsetzung der FernAbsRL war in den englischen Rechtsquellen das Fernabsatzgeschäft nur unvollständig geregelt. Während einige Gesetze und Verordnungen sich zumindest am Rande mit dieser Absatzform beschäftigten, sind dem Fallrecht nur allgemeine vertragsrechtliche Regelungen zu entnehmen, die auch bei einem Fernabsatzgeschäft beachtet werden müssen. Da auch in England schon vor der Umsetzung der FernAbsRL die wachsende Bedeutung des E-Commerce nicht mehr zu übersehen war[315], wurde es höchste Zeit, für einen verbindlichen Rechtsrahmen zu sorgen, der den Besonderheiten des modernen Geschäftverkehrs gerecht wurde. Bis zur Umsetzung gab es ein solches rechtliches Gerüst nur in Form der freiwilligen Verhaltenskodices der Verbände des englischen Direktvertriebs. Diese Kodices waren jedoch in ihrer Form und in ihrem Inhalt zu unterschiedlich, als dass von einem einheitlichen Regelwerk der englischen Fernabsatzindustrie gesprochen werden könnte. Letztlich zeigt sich hier bereits eine der Schwächen der Selbstregulierung. Derartige Kodices sind zweifelsfrei sinnvoll, wenn sie den Mitgliedern der Verbände deren rechtliche Pflichten verdeutlichen sollen. Auch kann durch sie eingesetzlicher Rahmen konkretisiert werden, so dass für die Mitglieder der Verbände deutlicher wird, wie sie sich zu verhalten haben. In jedem Fall ist es aber ein allgemeinverbindliches rechtliches Gerüst erforderlich, das die Kodices dann ausfüllen können. Fehlt ein solches zumindest in weiten Teilen, wie es in England vor Umsetzung der FernAbsRL der Fall war, sind selbstregulierende Maßnahmen der Industrie für den Verbraucher nur von geringem Nutzen. Es mangelt ihnen an der Verbindlichkeit, die für die Rechtssicherheit im Verkehr unabdingbar ist. Daneben

[314] Zu diesem Ergebnis gelangt auch *Howell*, in: Stauder/Stauder (Hrsg.), La Protection des consommateurs acheteurs à distance, S. 161, 175, wenn er schreibt: "*But one is left with the impression that this is a code which could be further revisited and better presented.*"

[315] 1997, also zum Zeitpunkt der Verkündung der Fernabsatzrichtlinie, wurden bei Rechtsgeschäften im Internet immerhin rund £ 4 Milliarden, ca. € 5,8 Milliarden, umgesetzt.

trägt es zur Verwirrung bei, dass es unterschiedliche industrielle Interessenverbände mit voneinander abweichenden Verhaltenskodices gibt. Die freiwilligen Verhaltenskodices können ihren Zweck am besten erfüllen, wenn sie bestehende gesetzliche Regelungen unterstützen. Es wäre dagegen nicht im Interesse eines effektiven Verbraucherschutzes, wenn Kodices an die Stelle der gesetzlichen Regelungen treten würden. Das wäre im Übrigen nicht nur unter dem Gesichtspunkt der Rechtssicherheit fatal. Probleme dürften sich insbesondere bei der Rechtsdurchsetzung ergeben, wenn es sich um Bestimmungen handelt, die nicht Teil eines allgemeinverbindlichen Regelwerkes sind. Denn die Vorgaben der Verhaltenskodices sind – in begrenztem Maße – nur für die Mitglieder des Verbandes wirksam, die die Regelungen erlassen haben. Selbst dann bedarf es aber eines wirksamen Systems für Unternehmer, die sich nicht an die Vorgaben halten. Ob ein solches System darin gesehen werden kann, dass als ultima ratio – wie nach den Kodices der DMA – ein Verstoß gegen die Pflichten der Kodices zum Ausschluss aus dem Unternehmensverband führt, darf bezweifelt werden.[316] Auch der Entzug der Befugnis, das Symbol des Verbandes führen zu dürfen, wird den Unternehmer nur mittelbar treffen. Denn derartige Sanktionen mögen dem Unternehmer zu einer negativen PR verhelfen und seinen Ruf in der Öffentlichkeit beschädigen. Hierdurch wird er aber nicht daran gehindert, weiter den Vorgaben der Kodices zuwiderzuhandeln und dadurch den Verbraucher zu übervorteilen. Die fehlende Vereinheitlichung der Vorschriften in den einzelnen Kodices und vor allem die hinnehmbaren Sanktionen führen dazu, dass der Verbraucher aus den freiwilligen Verhaltenskodices nicht viel gewinnt. Ihm ist eher gedient mit einem allgemeinverbindlichen rechtlichen System, das mit effektiven und für den Unternehmer schmerzhaften Sanktionen verbunden ist.

C. Die deutsche Rechtslage

Auch das deutsche Recht kannte vor Umsetzung der FernAbsRL keine eigenständigen Regelungen für Fernabsatzverträge. Im Unterschied zum englischen Recht spielte jedoch soft law als Regelungstechnik nur eine untergeordnete Rolle. Das deutsche Recht zeichnete sich vielmehr durch eine punktuelle Regelung einzelner Rechtsfragen aus, bei denen es Berührungspunkte zum Fernabsatzgeschäft gab. Hierbei spielte insbesondere das Wettbewerbsrecht eine gewichtige Rolle, das Schutzstandards für spezifische Probleme des Fernabsatzrechts wie etwa die unaufgeforderten Zusendung nicht bestellter Waren, die Verwendung

[316] Auch *Weatherill*, in: Heusel (Hrsg.), Europäisches Vertragsrecht und Verbraucherschutz, S. 117, 131, bezweifelt aus diesem Grund, dass freiwillige Verhaltenskodices einem effektiven Verbraucherschutz im Fernabsatz den Weg bereiten können.

aggressiver Vertragsanbahnungstechniken und ähnlichem entwickelt hatte.[317] Die im Mittelpunkt dieser Untersuchung stehenden zivilrechtlichen Fragen des Fernabsatzrechts, insbesondere vertragsrechtliche Probleme, mussten mit Hilfe der allgemeinen Vorschriften des bürgerlichen Rechts beantwortet werden. Im Folgenden sollen deshalb aufgezeigt werden, wie das deutsche Recht vor Umsetzung der FernAbsRL mit deren zivilrechtlichen Elementen – also den Informationspflichten, dem Widerrufs- und Rückgaberecht und dem Vertragsschluss im Fernabsatz - umgegangen ist. Der wettbewerbsrechtliche Teil des deutschen Rechts wird der Vollständigkeit halber in einem Überblick dargestellt. Betont werden soll an dieser Stelle noch, dass die Darstellung des vormaligen deutschen Rechts vor allem einer überblicksartigen Gegenüberstellung zur englischen Rechtslage dient.

I. Informationspflichten

Art. 4 FernAbsRL, der die Informationspflichten des Unternehmers regelt, fand vor Umsetzung der FernAbsRL keine ähnlich weitreichende Entsprechung im deutschen Recht. Aufklärungspflichten konnten sich aber auch nach altem Recht bereits vor Vertragsschluss aus der Generalklausel des § 242 BGB ergeben. Voraussetzung hierfür war, dass der eine Verhandlungspartner dem anderen nach Treu und Glauben aufgrund von informationeller Überlegenheit zur Aufklärung und Information verpflichtet ist.[318] Informationelle Überlegenheit wurde vor allem angenommen, wenn der eine Verhandlungspartner als Fachmann oder aus seinem Geschäftskreis Kenntnisse besitzt, die für die Vertragsentscheidung des anderen bedeutsam sind, und über die der andere nach der Verkehrsauffassung redlicherweise Aufklärung erwarten darf.[319] In der Rechtsprechung zu § 242 BGB wurde entschieden, dass die Aufklärungspflicht verletzt ist, wenn bei einem Unternehmenskauf eine erhebliche Steuerschuld verschwiegen wurde[320], bei einem Kaufvertrag über eine Maschine verschwiegen wurde, dass die Maschine in den vom Verkäufer vermittelten Räumen wegen entgegenstehender Unfallverhütungsvorschriften nicht betrieben werden darf[321] oder wenn der Architekt den erkennbar nicht informierten Auftraggeber nicht über das Entstehen oder die Höhe einer Vergütungspflicht hinweist.[322] Wurde die Aufklärungspflicht vorsätzlich oder fahrlässig verletzt, ähneln die Rechtsfolgen dem Wider-

---

[317] vgl. hierzu *Reich*, EuZW 1997, S. 581.

[318] vgl. hierzu BGH NJW 1989, 764, 765; ausführlich *Larenz/Wolf* § 42 Rn. 18 ff.

[319] vgl. BGH NJW-RR 1991, 439, 440; nicht richtig ist es somit, wenn *Micklitz*, in: Micklitz/Reich, Die FernAbsRL im deutschen Recht, Nr. 76 meint, dass es „allein Sache des Verbrauchers sei, sich die Informationen zu beschaffen, die ihn in Stand setzen, eine eigenverantwortliche Entscheidung zu treffen."

[320] BGH, DB 2002, S. 942; OLG Naumburg, NJW-RR 1995, S. 799, 801.

[321] BGH, NJW 1985, S. 1769, 1771.

[322] OLG Stuttgart, NJW 1989, S. 2402.

rufsrecht, einem weiteren Eckpunkt der FernAbsRL. Der Verhandlungspartner kann in einem solchen Fall die Rückgängigmachung des Vertrages verlangen.[323] Obwohl eine gewisse Ähnlichkeit zwischen den nach altem Recht bestehenden allgemeinen Aufklärungspflichten beim Vertragsschluss und den Informationspflichten der FernAbsRL nicht zu leugnen ist, bestehen doch grundlegende Unterschiede. Diese zeigen sich bereits in ihrem rechtspolitischen Hintergrund. Die Informationen, die dem Verbraucher nach der FernAbsRL zur Verfügung zu stellen sind, sollen dazu dienen, dass der Verbraucher gegenüber dem Vertragsschluss im stationären Handel nicht benachteiligt ist.[324] Dagegen entspringen die Aufklärungspflichten des § 242 BGB dem allgemeinen Billigkeitsgedanken, der jedem Rechtsgeschäft immanent ist.[325] Dementsprechend erreichen die allgemeinen Aufklärungspflichten auch bei weitem nicht den Umfang der fernabsatzrechtlichen Informationspflichten. Diese muss der Unternehmer auch dann erfüllen, wenn er gegenüber dem Verbraucher nicht informationell überlegen ist. Gleichwohl besteht zwischen beiden Instrumenten zumindest eine – wenn auch entfernte – Verwandtschaft.

Auch wenn bei Fernabsatzgeschäften vor Umsetzung der FernAbsRL keine spezielle Informationspflicht für den Unternehmer bestand, war es zumindest im Kataloghandel dennoch üblich, den Verbraucher umfassend zu informieren.[326] Das war übrigens auch im Interesse des Unternehmers. Dieser konnte auf diese Weise das angebotene Produkt in bestem Licht präsentieren. Gleichwohl wurde der Verbraucher in der Regel nicht in dem Umfang informiert, wie es die FernAbsRL vorsieht. Insbesondere gaben weniger seriöse Händler als Adresse lediglich ein Schließfach an und erschwerten dadurch die Rechtsverfolgung durch den Verbraucher.[327] Das wird durch die FernAbsRL zumindest bei Fernabsatzverträgen ausgeschlossen, in denen Vorauszahlung vorgesehen ist.[328] Bei diesen Verträgen muss der Unternehmer den Verbraucher gemäß Art. 4 Abs. 1 lit. a) FernAbsRL über seine Anschrift informieren. Diese Pflicht wird nicht erfüllt, wenn dem Verbraucher lediglich ein Postfach genannt wird.

---

[323] vgl. grundlegend BGH, NJW 1962, S. 1196, 1198; Larenz/*Wolf* § 42 Rn. 18; MünchKomm/*Roth* § 242 Rn. 231; Palandt/*Heinrichs* 56. Aufl. § 276 Rn. 78.

[324] vgl. hierzu im Einzelnen oben S. 2 f..

[325] Das deutsche Recht will Störungen im privatautonomen Interessenausgleich, die durch strukturelle Ungleichgewichtslagen entstehen, begegnen und zu diesem Zweck die missbräuchliche Ausnutzung von Verhandlungsmacht beschneiden, vgl. ausführlich hierzu *Larenz/Wolf*, § 42 Rn. 6 ff.

[326] vgl. hierzu *Reich*, EuZW 1997, S. 581, 584.

[327] Insb. im grenzüberschreitenden Versandhandel führte das zu enormen Problemen, vgl. zu den Erfahrungen im Verhältnis Deutschland – Frankreich *Micklitz*, JCP 1993, S. 411, 419.

[328] vgl. zu der Kritik an der Beschränkung auf solche Verträge o. S. 29.

In welchem Umfang und in welcher Form der Verbraucher bei Fernabsatzverträgen nach deutschem Recht zu informieren ist, wurde vor Umsetzung der FernAbsRL vor allem im Zusammenhang mit den Einbeziehungserfordernissen bei allgemeinen Geschäftsbedingungen (AGB) diskutiert. Die entscheidende Norm in diesem Zusammenhang war § 2 Abs. 1 AGBG a.F., der weitestgehend dem heutigen § 305 Abs. 2 BGB entspricht. Diese Vorschrift verkörpert das AGB-rechtliche Transparenzgebot[329], welches im Übrigen auch europarechtlichen Ursprungs ist und damit als eine Art Vorläufer des fernabsatzrechtlichen Transparenzgebotes bezeichnet werden kann.[330] Probleme bei der Einbeziehung von AGB sind vor allem im Zusammenhang mit Verträgen aufgetreten, die per Bildschirmtext (Btx) oder im Teleshopping geschlossen wurden. Hierbei kam es neben Fragen, die eher formale Anforderungen an die wirksame Einbeziehung von AGB betreffen, auch zu Streitigkeiten über den Inhalt der zu übermittelnden Informationen. So wurde es als Verstoß gegen § 2 Abs. 1 AGBG a.F. bewertet, wenn der Kunde einer kostenträchtigen Btx-Bestellung nicht darüber informiert wurde, wie viel seine Bestellung in etwa kosten wird.[331] In einem solchen Fall würde der Unternehmer auch gegen Art. 4 Abs. 1 lit. d FernAbsRL verstoßen, das Schutzniveau ist insoweit also nicht erhöht worden.[332] Abgesehen von dieser Frage werden bei Verträgen, die im Teleshopping oder per Btx geschlossen werden, eher Probleme diskutiert, die von der FernAbsRL in Art. 4 Abs. 2 mit der Formulierung „Die Informationen (..) müssen klar und verständlich auf jedwede der verwendeten Fernkommunikationsmittel angepassten Weise erteilt werden“ umschrieben werden. Bei der wirksamen Einbeziehung von AGB im Btx oder im Teleshopping treten ähnliche Hindernisse auf, wie sie ein Unternehmer bei der Erfüllung seiner Informationspflichten bei Rechtsgeschäften im Internet zu überwinden hat. Die Informationen müssen über einen längeren Zeitraum verfügbar sein. Dies erweist sich als schwierig, wenn sich im Btx längere Klauselwerke über mehrere Seiten erstrecken.[333] Die Möglichkeit der zumutbaren Kenntnisnahme von Informationen erwies sich auch im Teleshopping als großes Problem, da die AGB nach der Warenpräsentation nur flüchtig eingeblendet wurden. Auch ist ein Hinweis während der Sendung unüblich ist und im Übrigen ist die Information über das Telefon wenig praktikabel, da die spontane Bestellung am Telefon wesentliches Charaktermerkmal des Teleshoppings ist.[334]

---

[329] vgl. hierzu ausführlich *Wolf*, in: *Wolf/Horn/Lindacher*, § 2 AGBGB Rn. 8 ff.

[330] vgl. zum Transparenzgebot aus Art. 4 FernAbsRL o. S. 27 f.

[331] LG Bielefeld, CR 1990, S. 463, 465.

[332] vgl. hierzu o. unter S. 28.

[333] vgl. zu den in diesem Zusammenhang auftretenden Problemen *Paefgen*, S. 11 ff.

[334] vgl. zu rechtlichen Fragen des Teleshoppings *Bultmann/Rahn*, NJW 1988, S. 2432; *Eckert*, DB 1994, S. 717 f.; *Kessler*, WRP 1991, S. 285 ff.; *Micklitz*, NJW 1990, S. 1569; *Wolsing*, in: Kubicek (Hrsg.), Daten- und Verbraucherschutz bei Telekommunikationsdienstleistungen in der EG, 126, 128 f.;.

Nicht unerwähnt bleiben darf in diesem Zusammenhang, wie bereits angedeutet, die Vorschrift des § 8 VerbrKrG. Für Verträge über Verbraucherkredite galt das Fernabsatzrecht zwar ohnehin nicht, da sie als Verträge über Finanzdienstleistungen von der Ausnahmeregelung in Art. 3 Abs. 1, erster Spiegelstrich FernAbsRL erfasst wurden. Seit Änderung der Richtlinie durch die FernAbsFinanzDienstRL gilt das jedoch nicht mehr. § 8 VerbrKrG a.F. sah für Kreditverträge, die die Lieferung einer Sache oder die Erbringung einer anderen Leistung zum Gegenstand haben, eine Erleichterung gegenüber dem Schriftformerfordernis aus § 4 VerbrKrG a.F. vor. § 4 VerbrKrG verpflichtete den Unternehmer, dem Verbraucher bei Kreditverträgen bestimmte Informationen in Schriftform zur Verfügung zu stellen. Dieses Schriftformerfordernis galt nicht, wenn das Versandhandelsprivileg aus § 8 VerbrKrG a.F. einschlägig war. Hierzu müsste dem Angebot an den Kunden ein Verkaufsprospekt zugrunde gelegen haben, in dem die Pflichtangaben des § 4 Abs. 1 Satz 2 Nr. 2 VerbrKrG a.F. enthalten waren. Diese Pflichtangaben betrafen vor allem die Einzelheiten des Kreditvertrages, wie etwa die Art und Weise der Rückzahlung des Kredits, den Zinssatz oder Betrag, Zahl und Fälligkeit der einzelnen Teilleistungen. Derartige Informationspflichten bleiben zwar weit hinter dem zurück, was in der FernAbsRL und in der FernAbsFinanzDienstRL vorgesehen ist. Jedoch wird das bei sonstigen Verträgen vor Umsetzung der FernAbsRL herrschende und durch die Art der Informationspflichten geprägte Niveau des Verbraucherschutzes deutlich überschritten.

II. Widerrufs- und Rückgaberecht

Bevor die FernAbsRL in Deutschland umgesetzt wurde, gab es keine gesetzlich geregelten Widerrufsrechte für Rechtsgeschäfte, die zwischen Verbraucher und Unternehmer im Fernabsatz geschlossen wurden. Die Versandhandelsunternehmen[335] räumten ihren Kunden zwar in den AGB üblicherweise ein 14- oder sogar 30-tägiges Widerrufsrecht ein und auch im Teleshopping war ein freiwillig eingeräumtes Widerrufsrecht die Regel.[336] Eine gesetzliche Verpflichtung hierzu bestand jedoch nicht, der Verbraucher war insoweit auf das Entgegenkommen des Unternehmers angewiesen.

1. Widerrufsrecht nach § 1 Abs. 1 HWiG

Gleichwohl wurde die Schutzbedürftigkeit des Verbrauchers im Direktvertrieb von einigen erkannt. Aus diesem Grund wurde im Zuge der Umsetzung der

---

[335] vgl. *Freund*, in FS Horn, S. 228, 237; *Köhler*, NJW 1998, S. 186, 188; *Micklitz*, in Micklitz/Reich, Die FernAbsRL im deutschen Recht, Rn. 91; *Schildt*, JR 1995, S. 94; *Waldenberger*, BB 1996, S. 2370; *Wellens*, S. 25.

[336] vgl. *Eckert*, DB 1994, S. 917, 922.

HWiRL diskutiert, das Widerrufsrecht bei Haustürgeschäften auf neuere Kommunikationsmittel auszudehnen.[337] Dieser Vorschlag wurde jedoch im weiteren Gesetzgebungsverfahren abgelehnt, da die damalige christlich-liberale Regierungskoalition der Auffassung war, dass der Verbraucher bei Fernabsatzverträgen, die per Telefon geschlossen werden[338], nicht im selben Maße schutzbedürftig sei wie bei Haustürgeschäften.[339] Verträge, die im Fernabsatz, insbesondere per Telefon, geschlossen worden sind, sollten also nicht nach der Maßgabe des HWiG widerrufen werden können. Dieser deutlich geäußerte Wille des Gesetzgebers führte jedoch nicht dazu, dass die Diskussion über ein Widerrufsrecht bei Fernabsatzverträgen verstummt wäre. Sowohl für das Telemarketing als auch für das Teleshopping wurde heftig diskutiert, ob dem Verbraucher bei diesen Geschäftspraktiken ein Widerrufsrecht nach § 1 Abs. 1 HWiG zustehen sollte.

a) Telemarketing

Beim Telemarketing wird der Verbraucher vom Unternehmer angerufen und in ein Verkaufsgespräch verwickelt. Der Vertragsabschluss selbst erfolgt dann entweder ebenfalls per Telefon oder unter Zuhilfenahme sonstiger Fernkommunikationsmittel, wie z.B. der Briefpost.[340] Für diese Art des Direktvertriebes sollte nach dem deutlichen Willen des Gesetzgebers das Widerrufsrecht des § 1 Abs. 1 HWiG nicht gelten.[341]. Diese Position fand Unterstützung beim überwiegenden Teil des Schrifttums.[342] Im Unterschied zu Fernabsatzverträgen gehe bei Haustürgeschäften die Initiative zum Vertragsschluss nicht vom Verbraucher aus. Der Verbraucher sei aber weniger schutzbedürftig, wenn die Initiative zum Vertragsschluss von ihm ausgehe, so dass eine analoge Anwendung bereits deshalb ausscheide. Im Übrigen sei die Gesamtkonstellation des Verbrauchers bei

---

[337] so der sozialdemokratische Entwurf eines Haustürwiderrufsgesetzes, BT-Drucks 10/584, S. 5.

[338] Gemeint ist hierbei das sogenannte „Telemarketing“, bei dem der Kunde den Vertrag allein aufgrund des telefonischen Kontakts zum Unternehmer abschließt.

[339] RegE eines Gesetzes über den Widerruf von Haustürgeschäften und ähnlichen Geschäften, BT-Drucks 10/2876, S. 11: *„Bei Telefongesprächen ist die Einflussnahme auf den Kunden regelmäßig weniger intensiv als bei persönlicher Anwesenheit des Gewerbetreibenden oder seines Vertreters.“*

[340] Denkbar ist auch, dass sich der Verbraucher aufgrund des Telefonates zu einem weiteren Gespräch in die Verkaufsräume des Unternehmers begibt. In einem solchen Fall liegt jedoch keine Fernabsatzvertrag im Sinne von Art. 2 Nr. 1 FernAbsRL vor, da für den Vertragsschluss nicht ausschließlich Fernkommunikationsmittel verwendet wurden, vgl. hierzu oben S. 16 f.

[341] RegE HWiG BT-Drucks 10/2876, S. 11.

[342] *Bennemann*, JR 1986, S. 361; *Goller*, GewA 1986, S. 75; *Klauss/Ose* § 1 HWiG Rn 98; *Knauth*, WM 1987, S: 528 f.; *Köhler*, Rechtsgeschäfte mittels Bildschirmtext, S. 66 f.; *Lachmann*, NJW 1984, S. 405; *Löwe* BB 1986, S. 821, 925; *Paefgen*, S. 21 ff; Palandt/*Putzo* 57. Auflage § 1 HWiG Rn. 7; Soergel/*Wolf* § 1 HWiG Rn. 13; *Werner-Machunsky* § 1 Rn. 73, 134.

Fernabsatzgeschäften deutlich ungünstiger als bei Haustürgeschäften. Bei einem Fernabsatzgeschäft, welches nach damaligem Verständnis vor allem über das Telefon geschlossen werden sollte, sei es dem Verbraucher ein leichtes, die Kommunikation mit dem Unternehmer zu beenden, indem das Telefonat beendet wird. Hierzu müsse eine geringere Hemmschwelle als bei Haustürgeschäften überschritten werden, da der Verbraucher hier unmittelbar mit dem Unternehmer konfrontiert werde und sich dessen geschulter Argumentation häufig nur schwer widersetzen könne.[343] Auch der BGH schloss sich dieser Meinung an und lehnte die Ausdehnung des § 1 Abs. 1 HWiG auf Verträge, die per Telefon abgeschlossen werden, ab.[344] Trotz des eindeutigen Willens des Gesetzgebers blieb diese Auffassung nicht unwidersprochen. Die Anwendbarkeit von § 1 Abs. 1 HWiG wurde vor allem damit begründet, dass das mündliche Ansprechen des Kunden an dessen Arbeitsplatz oder in seiner Privatwohnung, in § 1 Abs. 1 HWiG als Voraussetzung genannt, bei einer erfolgreichen Telefonwerbung der anderen Partei vorliege.[345] Denn das Telefongespräch werde vom Verbraucher an einem der genannten Orte geführt. Auch sei eine geringere Schutzbedürftigkeit des Verbrauchers bei Verträgen, die per Telefon geschlossen werden, nicht zu erkennen. Der Verbraucher sei in diesem Fall der Überrumpelung und der Überredungskunst des Unternehmers ebenso ausgeliefert wie an der Haustüre.[346] Rückblickend spricht viel dafür, dass der Verbraucher bei Telefongesprächen ebenso schutzbedürftig ist wie bei dem unmittelbaren Kontakt zum Unternehmer an der Haustür. Ein Widerrufsrecht nach § 1 Abs. 1 Nr. 1 HWiG wäre somit auch beim Vertragsschluss per Telefon angemessen gewesen. Nicht besonders überzeugend ist in diesem Zusammenhang das Argument des BGH, dem Verbraucher sei es leichter, ein Telefongespräch (durch Auflegen) zu beenden als einen Vertreter wieder loszuwerden.[347] Geschulte Mitarbeiter des Unternehmers sind auch bei Telefongesprächen in der Lage, den Verbraucher durch gezielte Rückfragen so unter Druck zu setzen, dass dieser das Gespräch nicht beenden wird. Im Übrigen hat die weitere Entwicklung des Verbraucherschutzes auf europäischer und nationaler Ebene gezeigt, dass der Gesetzgeber des HWiG mit seiner Einschätzung, der Verbraucher sei bei telefonischen Vertragsschlüssen weniger schutzbedürftig als bei Haustürgeschäften, fehl gelegen hat. Der europäische Gesetzgeber hielt eine gemeinschaftsrechtliche Regelung von Fernabsatzgeschäften u.a. für nötig, weil der Verbraucher bei der Verwendung von Fernkommunikationsmit-

---

[343] vgl. *Paefgen*, S. 24.

[344] BGH, NJW 1996, S. 929, 930.

[345] vgl. Erman/*Saenger* (2000) § 1 HTWiG Rn. 13; *Gilles*, NJW 1988, S. 2424; *Klingsporn*, NJW 1997, S. 1546 ff; MünchKomm/*Ulmer* 3. Aufl. § 1 HWiG Rn. 36; Staudinger/*Werner* (2001) § 1 HWiG Rn. 75.

[346] vgl. hierzu eingehend Staudinger/*Werner* (2001) § 1 HWiG Rn. 75.

[347] BGH NJW 1996, S. 929, 930.

teln wie dem Telefon gegenüber dem normalen Vertragsschluss im stationären Handel benachteiligt sei.[348]

b) Teleshopping

Das Teleshopping ist zu Beginn der 80er Jahre auch in Deutschland immer populärer geworden. Beim Teleshopping wird im Privatfernsehen eine Verkaufssendung gezeigt. Hierbei handelt es sich in der Regel um eine Werbesendung von Versandhandelsunternehmen, bei der Produkte oder Dienstleistungen präsentiert werden. Der Verbraucher kann die Waren oder Dienstleistungen erwerben, indem er eine während der Sendung eingeblendete Nummer anwählt und dort sein Angebot zum Abschluss eines Kauf- oder Dienstleistungsvertrages abgibt.[349] Die Anwendbarkeit von § 1 Abs. 1 Nr. 1 HWiG auf das Teleshopping war ähnlich umstritten wie beim Telemarketing. So wurde von einigen vertreten, dass § 1 Abs. 1 Nr. 1 HWiG bei Vertragsschlüssen über das Telefon analog anzuwenden sei.[350] Der Verbraucher werde bei der Nutzung neuerer Kommunikationstechniken beträchtlichen Risiken ausgesetzt, die durch besondere Schutzinstrumente auszugleichen seien. Insoweit könne man die Situation des Verbrauchers im Direktvertrieb mit der im Distanzvertrieb vergleichen. Auch im Distanzvertrieb bestehe die Gefahr, dass sich der Verbraucher zu übereilten Vertragsschlüssen hinreißen lasse, bei denen er aufgrund der Zeitnot nicht hinreichend überlegen oder einen Preisvergleich anstellen könne. Da der Gesetzgeber die Möglichkeit, unmittelbar im Anschluss an eine Fernsehpräsentation per Telefon Waren zu bestellen und sich dadurch in einen unüberlegten Vertragsschluss zu stürzen, nicht gesehen habe, liege eine planwidrige Regelungslücke vor, die im Wege der analogen Anwendung des Widerrufsrechts aus § 1 HWiG a.F. auf Verträge, die unter Zuhilfenahme von Fernkommunikationsmitteln zustande gekommen sind, zu schließen sei.[351] Diese Argumentation wurde von anderen angezweifelt.[352] Eine analoge Anwendung scheide vor allem aus, weil der Verbraucher beim Teleshopping typischerweise nicht in derselben Intensität beeinflusst werde wie in der Haustürsituation. Die Überrumpelungsgefahr sei dort

---

[348] vgl. hierzu ausführlich oben S. 2.

[349] vgl. hierzu näher *Bultmann/Rahn*, NJW 1988, S. 2432 ff.; *Hök*, MDR 1989, S. 769; *Huff*, VuR 1988, S. 306, 311; *Micklitz*, NJW 1990, S. 1569; MünchKomm/*Ulmer* 3. Aufl. § 1 HWiG § 1 Rn. 36 a.

[350] vgl. *Bultmann/Rahn*, NJW 1988, S. 2432, 2435; *Eckert*, DB 1994, S. 717, 721; Erman/*Saenger* (2000) § 1 HWiG Rn. 35; *Huff*, VuR 1988, S. 306, 311; *Kleier*, WRP 1983, S. 534; Staudinger/*Werner* (2001) § 1 HWiG Rn. 76.

[351] so ausdrücklich *Eckert*, DB 1994, S. 717, 721; *Bultmann/Rahn*, NJW 1988, S. 2342, 2346.

[352] *Fuchs* ZIP 2000, S. 1287; *Köhler*, Rechtsgeschäfte mittels Bildschirmtext, S. 66 f.; *Lachmann*, NJW 1984, S. 405; *Löwe* BB 1986, S: 821, 925; MünchKomm/*Ulmer* 3. Aufl. § 1 HWiG Rn. 36a; *Paefgen*, S. 21 ff.; *Werner/Machunsky* § 1 Rn. 73, 134.

deutlich größer.[353] In einer Rückschau und unter Beachtung der weiteren Entwicklung des Verbraucherschutzrechts finden sich auch hier bessere Argumente dafür, eine analoge Anwendung zu rechtfertigen. Einerseits sind die Möglichkeiten des Unternehmers, den Verbraucher durch aufwändig gestaltete Werbesendungen zu manipulieren, ähnlich groß wie bei spektakulären Verkaufsprospekten. Der Verbraucher hat nicht die Möglichkeit, die tatsächliche Beschaffenheit der angebotenen Waren oder Dienstleistungen zu überprüfen, sondern ist insoweit auf die – gegebenenfalls irreführenden – Angaben des Unternehmers angewiesen. Außerdem wird er in besonderer Weise bei seiner Entscheidungsfindung unter Druck gesetzt, da die Werbesendung zeitlich begrenzt ist. Auch vor der Werbesendung bleibt dem Verbraucher nur wenig Zeit dazu, sich eine Meinung über den Vertragsschluss zu bilden, da ihm die Ware oder Dienstleistung erst durch die Werbesendung bekannt geworden ist. Im Übrigen bleibt ihm auch ansonsten kaum Zeit, seine Entscheidung zu überdenken, da er die gewünschte Sendung nach der Werbeunterbrechung weiter sehen möchte.[354] Nach heutigem Verständnis kann kein Zweifel mehr daran bestehen, dass der Verbraucher auch beim Teleshopping schutzbedürftig ist. Als Fernabsatzvertrag genießt das Teleshopping alle Privilegien, die das Verbraucherschutzrecht zu bieten hat. Aus heutiger Sicht erscheint die Schutzbedürftigkeit des Verbrauchers evident, so dass vieles dafür spricht, dass bei der Diskussion über die analoge Anwendung von § 1 Abs. 1 HWiG diejenigen richtig lagen, die eine Anwendbarkeit auf das Teleshopping befürworteten.

2. Widerrufsrechte nach anderen Verbraucherschutzgesetzen

Das Widerrufsrecht ist eines der klassischen Instrumente des europäischen Verbraucherschutzes und findet sich in den meisten Richtlinien, die sich den Verbraucherschutz auf die Fahnen geschrieben haben, wieder. Sofern diese Richtlinien bereits in nationales Recht umgesetzt worden sind, stand dem Verbraucher bei Fernabsatzverträgen schon vor Umsetzung der FernAbsRL ein Widerrufsrecht zu. Wenn die in solchen Richtlinien geregelten Verträge auch im Fernabsatz geschlossen werden konnten, war der Verbraucher auch schon vor Umsetzung der FernAbsRL hinreichend geschützt. Das war etwa bei § 5 des TzWrG der Fall, der auf Art. 5 der Time-Sharing-Richtlinie[355] zurückgeht und dem Verbraucher ein Widerrufsrecht bei Verträgen über die Teilnutzung von

---

[353] so *Löwe* BB 1986, S. 821, 825; MünchKomm/*Ulmer* 3. Aufl. § 1 HWiG Rn. 36a; Palandt-*Putzo* 55. Aufl. § 1 HWiG Rn. 7; *Werner/Machunsky* § 1 HWiG Rn. 74, 134.

[354] so bereits Staudinger/*Werner* (2001) § 1 HWiG Rn. 76.

[355] Richtlinie 94/47 zum Schutz der Erwerber im Hinblick auf bestimmte Aspekte von Verträgen über den Erwerb von Teilzeitnutzungsrechten an Immobilien, ABlEG Nr. L 280 v. 29.10.1994, S. 83, zu den Auswirkungen der FernAbsRL in diesem Bereich *Neises*, NZM 2000, S. 1033.

Wohngebäuden gewährt. In anderen Fällen schützte das nationale Recht den Verbraucher auch ohne europäische Vorgabe auf einem hohen Niveau. Ein Beispiel hierfür ist § 4 FernUSG, wonach dem Verbraucher bei Verträgen über die entgeltliche Vermittlung von Kenntnissen oder Fähigkeiten, bei denen Lehrender und Lernender zumindest teilweise räumlich getrennt sind, ein Widerrufsrecht zusteht. Für den Verbraucher sind die Voraussetzungen, unter denen er von dem Widerrufsrecht aus § 4 FernUSG Gebrauch machen kann, sogar günstiger als bei dem Widerrufsrecht nach der FernAbsRL der Fall ist. Im Unterschied zu dem Widerrufsrecht nach Art. 6 FernAbsRL, das binnen 7 Werktagen ausgeübt werden muss, kann der Verbraucher bei einem Fernunterrichtsvertrag unter Umständen noch nach 6 Monaten widerrufen. Auch bei Verbraucherkreditverträgen stand dem Verbraucher nach § 7 Abs. 1 VerbrKrG ein Widerrufsrecht zu, in § 8 Abs. 2 enthält das Gesetz sogar eine Sondervorschrift für den Versandhandel. Zu beachten ist jedoch, dass solche Verträge nach Art. 3 Abs. 1 erster Spiegelstrich FernAbsRL vom Anwendungsbereich der FernAbsRL grundsätzlich ausgeschlossen sind.

III. Vertragsschluss und Vertragserfüllung

In der FernAbsRL werden die Voraussetzungen für den Vertragsschluss selbst nicht neu geregelt, insbesondere bleiben die mitgliedstaatlichen Vorgaben über das Zustandekommen eines Vertrages unberührt.[356] Die Richtlinie beschäftigt sich aber mit den Modalitäten des Vertragsschlusses und enthält in Art. 7 FernAbsRL weitreichende Vorgaben für die Vertragserfüllung.

1) Modalitäten des Vertragsschlusses

Der Verbraucher erhält in Art. 4 Abs. 1 FernAbsRL die Möglichkeit, „jeden Vertragsabschluss" zu widerrufen. Es muss also ein Vertrag geschlossen sein, bevor der Verbraucher von seinem Widerrufsrecht Gebrauch machen kann. Nach deutschem Recht gilt gemäß §§ 145 ff. BGB ein Vertrag mit den Annahme des Vertragsangebots als geschlossen. Der Anbietende ist an sein Angebot hierbei gemäß § 145 BGB gebunden, wenn es dem Vertragspartner zugegangen ist. Zuvor kann das Angebot frei widerrufen werden. Bei Fernabsatzgeschäften – also im E-Commerce, Versandhandel, Teleshopping u.ä. – stammt das Angebot zum Vertragsschluss vom Verbraucher, die Internetseite oder der Versandkatalog des Unternehmers ist als *invitatio ad offerendum,* also als Einladung zur Abgabe eines Angebotes, zu sehen.[357] Der Verbraucher kann daher sein Angebot,

---

[356] siehe hierzu oben S. 26.

[357] vgl. *Bodenstedt*, MMR 2004, S. 719; *Dörner*, AcP 202 (2002), S. 363, 377; *Ernst*, Vertragsgestaltung im Internet, Rn. 11; MünchKomm/*Säcker* Einl. Rn. 176; Palandt/*Heinrichs* § 312 b Rn. 4 m.w.N.

ohne das fernabsatzrechtliche Widerrufsrecht bemühen zu müssen, zurücknehmen, bis das Angebot dem Unternehmer zugegangen ist. Zwar hat die Rücknahme des Angebotes gegenüber dem Widerruf der Vertragserklärung keine Vorteile. Auch im Fernabsatzrecht entstehen dem Verbraucher abgesehen von den unmittelbaren Kosten der Rücksendung keine weiteren Nachteile, vgl. Art. 6 Abs. 1 Satz 2 FernAbsRL. Da jedoch durch die FernAbsRL der Zeitpunkt, bis zu dem sich der Verbraucher ohne weitere Begründung von seiner Willenserklärung lösen kann, beträchtlich nach hinten geschoben wird, ändert sich für den Verbraucher durch die FernAbsRL die Rechtslage. Deshalb soll im Folgenden dargestellt werden, wann nach deutschem Recht vor Umsetzung der FernAbsRL eine Willenserklärung als zugegangen galt und damit für den Verbraucher eine Rücknahme nicht mehr möglich war. Hierbei muss entsprechend den Vorgaben des Gesetzes zwischen einem Vertragsschluss unter Anwesenden und dem Vertragsschluss unter Abwesenden unterschieden werden.

Der Vertragsschluss unter Anwesenden spielt bei Fernabsatzverträgen nur insoweit eine Rolle, als gemäß § 147 Abs. 1 Satz 2 BGB a.F. eine am Telefon abgegebene Willenserklärung als Erklärung unter Anwesenden gilt. Daraus folgt, dass bei telefonisch geschlossenen Verträgen der Unternehmer das Angebot des Verbrauchers gemäß § 147 Abs. 1 Satz 1 BGB sofort annehmen muss, andernfalls erlischt das Angebot. Ein telefonisch abgegebener Antrag gilt nur dann als unter Anwesenden abgegeben, wenn die Person, mit der der Verbraucher spricht, den Antrag auch wirksam annehmen kann. Der Verbraucher muss also mit dem Unternehmer selbst oder mit dessen Stellvertreter sprechen.[358] Zu beachten ist freilich, dass § 147 Abs. 1 Satz 2 BGB erst durch das Gesetz zur Anpassung der Formvorschriften des Privatrechts und anderer Vorschriften an den modernen Rechtsgeschäftsverkehr[359] im Jahre 2001, also nach Umsetzung der FernAbsRL, geändert wurde. Seitdem heißt es in der Vorschrift, dass § 147 Abs. 1 Satz 1 BGB auch für mittels Fernsprechers oder *einer sonstigen technischen Einrichtung* gemachten Anträge gilt. Hierdurch wurde die Vorschrift an den modernen Geschäftsverkehr angepasst und die Anpassung an die Entwicklung im Bereich moderner Kommunikationsmittel ermöglicht. Zuvor ist die Vorschrift recht eng ausgelegt worden. Ein mittels Telefax abgegebener Antrag galt ebenso als Antrag unter Abwesenden[360] wie ein mittels Btx gemachter Antrag.[361]

---

[358] vgl. MünchKomm/*Kramer* 3. Aufl. § 147 BGB Rn. 3; Soergel/*Wolf*, 12. Aufl. § 147 Rn. 3.

[359] § 147 Abs. 1 Satz 2 BGB wurde durch Art. 1 dieses Gesetzes vom 13.07.2001 geändert, BGBl. I S. 1542.

[360] vgl. hierzu *Greulich*, BB 1954, S. 491, 492; MünchKomm/*Kramer* 3. Aufl. § 147 Rn. 3; Soergel/*Wolf*, 12. Aufl. § 147 Rn. 3.

[361] Das war freilich umstritten. Nach Auffassung des OLG Köln, CR 1889, S. 323, 325 fällt die Btx-Kommunikation unter den Vertragsschluss unter Abwesenden; zustimmend *Redeker*, NJW 1984, S. 2931, 2934; unter Aufgabe seiner früheren gegenteiligen Auffassung auch

Hieraus lässt sich schließen, dass vor Umsetzung der FernAbsRL Erklärungen, die mittels Fernkommunikationsmittel zum Zwecke eines Vertragsschlusses abgegeben wurden, nur dann unter die Regelung des § 147 Abs. 1 Satz 1 BGB a.F. fielen, wenn ein Telefon zur Übermittlung der Willenserklärung genutzt wurde. In allen anderen Fällen wurden die Erklärungen unter Abwesenden abgegeben, so dass die für den Verbraucher günstigere Regelung des § 147 Abs. 2 BGB einschlägig war. Bei Vertragsschlüssen über das Telefon dagegen konnte der Verbraucher sein Angebot nicht widerrufen. Es ging dem Unternehmer bzw. dessen Vertreter sofort zu und wurde damit für den Verbraucher bindend, § 145 BGB. Damit brachte die FernAbsRL für den Verbraucher bei telefonischen Vertragsabschlüssen enorme Vorteile. Vorher war der Verbraucher bei der Rückgängigmachung der Verträge auf ein Gewährleistungsrecht o.ä. angewiesen.
Der Fernabsatz ist geprägt vom Vertragsschluss unter Abwesenden. Hierfür bestimmt § 130 Abs. 1 BGB, dass die Willenserklärung wirksam wird, wenn sie dem Adressaten zugegangen ist. Die Willenserklärung wird dagegen nicht wirksam, wenn dem Adressaten vorher oder gleichzeitig ein Widerruf zugeht, § 130 Abs. 1 Satz 2 BGB.[362] Für den Verbraucher, der bei einem Fernabsatzgeschäft eine Willenserklärung abgegeben hatte, bedeutete dies, dass er ohne Rücksicht auf Gewährleistungsrechte oder Anfechtungsgründe seine Willenserklärung widerrufen konnte, bis sie dem Unternehmer zugegangen war. Der Zugang beim Unternehmer ist nach der herkömmlichen Formel erfolgt, wenn ihm die Kenntnisnahme möglich und nach den Umständen zu erwarten ist.[363] Neben dieser allgemeinen Definition kommt es freilich vor allem auf die konkreten Umstände des Einzelfalles an. Diese werden bei Fernabsatzverträgen insbesondere durch die Art des eingesetzten Fernkommunikationsmittels bestimmt. Da der Vertragsschluss per Telefon gemäß § 147 Abs. 1 Satz 2 BGB als Vertragsschluss unter Anwesenden gilt, kommen als Fernkommunikationsmittel, die für den Vertragsschluss unter Abwesenden eingesetzt werden, vor allem Postsendungen, Telefaxe und E-Mails in Betracht. Bei diesen Medien haben Rechtsprechung und Lehre Indizien entwickelt, die für einen Zugang beim Empfänger sprechen.

Brinkmann, ZUM 1985, S. 337, 339; a.A. *Borsum/Hoffmeister*, BB 1983, S. 1441, 1443; *Köhler*, in: *Hübner* (Hrsg.), Rechtsprobleme des Bildschirmtextes, S. 5 ff; *Micklitz*, in: *Micklitz/Reich*, Die FernAbsRL im deutschen Recht, Rn. 79.

[362] Das BGB hat sich damit für die schon bei seiner Entstehung herrschende Empfangstheorie entschieden, vgl. *Maas*, Vertragsschluss auf elektrischem Wege, S. 62 ff.; *Schott*, Der obligatorische Vertrag unter Abwesenden, S. 45 ff.; sowie die Übersicht über den Streitstand bei *Enneccerus-Nipperdey* AT § 158 II A.

[363] So bereits RGZ 99, S. 20, 23: „*Zugegangen ist eine Erklärung dann, wenn der Empfänger sich unter normalen Verhältnissen die Kenntnis von dem Inhalte der Erklärung verschaffen kann und nach den Gepflogenheiten des Rechtsverkehrs von ihm zu erwarten ist, dass er die Kenntnis sich tatsächlich verschafft.*“ später dann auch BGH NJW 1980, S. 988, 990; vgl. auch ausführlich *Larenz/Wolf* § 26 Rn. 15 ff.

Briefe gehen dem Empfänger grundsätzlich mit der Aushändigung zu.[364] Wird der Brief in den Briefkasten des Unternehmers eingeworfen, gilt er als zugegangen, wenn nach der allgemeinen Verkehrsanschauung mit der nächsten Entnahme zu rechnen ist.[365] Hierbei gibt es keine Regel, dass mit einer Briefkastenleerung nur vormittags zu rechnen ist. Vielmehr gilt ein Brief in der Regel als noch am selben Tag zugegangen, wenn er bis 18:00 Uhr eingeworfen wird.[366] Geht der Brief später, insbesondere außerhalb der Geschäftszeiten zu, erfolgt der Zugang erst am nächsten Tag.[367] Diese Beispiele zeigen, dass dem Verbraucher zumindest eine realistische Möglichkeit blieb, seine Willenserklärung zu widerrufen, wenn der Fernabsatzvertrag unter Nutzung von Postsendungen geschlossen wurde. In der Regel blieben dem Verbraucher einige Stunden, unter Umständen sogar ein Tag, Zeit, um dem Unternehmer mitzuteilen, dass er das Vertragsangebot widerrufen möchte. Berücksichtigt man den Schutzzweck der FernAbsRL, ist hierdurch aber noch nicht viel gewonnen. Zwar bleibt dem Verbraucher eine kurze Zeitspanne, in der er etwas abkühlen und seine Entscheidung über den Vertragsschluss überdenken kann. Allerdings hat er nicht die Möglichkeit gehabt, den Vertragsgegenstand einer näheren Prüfung zu unterziehen. Sollte dieser nicht seinen Vorstellungen entsprechen, mussten besondere Voraussetzungen, wie z.B. ein Anfechtungsgrund, vorliegen, damit er sich von dem Vertrag noch lösen kann.

Gibt der Verbraucher sein Angebot per Telefax ab, bleibt ihm weniger Zeit, diese Willenserklärung nach § 130 Abs. 1 Satz 2 BGB zu widerrufen. Denn Willenserklärungen, die durch ein Telefax abgegeben werden, gehen dem Empfänger bereits mit dem wirksamen Ausdruck der Fernkopie bei ihm zu.[368] Gegenüber der Abgabe einer Willenserklärung auf dem Postwege hat der Verbraucher faktisch keine Möglichkeit, sich gemäß § 130 Abs. 1 Satz 2 BGB von seiner Erklärung zu lösen. Theoretisch hätte er zwar die Chance, den Unternehmer anzurufen, während das Telefax gesendet wird, und seine Erklärung zu widerrufen. Das liegt aber wohl außerhalb des Vorstellbaren. Denn die Zeit, die vergeht, während ein Telefax gesendet wird, ist zumindest bei Willenserklärungen, die auf eine DIN-A 4 Seite passen, zu gering, als dass der Verbraucher in der Zwischenzeit die Gelegenheit gehabt hätte, seinen Entschluss zu überdenken.

---

[364] vgl. MünchKomm/*Fröschler* 3. Aufl. § 130 BGB Rn. 12 m.w.N.

[365] Ermann/*Hafermehl* § 130 Rn. 8; MünchKomm/*Fröschler* a.a.O.; Palandt/*Heinrichs* § 130 Rn. 6;.

[366] Das ist freilich heftig umstritten; dafür: BayVerfGH NJW 1993, S. 517, 518; Palandt/*Heinrichs* § 130 BGB Rn. 6; dagegen: BAG, NJW 1984, S. 1651, 1652; OLG Hamm, NJW-RR 1005, S. 1187, 1188.

[367] BAG, NJW 1984, S. 1651; vgl. umfassend zum Zugang von Postsendungen *Behn*, AcP 178 (1978) S. 505 ff.

[368] BGH NJW 1995, S. 665, 667; zustimmend Palandt/*Heinrichs* § 130 Rn. 7; kritisch hierzu *Burgard*, BB 1995, S. 922.

Auch vor Umsetzung der FernAbsRL waren E-Mails im Geschäftsverkehr nichts Unbekanntes. Gibt der Verbraucher sein Angebot zur normalen Geschäftszeit mittels einer E-Mail ab, geht diese dem Unternehmer zu, sowie sie in dessen Mailbox gespeichert ist.[369] Wird das Angebot dagegen zu Unzeiten oder am Wochenende abgegeben, geht die E-Mail erst mit Beginn der Geschäftszeit des nächsten Werktages zu.[370] Wie beim Telefax bleibt dem Verbraucher auch hier kaum eine Möglichkeit, seine Willenserklärung nach § 130 Abs. 1 Satz 2 zu widerrufen. Die hierfür verbleibende Zeit ist zu knapp, um die einmal getroffene Entscheidung gründlich überdenken zu können.

2) Vertragserfüllung

Im BGB selbst sind Vorschriften über die Vertragsdurchführung kaum zu finden. Stattdessen bestimmen die Parteien selbst, wie ihr Vertrag erfüllt werden soll. Das geschieht durch individuelle Vereinbarungen oder durch AGB. Die FernAbsRL enthält dagegen in Art. 7 eine umfangreiche Regelung über die Erfüllung des Vertrages.[371] Insbesondere finden sich dort Vorgaben über die Leistungszeit, die Rückzahlungsverpflichtung des Unternehmers und die Möglichkeit, eine gleichwertige Alternativleistung zu vereinbaren.

a) Leistungszeit

Das deutsche Recht überlässt es grundsätzlich den Parteien, eine Leistungszeit zu vereinbaren. Nur wenn eine solche Abrede fehlt und sie darüber hinaus den Umständen auch nicht zu entnehmen ist, sieht § 271 Abs. 1 BGB vor, dass die Leistung „sofort" zu erbringen ist.

Die vertragliche Vereinbarung der Leistungszeit erfolgte in der Regel durch AGB. Eine solche Klausel musste freilich die Inhaltskontrolle nach § 10 Nr. 1 AGBG überstehen. Nach dieser Bestimmung sind Klauseln in AGB unwirksam, durch die sich der Verwender unangemessen lange oder nicht hinreichend bestimmte Fristen für die Erbringung einer Leistung vorbehält. Ob eine Leistungsfrist unangemessen lang war, musste aufgrund einer Interessenabwägung entschieden werden. Hierbei war das Interesse des Schuldners der Sachleistung an der Verlängerung der Lieferfrist dem Interesse des Vertragspartners an der raschen Leistungserbringung gegenüberzustellen.[372] Da bei der Zulässigkeitsprü-

---

[369] vgl. *Bodenstedt*, MMR 2004, S. 719, 723; *Ultsch*, NJW 1997, S. 3007, 3009; *Vehslage*, DB 2000, S. 1801, 1803.
[370] vgl. *Bodenstedt*, MMR 2004, S. 719, 723.
[371] vgl. hierzu ausführlich oben S. 43 ff..
[372] Wolf/Horn/Lindacher-*Wolf* 4. Aufl. § 10 Rn. 29; entscheidend ist das objektive Interesse der Vertragspartei und nicht etwa deren berechtigte Erwartungen.

fung für jede Klausel die widerstreitenden Interessen gegeneinander abzuwiegen sind, hilft eine allgemeine Definition des Unangemessenheitsbegriffs nicht weiter. Vielmehr ist jeder Einzelfall einer wertenden Betrachtung zu unterziehen. In der Rechtsprechung hat sich ein Kanon herausgebildet, der zumindest Anhaltspunkte für das Ergebnis der im Einzelfall erforderlichen Abwägung liefert. So ist eine Verlängerungsfrist von 6 Wochen im Anschluss an eine unverbindliche Lieferfrist beim Neuwagenkauf nicht unangemessen lang.[373] Dagegen ist eine Klausel über eine Verlängerungsfrist von drei Monaten im Anschluss an einen als Liefertermin, von dem es in den AGB des Unternehmers heißt, dieser gelte nur „annähernd", beim Möbelkauf unwirksam.[374] Ebenso unwirksam ist eine Klausel, die bei nicht zu vertretenden Störungen dem Möbelkäufer ein Rücktrittsrecht generell erst sechs Wochen nach der vereinbarten Lieferfrist einräumt, ohne nach der Länge der ursprünglich vereinbarten Lieferzeit zu differenzieren.[375] Klauseln über die Leistungszeit sind nach § 10 Nr. 1 AGBG des Weiteren unwirksam, wenn die Leistungsfrist nicht hinreichend bestimmt ist. Das ist der Fall, wenn sie für den Vertragspartner nicht berechenbar ist und er sie auch nicht selbst herbeiführen oder beeinflussen kann.[376] Als Beispiele für nicht hinreichend bestimmte Klauseln werden Formulierungen wie „Lieferung nach Herstellung der Ware", „Lieferung so schnell wie möglich" oder „gewerblich übliche Lieferfristen" genannt.[377] Auch wenn die unbestimmten Rechtsbegriffe des § 10 Nr. 1 AGBG durch eine Vielzahl gerichtlicher Entscheidungen illustriert werden, ist eine konkrete Befristung der Leistungszeit, wie sie Art. 7 Abs. 1 FernAbsRL zu entnehmen ist, dem deutschen Recht unbekannt.

Fehlt zwischen den Parteien eine Vereinbarung über die Leistungszeit und ist sie auch nicht durch gesetzliche Sondervorschriften, wie etwa §§ 604, 608 BGB, bestimmt, kann die Leistungszeit auch durch die Umstände des Vertrages festgelegt werden. Hierbei müssen die Natur des Schuldverhältnisses, die Verkehrssitte und die Beschaffenheit der Leistung berücksichtigt werden.[378] Auch hier ist die Entscheidung also an den jeweiligen Besonderheiten des Einzelfalles auszurichten. Bei einem Vertrag über die Lieferung einer maßgeschneiderten Software – der leicht mittels ausschließlicher Verwendung von Fernkommunikationsmitteln geschlossen werden kann – wird der Anspruch des Bestellers auf die Lieferung der zum Betrieb der Software erforderlichen Dokumentation erst fäl-

---

[373] BGH, NJW 1982, S. 331, 333.

[374] BGH, NJW 1984, S. 48.

[375] OLG Hamm, NJW-RR 1987, S. 311, 315.

[376] Wolf/Horn/Lindacher-*Wolf* 4. Aufl. § 10 Nr. 1 AGBG Rn. 46; vgl auch BGH, NJW 1985, S. 855, 856 sowie BGH, NJW 1989, S. 1602.

[377] vgl. Wolf/Horn/Lindacher-*Wolf* 4. Aufl. § 10 Nr. 1 AGBG Rn. 47 m.w.N.

[378] vgl. Palandt/*Heinrichs* § 271 Rn. 9; Staudinger/*Bittner* (2004) § 271 Rn. 14, jeweils m.w.N.

lig, wenn die Arbeiten des Unternehmers an der Software abgeschlossen sind.[379] Es ist dem Unternehmer nicht zumutbar, für jede Entwicklungsstufe des Programms ein neues Dokumentationshandbuch zu erstellen.[380] Bei einem Vertrag über Renovierungsarbeiten kann sich die Leistungszeit aus der Beschaffenheit des Materials ergeben. Tapezierarbeiten sind erst möglich, wenn die Mauern getrocknet sind.[381] Überlegungen über die Besonderheiten des Schuldverhältnisses, die die Leistungszeit gemäß § 271 Abs. 1 BGB mitbestimmen können, sind auch bei Fernabsatzverträgen anzustellen. Insoweit ergab sich vor Umsetzung der FernAbsRL kein Unterschied zwischen Verträgen, die unter ausschließlicher Verwendung von Fernkommunikationsmitteln abgeschlossen wurden, und herkömmlichen Verträgen.

Nur wenn es an einer vertraglichen Vereinbarung fehlt, keine Sondervorschriften existieren und die Leistungszeit sich auch nicht aus den Umständen bestimmen lässt, ist nach § 271 Abs. 1 BGB sofort zu leisten. Anders als der Begriff unverzüglich, der als „ohne schuldhaftes Zögern" definiert wird, richtet sich der Inhalt der sofortigen Leistungspflicht allein nach objektiven Kriterien.[382]

b) Rückzahlungsverpflichtung

Gemäß Art. 7 Abs. 2 FernAbsRL ist der Unternehmer verpflichtet, Vorauszahlungen des Verbrauchers binnen 30 Tagen zu erstatten, wenn die bestellte Ware oder Dienstleistung nicht verfügbar ist. Eine vergleichbare Regelung findet sich im deutschen Recht nicht. Kam der Unternehmer mit der Leistung in Verzug, war der Verbraucher zur Rückforderung seiner Zahlung gemäß §§ 327 Satz 1, 326 Abs. 1 Satz 2, 346 BGB a.F. darauf angewiesen, grundsätzlich zunächst eine erneute Frist zur Leistung zu setzen und diese mit der Ankündigung zu verbinden, die Leistung nach Ablauf der Frist abzulehnen.[383] Erst im Anschluss hieran konnte er sein Geld zurückverlangen. Der Verbraucherschutz wird durch die Vorgaben der FernAbsRL in dieser Hinsicht erheblich gestärkt.

---

[379] BGH, NJW 2001, S. 1718, 1719.

[380] BGH a.a.O., zustimmend Palandt/*Heinrichs* § 271 Rn. 9.

[381] vgl. hierzu und zu weiteren Beispielen Staudinger/*Bittner* (2004) § 271 Rn. 14.

[382] vgl. die Beispiele aus der Rechtsprechung: zur Lieferung von nicht vorrätigen Nutzfahrzeugen OLG München, NJW-RR 1992, S: 818, 820; zur Abrechnung von Erschließungsbeiträgen OVG Münster, NJW 1879, 1881; zum Kauf von Möbeln OLG Nürnberg, NJW 1981, S. 1104. Allgemein zum Begriff der „sofortigen Leistung": MünchKomm/*Krüger* § 271 Rn. 31 ff.; *Nastelski*, JuS 1962, S. 289 ff; *Rother*, AcP 164 (1964), S. 97.

[383] Viele Unternehmer nutzten diese Verdoppelung der Fristen dazu, eine verlängerte Erfüllungsfrist zu erlangen. Dem wirkte die Rechtsprechung entgegen, indem überlange Nachfristen in AGB gemäß § 10 Nr. 1 AGBG für unwirksam erklärt wurden, vgl. Wolf/Horn/Lindacher -*Wolf* 4. Auflage § 10 Nr. 1 AGBG Rn. 25 ff.

c) Gleichwertige Alternativleistung

Art. 7 Abs. 3 FernAbsRL sieht vor, dass der Unternehmer unter gewissen Voraussetzungen statt der vereinbarten Leistung eine qualitativ und preislich gleichwertige Leistung erbringen kann. Vor Umsetzung der FernAbsRL mussten sich solche Vereinbarungen, so sie im Wege von AGB getroffen wurden, an § 10 Nr. 4 AGBG messen lassen. Nach dieser Vorschrift sollten Klauseln unwirksam sein, in denen vereinbart wird, dass der Verwender das Recht hat, die versprochene Leistung zu ändern oder von ihr abzuweichen, es sei denn, dass die Änderung oder Abweichung unter Berücksichtigung der Interessen des Verwenders für den Vertragspartner zumutbar ist. Zu der Zumutbarkeit von Änderungsklauseln hat sich eine Rechtsprechung entwickelt, die Alternativleistungen nur unter deutlich engeren Voraussetzungen für zulässig erklärt, als es in Art. 7 Abs. 3 FernAbsRL vorgesehen ist. Änderungsvorbehalte waren zulässig, sofern sie nur geringfügige Änderungen vorsahen, die auch nach altem Gewährleistungsrecht, etwa gemäß § 459 Abs. 1 Satz 2 BGB a.F., unbeachtlich gewesen wären.[384] Auch Klauseln über handelsübliche Abweichungen sind zulässig, soweit sie durch das verwendete Material bedingt sind.[385] Ebenso sollten Klauseln über die Änderung an Naturprodukten, die wegen der Besonderheiten des verwendeten Materials nicht ohne weiteres beherrschbar sind, innerhalb einer Toleranzgrenze zulässig sein.[386] Aus diesen Beispielen wird deutlich, dass die Erbringung einer anderen als der geschuldeten Leistung nur in sehr engen Grenzen hingenommen wurde. Diese überschreitet Art. 7 Abs. 3 FernAbsRL bei weitem.[387]

IV. Wettbewerbsrechtliche Regelungen

Antworten auf die wettbewerbsrechtlichen Fragen, die von der FernAbsRL aufgeworfen werden, gab das deutsche Recht vor der Umsetzung vor allem im UWG. Zur Diskussion stehen hier insbesondere lauterkeitsrechtliche Probleme, die im Zusammenhang mit Zusendung unbestellter Waren oder der Erbringung

---

[384] Im Fall des OLG Hamm, NJW 1986, 2581, 2582 f. (n.rkr.), waren es geringfügige Farb-, Maß- oder Mengenabweichungen, dem Gericht zustimmend MünchKomm/*Basedow* 3. Aufl. § 10 Nr. 4 AGBG Rn. 48; Wolf/Horn/Lindacher-*Wolf* 4. Aufl. § 10 Nr. 4 Rn. 17 m.w.N.

[385] Diese Frage war freilich umstritten, bis der BGH, NJW 1987, S. 1886 entschieden hat, dass eine solche Klausel zulässig ist. Der Entscheidung lagen die AGB eines Möbelhauses zugrunde, in denen es hieß: *„Bei Kastenmöbeln bezieht sich die Holzbezeichnung auf die sichtbaren Frontflächen. Die Mitverwendung anderer Materialien ist handelsüblich und zulässig.“* Der Entscheidung des BGH wurde weitestgehend zugestimmt: MünchKomm/*Basedow* 3. Aufl. § 10 Nr. 4 AGBG Rn. 48; *Wolf*, EWiR 1987, S. 423, 424; Wolf/Horn/Lindacher-*Wolf* 4. Aufl. § 10 Nr. 4 Rn. 17; a.A. Palandt/*Heinrichs* 57. Aufl. § 10 AGBG Rn. 24.

[386] vgl. Wolf/Horn/Lindacher-*Wolf* 4. Aufl. § 10 Nr. 4 Rn. 17.

[387] vgl. hierzu im Einzelnen oben S. 44.

unbestellter Dienstleistungen auftreten. Außerdem geht es um Mechanismen, die den Schutz des Verbrauchers vor irreführenden und aggressiven Verkaufsmethoden bezwecken.

1957 entschied der BGH erstmals, dass die unbestellte Zusendung von Waren unzulässig ist und gegen § 1 UWG a.F. verstößt.[388] Diese Rechtsprechung wurde in den folgenden Jahrzehnten konkretisiert[389] und es wurden Ausnahmen gebildet[390], so dass eine recht detaillierte Judikatur zu diesem Problembereich entstand. Bereits vor Umsetzung der FernAbsRL war es nach deutschem Recht also grundsätzlich unzulässig, unbestellte Waren an Empfänger zu liefern und diese zur Bezahlung aufzufordern. Zu beachten bleibt, dass die Rechtsprechung nur für die Lieferung von Waren galt. Dagegen fehlte eine entsprechende Rechtsprechung zu der unerwünschten Erbringung von Dienstleistungen, etwa ungewollte Reparaturarbeiten. Art. 9 FernAbsRL will den Verbraucher auch hiervor schützen. Der Verbraucher wird über einen Vertragsschluss getäuscht, wenn ohne vorherige Bestellungen Dienstleistungen erbracht werden.[391] Hiergegen konnte er sich vor Umsetzung der FernAbsRL mit Hilfe der Anfechtung wegen arglistiger Täuschung gemäß §123 Abs. 1 BGB zur Wehr setzen.

Auch der Einsatz von Fernkommunikationsmitteln zur Vertragsanbahnung bzw. zu Marketingzwecken wurde vor Umsetzung der FernAbsRL durch die Generalklausel des § 1 UWG a.F. reguliert. Die Zulässigkeit richtete sich hierbei vor allem nach der Art des eingesetzten Fernkommunikationsmittels. Den geringsten Einschränkungen unterlag hierbei die Kontaktaufnahme per Briefpost. Hier galt das opt-out-Prinzip, die Versendung von Briefen an den Verbraucher war so

---

[388] BGH, GRUR 1959, S. 277, sog. *Künstlerpostkartenentscheidung*; in der Entscheidung ging es um die unbestellte Zusendung von Künstlerpostkarten, bei denen auf die Körperbehinderung der Schöpfer hingewiesen wurde. Der BGH vertrat die Auffassung, dass der Empfänger der unbestellten Ware durch den aufgezwungenen Besitz in eine Zwangslage versetzt und in seiner Entscheidungsfreiheit unzulässig beeinträchtigt werde.

[389] z.B. BGH, GRUR 1960, S. 382; BGH GRUR 1966, S. 47, wo es der BGH für wettbewerbswidrig hielt, in einem Gratisprospekt die Zusendung nicht ausdrücklich bestellter Waren gegen Nachnahme anzukündigen.

[390] Ausnahmsweise wurde die unbestellte Zusendung von Waren als zulässig angesehen, wenn im konkreten Fall eine Beeinflussung der Entscheidungsfreiheit des Kunden ausgeschlossen war. In der Künstlerpostkartenentscheidung nannte der BGH als Ausnahme die Konstellation, dass dem Empfänger ausdrücklich mitgeteilt wird, dass eine Zahlungs-, Aufbewahrungs- oder Rückgabepflicht der empfangenen Ware nicht besteht. Eine weitere Ausnahme machte der BGH, GRUR 1960, S. 384, 386 für den Fall, dass Empfänger und Versender in laufenden Geschäftsbeziehungen stehen, die eine solche Warenlieferung erwarten lassen.

[391] vgl. *Reich*, in: *Micklitz/Reich*, Die FernAbsRL im deutschen Recht, Rn. 151.

lange zulässig, wie dieser nicht widersprochen hatte.[392] In die Persönlichkeitsrechte des Verbrauchers wird in massiverer Form eingegriffen, wenn er vom Unternehmer in seiner Privatwohnung angerufen wird. Die Unterschiede zum Briefverkehr liegen auf der Hand. Bei Telefonaten ist der Verbraucher seinem Gesprächspartner unmittelbar ausgesetzt. Dagegen kann er Briefpost einfach ignorieren und wird nicht gezwungen, sie zur Kenntnis zu nehmen. Für unerbetene Telefonanrufe wurde deshalb die Messlatte etwas höher gelegt, es galt das opt-in-Prinzip. Der Verbraucher musste den Anrufen zuvor zugestimmt haben, damit der Unternehmer keine wettbewerbsrechtlichen Unterlassungsansprüche zu fürchten hatte.[393] Diese Rechtsprechung ist auch auf andere Telemarketingformen, insbesondere Telex-[394] und Btx-Marketing[395], übertragen worden. Auch die Telefaxwerbung wird nach den gleichen Kriterien behandelt, wenngleich die geringere Beeinträchtigung des Verbrauchers betont wird und im Einzelfall zu einer differenzierenden Betrachtungsweise führen mag.[396] E-Mails wurden vor Umsetzung der FernAbsRL noch nicht im heutigen Umfang versendet. Das erklärt auch, weshalb es zu diesem Zeitpunkt noch keine höchstrichterliche Rechtsprechung zur Zulässigkeit von E-Mail-Werbung gab und diese Frage höchst umstritten war.[397] Die Instanzgerichte neigten jedoch dazu, E-Mails in ihrer rechtlichen Bewertung dem Telefax anzunähern.

---

[392] Grundlegend die *Briefwerbungsentscheidung* des BGH, GRUR 1973, S. 552, 553. Der BGH vertrat hier die Auffassung, dass die Beeinträchtigung des Verbrauchers durch einen Brief unter Berücksichtigung der damaligen Lebensverhältnisse aus sozialbedingten Gründen grundsätzlich hinzunehmen sei. Widerspreche der Verbraucher jedoch der Werbung, so liege in der Missachtung dieser Willensäußerung eine Verletzung der Persönlichkeitsrechte des Verbrauchers, die nur dann nicht zur Unzulässigkeit der Werbung führe, wenn mit der Beachtung des Willens unverhältnismäßige Kosten verbunden seien.

[393] Grundlegend die Entscheidung *Telefonwerbung I*, BGH, GRUR 1970, S: 573, mit. Anm. *Droste*. Diese Entscheidung ist bis zum heutigen Tag der Maßstab für die rechtliche Bewertung von Telefonanrufen. Neben den bereits genannten Gründen streitet noch für ein opt-in-Prinzip, dass der Verbraucher sich mit dem Anschluss an das Telefonnetz nicht „der großen Welt“ öffnet, sondern auch weiterhin nur mit den Personen kommunizieren möchte, die er sich aussucht. In der weiteren Entwicklung hat diese Rechtsprechung einige Einschränkungen erfahren. So ist der gewerbliche Verbraucher nicht in gleichem Maße schutzbedürftig wie der Verbraucher, der seinen Telefonanschluss allein zu privaten Zwecken nutzt, BGH, GRUR 1991, 764, 765, m. Anm. *Klawitter*. Im Übrigen kann unter Umständen auch aus dem Bestehen eines Vertragsverhältnisses, insbesondere eines Dauerschuldverhältnisses auf das Einverständnis des Verbrauchers geschlossen werden, vgl. BGH, GRUR 1995, S. 220, 221. Zu weiteren Einzelheiten der Rechtslage vor Umsetzung der FernAbsRL vgl. *Baumbach/Hefermehl*, 19. Aufl. § 1 UWG Rn. 67, 68 m.w.N.

[394] BGH, GRUR 1973, S. 210.

[395] BGHZ 103, S. 203.

[396] BGH, NJW 1996, S. 660.

[397] vgl. nur *Dethloff*, NJW 1998, S. 1596, 1598; *Hoeren*, WRP 1997, S. 993, 995; *Leupold*, WRP 1998, S. 270, 273.

V. Rechtsdurchsetzung

In Art. 11 FernAbsRL finden sich detaillierte Regelungen zu klagebefugten Verbraucher- und Berufsverbänden. Seit der 1994er UWG-Novelle fand sich eine entsprechende Regelung in § 13 UWG a.F. Auch in dieser Vorschrift ist die Verbandsklagebefugnis für öffentliche Einrichtungen, gewerbliche Verbände und Verbraucherverbände vorgesehen. Allerdings schränkt § 13 UWG a.F. diese Ausnahmen vom Verbot der Popularklage weiter ein, als es in Art. 11 FernAbsRL vorgesehen ist.[398] Auch die Rechtsprechung war vor Umsetzung der FernAbsRL eher zurückhaltend damit, einem Verband, der nicht geltend machte, in eigenen Rechten verletzt zu sein, die Klagebefugnis zu gewähren.[399]

VI. Unabdingbarkeit

Da der Fernabsatzvertrag vor Umsetzung der FernAbsRL im deutschen Recht nicht speziell geregelt war, existierte auch kein Verbot, von den entsprechenden Vorschriften zuungunsten des Verbrauchers abzuweichen. Eine Unabdingbarkeitsklausel war jedoch in den meisten Verbraucherschutzgesetzen zu finden, so etwa in § 18 Satz 1 VerbrKrG oder in § 5 Abs. 1 HWiG.

VII. Internationale Verbraucherverträge

Art. 12 Abs. 2 FernAbsRL verpflichtet die Mitgliedstaaten, die Anwendung der Umsetzung der Richtlinie auch dann sicherzustellen, wenn der Vertrag dem Recht eines Drittstaates unterstellt wird, jedoch einen engen Zusammenhang mit dem Gemeinschaftsrecht aufweist. Im deutschen Recht war das Verbrauchervertrags-IPR vor allen Dingen in Art. 29 EGBGB geregelt. Diese Regelung genügt jedoch den Anforderungen von Art. 12 Abs. 2 FernAbsRL nicht. So ist der sachlichen Anwendungsbereich von Art. 219 EGBGB nicht kongruent zu dem der FernAbsRL. Darüber hinaus entsprechen die in Art. 29 EGBGB genannten Anknüpfungspunkte nicht den technischen Gegebenheiten der FernAbsRL.[400]

---

398 vgl. zu den Einschränkungen im Einzelnen *Baumbach/Hefermehl*, 20. Aufl. § 13 UWG Rn. 11 ff.

399 In der Entscheidung BGH, NJW-RR 1997, S. 801 etwa wurde dem Verband „Gut beraten – zu Hause gekauft“, der die Förderung der gewerblichen Interessen seiner Mitglieder bezweckt, die vor allem auf dem Gebiet des Direktvertriebes tätig sind, die Klagebefugnis verweigert, weil ihm nicht „eine erhebliche Zahl von Gewerbetreibenden angehört, die selbst klagebefugt wären.“

400 vgl. hierzu eingehend *Kronke*, RIW 1996, S. 985 m.w.N.

VIII. Fazit

Die Zeit war auch in Deutschland reif für eine gesetzliche Regelung des Fernabsatzrechts. Die allgemeinen vertragsrechtlichen Bestimmungen des BGB reichen nicht aus, um dem Vertragsschluss im Fernabsatz ein rechtliches Gerüst zu verleihen. Es war erforderlich, dem Schutzbedürfnis des Verbrauchers bei Fernabsatzgeschäften gerecht zu werden und ihm rechtliche Instrumente an die Hand zu geben, die dazu beitragen, dass er nicht mehr gegenüber dem Vertragsschluss im stationären Handel benachteiligt ist. Hierzu sind unternehmerische Informationspflichten nur bedingt geeignet, ein Widerrufsrecht dafür umso mehr. Der Verbraucher muss in der Lage sein, den Vertragsgegenstand in den Händen zu halten und ihn einer persönlichen Überprüfung zu unterziehen, bevor er eine endgültige Entscheidung darüber trifft, ob er an dem Vertrag festhalten möchte. Hierzu ist er in der Lage, wenn ihm die Möglichkeit gegeben wird, den Vertragsschluss ohne größere Risiken widerrufen zu können. Die Umsetzung der Vorgaben über Informationspflichten und Widerrufsrecht ist dann auch die größte Herausforderung, die von der FernAbsRL an den deutschen Gesetzgeber gestellt wird. Die übrigen zivilrechtlichen Regelungen über den Vertragsschluss und die Vertragserfüllung haben für das deutsche Recht keine ähnlich weitreichenden Auswirkungen. Zu ihrer Umsetzung genügen kleinere Anpassungen des geltenden Rechts. Das deutsche Zivilrecht ist mit seinen zahlreichen Generalklauseln und den auch sonst bewusst flexibel gehaltenen Vorschriften in der Lage, das geltende Recht an die sich ändernden technischen Bedingungen anzupassen. Das zeigt sich insbesondere an den bisherigen Regelungen über die Erfüllung von Verträgen, durch die es weitestgehend den Vertragsparteien überlassen blieb, Vereinbarungen über die Leistungszeit oder die Zulässigkeit von gleichwertigen Alternativleistungen zu treffen. Diese dem deutschen Zivilrecht beiwohnende Hervorhebung der Privatautonomie, grundrechtlich in Art. 2 Abs. 1 GG verankert, wird durch die Regelungen der FernAbsRL zugunsten des Verbraucherschutzes etwas verwischt. Die rechtspolitische Legitimation hiervon ist zumindest zweifelhaft. Wäre weniger in diesem Falle mehr gewesen? Vieles spricht dafür. Der Verbraucher wird allein durch die Informationspflichten des Unternehmers und – vor allem – sein Widerrufsrecht stark geschützt und de facto besser gestellt als beim „normalen" Vertragsschluss im Einzelhandel. Er kann innerhalb der Widerrufsfrist die Funktionalität der erworbenen Ware testen, ohne dass ihm hieraus größere Nachteile entstehen würden. Auch schützt das europäische Recht den Verbraucher, der sich beim Vertragsschluss einer Stimmung hingegeben hat und aus einer Laune heraus einen Vertrag abschloss, den er letztlich doch nicht will. Ein solcher Schutz besteht beim normalen Kaufvertrag nicht. Der Unternehmer wiederum wird hierdurch massiv benachteiligt. Er muss damit leben, zurückgegebene Sachen nicht mehr als neuwertig verkaufen zu können und dadurch wirtschaftliche Verluste hinzunehmen. Unter Berücksichtigung dieser Interessenlage sind die Vorgaben aus Art. 7 FernAbsRL nicht erforderlich, um einen erhöhten Verbraucherschutz zu gewährleisten. Gleichwohl hat der deutsche Gesetzgeber seinen Umsetzungsauftrag zu erfüllen und auch diese Regelungen ins deutsche Recht einzuführen.

4. Kapitel

Umsetzung der FernAbsRL in England und Deutschland

A. Einleitung

Bei der Umsetzung der FernAbsRL ist zu bedenken, dass die Bestimmungen des Umsetzungsgegenstandes nicht notwendigerweise in einem einheitlichen Rechtsakt übernommen werden müssen.[401] Für die Mitgliedstaaten ist diese Prämisse insbesondere wegen des umfassenden Regelungsansatzes der FernAbsRL interessant. Diese enthält neben vertrags- und wettbewerbsrechtlichen Vorschriften auch kollisionsrechtliche Vorgaben und Vorschriften zur Rechtsdurchsetzung. Hierdurch wird die Umsetzung zu einer besonderen Herausforderung. Es stellt sich insbesondere bei den Mitgliedstaaten, deren Rechtssystem zuvor über keine speziellen fernabsatzrechtlichen Regelungen verfügte, die Frage, ob ein einheitliches Vertriebsgesetz zu schaffen ist, das dann auch die Vorgaben der Haustürgeschäfte-Richtlinie sowie Teile der E-Commerce-Richtlinie enthält oder ob die Vorgaben der Fernabsatzrichtlinie an unterschiedlicher Stelle in bestehende gesetzliche Regelungen integriert werden sollen. Auch wenn die Fernabsatzrichtlinie bereits 1997, also vor dem großen Boom der Online-Geschäfte, in Kraft getreten ist, vermag sie die Lücke zu schließen, die bestehende verbraucherschutzrechtliche Regelungen für im Internet getätigte Rechtsgeschäfte gelassen haben. Aufgrund ihrer an einigen Stellen bewusst offen gehaltenen Begrifflichkeiten ist sie dehnbar genug, um auch neueren technischen Entwicklungen Rechnung zu tragen.

Die FernAbsRL war gemäß Art. 15 Abs. 1 Satz 1, 18 FernAbsRL bis zum 04.06.2000 in innerstaatliches Recht umzusetzen. Diese Vorgabe konnte weder von Deutschland noch von England eingehalten werden. In England lag die verspätete Umsetzung – die Consumer Protection (Distance Selling) Regulations 2000 (DSR) traten am 31.10.2000 in Kraft – vor allem daran, dass lange über die Ausgestaltung des Widerrufsrechts diskutiert wurde.[402] In Deutschland trat das FernAbsG am 27.06.2000 in Kraft. Die leicht verspätete Umsetzung in Deutschland beruhte darauf, dass kurz vor Ende der Umsetzungsfrist noch Unsicherheiten über die Kosten der Rücksendung bestanden, die dem Verbraucher auferlegt werden können, wenn er von seinem Widerrufs- bzw. Rückgaberecht Gebrauch macht. Der Bundesrat rief den Vermittlungsausschuss an, um diese

[401] Ständige Rechtsprechung des EuGH, vgl. EuGH, Rs. C-433/93, *Kommission/Bundesrepublik Deutschland*, Slg. I-1995, S. 2303, 2317 m.w.N.
[402] vgl. im Einzelnen *Meads*, ICCLR 2002, S. 179, 181.

Frage klären zu lassen.[403] In beiden Ländern hat die verspätete Umsetzung von Richtlinien Tradition, wie sich zuletzt am Beispiel der FernAbsFinanzDienstRL beobachten ließ.[404] Im Folgenden sollen die Alternativen aufgezeigt werden, die dem deutschen und dem englischen Gesetzgeber für die Umsetzung der Richtlinie zur Verfügung standen. Außerdem soll die Untersuchung darstellen, wie die einzelnen Regelungen der FernAbsRL in den Mitgliedstaaten umgesetzt wurden und wo gegebenenfalls ein Umsetzungsdefizit besteht.

B. Umsetzung der FernAbsRL in England

In England werden EU-Richtlinien vor allem durch Regierungsverordnungen, sog. *statutory instruments*, umgesetzt.[405] Bei der FernAbsRL wurde hier keine Ausnahme gemacht, die Umsetzung erfolgte durch das Statutory Instrument Nr. 2334/2000 (Consumer Protection (Distance Selling) Regulations 2000). Bevor auf die Umsetzung der konkreten Vorschriften der Richtlinie eingegangen wird, soll einführend dargelegt werden, warum die Regierungsverordnungen zur Umsetzung von Richtlinien so attraktiv sind.

I. Regierungsverordnungen (Statutory Instruments)

Statutory Instruments sind Regierungsverordnungen, die unter den Begriff secondary legislation fallen. Primary Legislation, nach wie vor ein häufig genutztes Mittel der englischen Legislative, sind dagegen Gesetze, die in einem förmlichen Verfahren die dafür vorgesehenen Organe wie etwa das Parlament passieren müssen, bevor sie in Kraft treten können.[406] In diesen Gesetzen finden sich häufig Bestimmungen, die einzelne Minister ermächtigen, detailliertere Vorga-

---

[403] Presseerklärung 69/2000, www.bundesrat.de/pr/pr69_00.html, abgefragt am 01.05.2006; Vorschlag des Vermittlungsausschusses vom 07.06.2000 BT-Drucks 14/3527.

[404] Gemäß Art. 21 Abs. 1 FernAbsFinanzDienstRL musste die Richtlinie bis zum 09.10.2004 in innerstaatliches Recht umgesetzt werden. In Deutschland erfolgte die Umsetzung durch das Gesetz zur Änderung der Vorschriften über Fernabsatzverträge bei Finanzdienstleistungen, BGBl I 2004, S. 3102 vom 07.12.2004, das am 08.12.2004 in Kraft trat. In England setzte man die Richtlinie durch das Statutory Instrument 2004, Nr. 2095, die Financial Services (Distance Marketing) Regulations 2004, um, die am 31.10.2004 in Kraft traten.

[405] Vor allem die Verbraucherschutzrichtlinien sind – soweit ersichtlich – ausschließlich in dieser Form umgesetzt worden. So wurde etwa die Haustürwiderrufsrichtlinie durch die Consumer Protection (Cancellation of Contracts concluded away from business premises) Regulations 1987/2117 (CCBR), die Pauschalreiserichtlinie durch die Consumer Protection (The Package Travel, Package and Package Tours)Regulations 1992 oder - wie bereits erwähnt – die FernAbsFinanzDienstRL durch das Statutory Instrument (Financial Services [Distance Marketing]) Regulations 2004 umgesetzt.

[406] vgl. den Überblick zum englischen Gesetzgebungsverfahren bei *Smith/Keenan*, S. 12 ff.

ben in Form von – etwa – Regierungsverordnungen zu erlassen. Ein Beispiel hierfür ist Sec. 2 (2) des ECA 1972, der Minister dazu ermächtigt Maßnahmen zu treffen, europäische Vorgaben in englisches Recht umzusetzen. Von dieser Pflicht wurden die Minister durch das Statutory Instrument 1993/2661[407] teilweise entlastet. Durch diese Verordnung wurde die Befugnis zum Erlass von Verordnungen, durch die europäisches Recht umgesetzt werden soll, auch den Staatssekretären („secretary of state") übertragen. Staatssekretäre sind in ihren Befugnissen grundsätzlich den Ministern untergeordnet. Jedoch sind die einzelnen Ministerien in verschiedene Abteilungen, sog. departments, aufgegliedert. Staatssekretäre stehen diesen Abteilungen vor.[408] Auch die DSR wurden von einem Staatssekretär des Ministeriums für Handel und Gewerbe erlassen.[409] Die Parlamentsgesetze enthalten häufig nur ein Gerüst von Rahmenbestimmungen, das dann von den detaillierteren Vorgaben der Verordnungen ausgefüllt wird. Ein ähnliches System ist aus dem deutschen Verwaltungsrecht bekannt, wo Verwaltungsvorschriften wegen ihrer scheinbar größeren Flexibilität genutzt werden, um unbestimmte Rechtsbegriffe aus nur schwer zu ändernden formellen Gesetzen mit Leben zu erfüllen.[410] Regierungsverordnungen werden von den Rechtsabteilungen der zuständigen Ministerien entworfen. In aller Regel werden die Entwürfe hierbei mit den betroffenen Interessenverbänden abgestimmt. Verabschiedet werden die Verordnungen dann im Namen des Ministers bzw. Staatssekretärs, dem hierfür im Muttergesetz[411] die Kompetenz verliehen ist. In Ausnahmefällen ist es aber auch denkbar, dass die Muttergesetze strengere Anforderungen an den Entwurf einer Verordnung stellen. So ist es im Einzelfall möglich, dass die Verordnung dem Parlament „vorgelegt"[412] werden muss. Regierungsverordnungen können in ebenso unkomplizierter Form geändert werden, wie sie erlassen worden sind. Die Änderung erfolgt dann wiederum im Namen des zuständigen Ministers oder Staatssekretärs, wird jedoch von der Rechtsabteilung der zuständigen Abteilung vorbereitet. Die Verordnungen werden im jährlichen Wechsel durchlaufend nummeriert und als *SI Nummer/Jahr* zitiert. Jährlich erscheinen bis zu 2000 Regierungsverordnungen, deren Umfang zwischen einer Seite und mehreren hundert Seiten schwankt. Auch die Reichweite der Verordnungen kann nicht verallgemeinert werden. Einige gelten für das gesamte

---

[407] Die genaue Bezeichnung der Verordnung lautet Statutory Instrument (The European Communities (Designation) (No. 3)Order) 1993/2661.

[408] vgl. im Einzelnen *Wade/Forsyth*, S. 47.

[409] In der Präambel der Verordnung wird ausdrücklich auf die Ermächtigungen aus Sec. 2 (2) ECA 1972 und der Verordnung 1993/2661 Bezug genommen.

[410] vgl. hierzu etwa *Jarass*, DVBl 1990, S. 1218; *Schroeder*, EuZW 2001, S. 489, jeweils m.w.N.

[411] Im Fall der DSR war das Muttergesetz Sec. 2 (2) ECA 1972 i.V.m. der Verordnung 1993/2661.

[412] Zur Bedeutung des Begriffs „laid" vgl. den Laying of Documents before Parliament (Interpretation) Act 1948. Vgl. auch die Ausführungen hierzu bei *Smith/Bailey*, S. 292.

Vereinigte Königreich, andere nur für einzelne Staaten. Der Aufbau der Regierungsverordnungen ist jedoch immer derselbe.

II. Umsetzung der Vorgaben der FernAbsRL

Im englischen Recht hat es Tradition, bei der Umsetzung von Richtlinien den Text des Umsetzungsgegenstandes nahezu wortgleich zu übernehmen.[413] Auch die DSR fällt hier nicht aus dem Rahmen. Der überwiegende Teil der FernAbsRL wurde wörtlich übernommen. Nur in wenigen Fällen wurde von den Vorgaben des europäischen Rechtsaktes abgewichen. Im Folgenden soll daher der Blick besonders auf die Fälle gerichtet werden, bei denen von der Richtlinie abgewichen wurde.

1. Anwendungsbereich

Die DSR übernehmen in sec. 3 (1) die Definition des Fernabsatzvertrages aus der FernAbsRL ohne Änderungen.[414] Zu überprüfen bleibt aber, welche Bedeutung den einzelnen Begriffen der Definition im englischen Recht zukommt und ob insoweit eine europarechtskonforme Auslegung erforderlich ist.

a) Sachlicher Anwendungsbereich

Die DSR gelten für Verträge über die Lieferung von Waren und die Erbringung von Dienstleistungen, wenn der Vertrag unter ausschließlicher Verwendung von Fernkommunikationsmitteln zustande gekommen ist und der Lieferer ein für den Fernabsatz organisiertes Vertriebs- bzw. Dienstleistungssystem besitzt.

aa) Ware oder Dienstleistung

In den englischen Gesetzen finden sich unterschiedliche Definitionen des Warenbegriffs. Da den DSR eine solche Definition fehlt, ist der Begriff auszulegen.[415] Hierbei ist es angebracht, auf die Definition in sec. 61 (1) SGA zurück-

---

[413] vgl. hierzu auch oben S. 56.

[414] Fernabsatzverträge werden in sec. 3 (1) DSR definiert als „*any contract concerning goods or services concluded between a supplier and a consumer under an organised distance sales or service provision scheme run by the supplier who, for the purpose of the contract, makes exclusive use of one or more means of distance communication up to and including the moment at which the contract is concluded*". Derselbe Wortlaut findet sich in Art. 2 Abs. 1 der englischen Fassung der FernAbsRL.

[415] Das englische Recht kennt im Wesentlichen drei Methoden der Auslegung: Die „mischief rule" berücksichtigt vor allem das Common Law vor Inkrafttreten des Gesetzes sowie die Motivation des Gesetzgebers, eine gesetzliche Regelung zu schaffen. Die „literal rule" berücksichtigt allein den Wortlaut des Gesetzes und will die „mischief rule" nur anwenden,

zugreifen. Der dort verwandte Warenbegriff wird auch von anderen Verbraucherschutzgesetzen aufgegriffen, etwa in sec. 189 (1) CCA oder in sec. 14 UGSA. Es ist deshalb anzunehmen, dass der Verordnungsgeber auch bei der Umsetzung der FernAbsRL diese Definition zugrunde legen wollte, um ein einheitliches Verbraucherschutzniveau zu erreichen. Sec. 61 (1) SGA definiert die Ware als jede bewegliche Sache, abgesehen von Forderungs- und Klagerechten und Geld. Auch nach englischem Recht werden Strom, Wasser und Elektrizität als Ware behandelt, so dass eine Parallele zum europäischen Recht besteht.[416] Auch bei der rechtlichen Behandlung von Computerhardware und -software ist sich das englische Recht mit dem europäischen Recht einig. Computerhardware wird in jedem Fall als Ware betrachtet, Software dagegen nur, wenn sie durch einen Datenträger verkörpert ist.[417] Geld ist nur dann keine Ware, wenn es ein anerkanntes Zahlungsmittel ist, nicht jedoch, wenn ihm darüber hinaus aufgrund seiner Seltenheit oder anderen Besonderheiten ein darüber hinausgehender Wert zukommt.[418]

Im englischen Recht lässt sich eine Definition der Dienstleistung nicht finden. Auch der Sale of Goods and Services Act (SGSA) hilft hier nicht weiter. Dort heißt es in sec. 12 (1) lit. 1, dass sich der Unternehmer bei einem Vertrag über die Erbringung einer Dienstleistung dazu verpflichtet, die Dienstleistung auszuführen. Was unter einer Dienstleistung zu verstehen ist, wird nicht näher erläutert. Allerdings lässt sich sec. 12 (2) UGSA eine Negativabgrenzung entnehmen. Ein Vertrag über die Erbringung einer Dienstleistung soll demnach nicht vorliegen, wenn es sich um einen Ausbildungs- oder Arbeitsvertrag handelt. Gemischte Verträge, die die Erbringung einer Dienstleistung und die Lieferung einer Ware zum Gegenstand haben, werden nach se. 12 (3) SGSA als Verträge über die Erbringung von Dienstleistungen behandelt. Es wird deutlich, dass auch das englische Recht von einem weiten Dienstleistungsbegriff ausgeht. Der Friseur, der seinem Kunden die Haare schneidet, erbringt ebenso eine Dienstleistung wie der Schuster, der Schuhe neu besohlt oder der Arzt, der einen Patienten ver-

---

wenn der Wortlaut nicht eindeutig ist. Die „golden rule“ setzt sich über den Wortlaut des Gesetzes hinweg, wenn diesem offensichtlich ein Redaktionsversehen zugrunde liegt oder er aus anderen Gründen keinen Sinn ergibt. Vgl. ausführlich zur Auslegung von Gesetzen und Regierungsverordnungen *Smith/Bailey*, S. 351 ff. m.w.N.; sowie umfassend *Bell/Engle/Cross*, Statutory Interpretation.

[416] vgl. *MacLeod*, Rn. 2.02 m.w.N.

[417] *St Albans City and District Council v International Computers Limited* [1996] 4 All ER 481; *Watford Electronics Ltd v. Sanderson CFL Ltd*, [2001] 1 All ER (Comm) 696; wie auf europäischer Ebene ist diese Art der Unterscheidung auch in England mit dem Argument kritisiert worden, dass zu viel Gewicht auf die Art der Übermittlung gelegt werde, vgl. *Atiyah*, Sale of Goods, S. 66 – 71 m.w.N.

[418] *MacLeod*, Rn. 2.02.

sorgt.[419] Damit sind die DSR auf nahezu sämtliche Vertragsgegenstände anwendbar. Das ist im Sinne der FernAbsRL, die aufgrund des weiten europarechtlichen Dienstleistungsbegriffs ebenfalls eine beinahe lückenlose Anwendbarkeit garantiert.

bb) Organisiertes Vertriebs- bzw. Dienstleistungssystem

Wie die FernAbsRL verlangen auch die DSR, dass der Lieferer über ein für den Fernabsatz organisiertes Vertriebs- bzw. Dienstleistungssystem verfügt. Hierbei wurde der Wortlaut der Richtlinie übernommen. Der Zweck der Regelung liegt auf der Hand. Die Vorgaben der DSR sollen nicht solchen Unternehmern den Geschäftsbetrieb erschweren, die nur ausnahmsweise ein Fernkommunikationsmittel nutzen. So gibt es keinen Grund, den lokalen Blumenhändler, der aus Gefälligkeit eine Bestellung per Telefon entgegennimmt und die Blumen dann ausliefert, ebenso zu behandeln wie ein Unternehmen wie Fleurop, das den Schwerpunkt seines Geschäftsbetriebs darauf abzielt, Blumen im Fernabsatz zu vertreiben.[420]

cc) Ausschließliche Verwendung von Fernkommunikationsmitteln

Bis zum Vertragsschluss dürfen Lieferer und Verbraucher gemäß sec. 3 (1) DSR ausschließlich über Fernkommunikationsmittel miteinander kommuniziert haben. Der Vertrag selbst muss ebenfalls über ein Fernkommunikationsmittel geschlossen werden. Auch hier entsprechen die DSR vollumfänglich der europäischen Vorgabe. Wenn zu irgendeinem Zeitpunkt der vorvertraglichen Beziehungen ein persönlicher Kontakt zwischen Verbraucher und Lieferer stattfindet, sind die Schutzregelungen der DSR nicht mehr anwendbar. Die Definition von Fernkommunikationsmitteln in sec. 3 (1) DSR entspricht ebenso dem Verständnis, welches die FernAbsRL in Art. 2 Abs. 4 zugrunde legt wie der Anhang 1 der VO, der eine beispielhafte Auflistung von Fernkommunikationsmitteln enthält. Auch die DSR geht von einem möglichst weiten Verständnis des Begriffes aus, um eine Anpassung der Vorschriften an den rasanten technischen Fortschritt zu ermöglichen.[421]

b) Persönlicher Anwendungsbereich

Die DSR gelten nur für Verträge, die zwischen Verbrauchern und Lieferern geschlossen werden. Während die Definition des Lieferers in sec. 3 (1) DSR, abgesehen von einigen redaktionellen Änderungen, der Definition in Art. 2 Abs. 3

[419] vgl. *Harvey/Parry*, S. 189
[420] vgl. hierzu ausführlich oben S. 13 f.
[421] vgl. insoweit auch die Erläuterungen zur FernAbsRL, oben S. 15.

FernAbsRL entspricht, weicht der Verbraucherbegriff in sec. 3 (1) DSR von der Vorgabe in Art. 2 Abs. 2 FernAbsRL ab. In der Richtlinie heißt es, dass als Verbraucher jede natürliche Person zu verstehen sei, die (..) nicht im Rahmen ihres Gewerbes, Geschäfts oder Berufes handelt. Die Definition in sec. 3 (1) DSR beschränkt sich dagegen auf natürliche Personen, die zu Zwecken handeln, die außerhalb ihres Geschäftes liegen. Hiermit wird jedoch nicht in inhaltlicher Hinsicht von den Vorgaben der Richtlinie abgewichen. Insbesondere wird der Anwendungsbereich der Vorschriften nicht beschränkt. Vielmehr entspricht die Definition dem allgemeinen Verständnis des Verbraucherbegriffs im englischen Recht, dem eine weite Auslegung zugrunde liegt.[422] Dem englischen Recht ist eine weitergehende Differenzierung zwischen Gewerbe, Geschäft und Beruf unbekannt, so dass anscheinend[423] darauf verzichtet wurde, den Text der Richtlinie im Wortlaut zu übernehmen.

c) Ausnahmen vom Anwendungsbereich

Sec. 5 und g DSR bestimmen die Ausnahmen vom Anwendungsbereich der Vorschriften. Hierbei hält sich die DSR an das Modell der FernAbsRL. Sec. 5 DSR schließt besondere Vertragstypen komplett vom Anwendungsbereich aus, sec. 6 DSR dagegen lässt in Anlehnung an Art. 3 Abs. 2 FernAbsRL nur bestimmte Regelungen der Verordnung für die aufgeführten Vertragstypen gelten.

Sec. 5 DSR entspricht im Wesentlichen der europäischen Vorgabe in Art. 3 Abs. 1 FernAbsRL. Die Ausnahmevorschrift aus Art. 3 Abs. 1, vierter Spiegelstrich FernAbsRL über Verträge, die den Bau oder den Verkauf von Immobilien oder sonstige Rechte an einer Immobilie betreffen, ist auf zwei Gliederungsebenen verteilt worden und findet sich in sec. 5 (1) a) und b) DSR.[424] Ansonsten sind die Änderungen, die gegenüber dem Wortlaut der Richtlinie vorgenommen wurden, lediglich redaktioneller Natur. Sec. 5 (2) DSR berücksichtigt die Besonderheiten, die aus den Unterschieden zwischen schottischem und englischem oder walisischem Recht erwachsen, und verweist insoweit auf die entsprechenden Gesetze.

---

[422] vgl. hierzu ausführlich *Harvey/Parry*, S. 7 f; *MacLeod*, Rn. 4.19;.

[423] Es sind keine Quellen auffindbar, die eine Begründung für die Abweichung vom Text der FernAbsRL liefern könnten.

[424] Hierdurch wird zum Einen die Lesbarkeit der Vorschrift erhöht. Zum zweiten hätte es zu Missverständnissen kommen können, wenn die Formulierung „*immovable property*“ aus der Richtlinie übernommen worden wäre. Denn der den kontinentaleuropäischen Jurisdiktionen entstammende Begriff des Immobiliarsachenrechts ist dem englischen Recht fremd, dort spricht man vielmehr von „*real property*“ und „*personal property*“, vgl. im Einzelnen *Henrich/Huber*, S. 98 ff.

Sec. 6 Abs. 2 DSR setzt Art. 3 Abs. 2 FernAbsRL abgesehen von einer Ausnahme nahezu wortgleich um. Lediglich die Bestimmung in Art. 3 Abs. 2, zweiter Spiegelstrich a. E. FernAbsRL, wonach dem Lieferer ausnahmsweise das Recht vorbehalten ist, die in Art. 7 Abs. 2 FernAbsRL enthaltene Regelung, dem Verbraucher unter bestimmten Voraussetzungen bei nicht erbrachter Leistung das bereits gezahlte Geld zurückerstatten zu müssen, nicht anzuwenden, wenn die Veranstaltung unter freiem Himmel stattfindet, fehlt in den DSR. Indem der englische Verordnungsgeber diese Klausel nicht umgesetzt hat, machte er von der in Art. 14 FernAbsRL verankerten Befugnis Gebrauch, zugunsten des Verbrauchers von der FernAbsRL abweichende, günstigere Vorschriften zu erlassen. Der Verbraucher wird erfreut sein, dass er sein Geld in jedem Fall möglichst schnell – spätestens innerhalb von 30 Tagen – zurückerhält. Sec. 6 (1) und (3) DSR enthalten im Übrigen noch Konkurrenzregelungen für Fernabsatzverträge, die zugleich unter den Anwendungsbereich der Time-Sharing-Richtlinie[425] bzw. der Pauschalreiserichtlinie[426] fallen. Bei diesen Verträgen gelten insbesondere die Informations- und Widerrufsbestimmungen aus den spezielleren Gesetzen bzw. Verordnungen.

2. Zivilrechtliche Regelungen

Auch im englischen Recht bestanden die wesentlichen Neuerungen, die der Umsetzung der FernAbsRL folgten, in den umfangreichen Informationspflichten des Lieferers sowie im Widerrufs- bzw. Rückgaberecht des Verbrauchers. Daneben enthalten sec. 14 ff. DSR noch Regelungen über die Erfüllung des Vertrages.

a) Informationspflichten

Vermehrte Informationspflichten für den Unternehmer gehören zu den deutlichsten Auswirkungen der DSR. Das englische Recht hat hierbei die in der europäischen Vorgabe angelegte Unterteilung in vorvertragliche und vertragliche Informationspflichten übernommen.

---

[425] Richtlinie 94/47/EG zum Schutz der Erwerber im Hinblick auf bestimmte Aspekte von Verträgen über den Erwerb von Teilnutzungsrechten an Immobilien, ABlEG Nr. L 280 v. 29.10.1994, S. 83; in England wurde die Richtlinie umgesetzt, indem der Timeshare Act [1992] geändert wurde.

[426] Richtlinie 1990/314/EWG über Pauschalreisen, ABlEG Nr. L 158 v. 23.06.1990, S. 59; in England wurde die Richtlinie umgesetzt durch die Package Travel, Package Holidays and Package Tours Regulationis [1992].

aa) Vorvertragliche Informationspflichten

Der Zeitpunkt, zu dem der Lieferer nach sec. 7 (1) DSR seine vorvertraglichen Informationspflichten erfüllt haben muss, entspricht dem der FernAbsRL: „Rechtzeitig vor Abschluss des Vertrages" muss der Verbraucher über die Informationen verfügen.[427] Im Unterschied zur FernAbsRL[428] stellt die DSR für die Erfüllung der Informationspflichten nicht darauf ab, ob der Verbraucher über die in der Vorschrift genannten Informationen verfügt. Entscheidend soll vielmehr sein, dass der Lieferer die Informationen zur Verfügung gestellt hat. Der Wortlaut ist aber entsprechend der europäischen Vorgabe so auszulegen, dass der Verbraucher objektiv in der Lage sein muss, von den Informationen Kenntnis zu nehmen.[429] Im englischen Schrifttum wird zum Teil vorgeschlagen, dass die Informationspflichten am einfachsten erfüllt werden können, wenn sie mit der Werbung für die Ware oder Dienstleistung genannt werden.[430] Dieser Weg dürfte in der Praxis jedoch kaum praktikabel sein. Werbeplatz ist teuer, sei es im Rundfunk oder in den Printmedien. Der Lieferer wird kaum bereit sein, dieses kostbare Gut für die Erfüllung seiner Informationspflichten zu verwenden.

Sec. 7 (2) DSR enthält das fernabsatzrechtliche Transparenzgebot und ist weitgehend wortgleich zu Art. 4 Abs. 2 FernAbsRL. Die dort gebrauchte Formulierung erlaubt eine gewisse Flexibilität, die besonders wichtig ist, wenn der Vertrag über das Internet geschlossen wird. In sec. 7 (1) a) DSR ist eine Liste von 9 Informationen enthalten, die der Lieferer zur Verfügung stellen muss. Diese Informationspflichten entsprechen mit geringfügigen redaktionellen Änderungen dem Wortlaut von Art. 4 Abs. 1 FernAbsRL. Das Schutzniveau, das die DSR dem Verbraucher bieten, übersteigt jedoch das der FernAbsRL. In sec. 7 (1) b und c) DSR wird der Lieferer verpflichtet, den Verbraucher auch darüber zu informieren, dass er eine qualitätsmäßig und preislich gleichwertige Ware liefern kann, wenn diese Möglichkeit im Vertrag vorgesehen sein soll. Ebenso muss der Verbraucher darüber informiert werden, dass im Falle einer derartigen Alternativleistung die Kosten für die Rücksendung der Ware alleine vom Lieferer zu tragen sind. Nach dem Regime der FernAbsRL müssen diese Informationen dem Verbraucher nicht vor Vertragsschluss zur Verfügung gestellt werden. Gemäß Art. 7 Abs. 3 FernAbsRL reicht es aus, wenn die Informationen nach Vertragsschluss geliefert werden.

---

[427] Der Wortlaut, mit dem sec. 7 (1) DSR den Zeitpunkt beschreibt, entspricht dabei der englischen Fassung von Art. 4 Abs. 1 FernAbsRL: *„In good time prior to the conclusion of the contract (..).*"

[428] vgl. in diesem Zusammenhang insb. die Frage, ob Art. 4 FernAbsRL einen Information*serfolg* verlangt oben S. 27.

[429] so auch für die FernAbsRL *Pützhoven*, S. 61.

[430] so *Howells/Weatherill*, S. 304.

Auch im englischen Schrifttum werden Zweifel an der Effektivität von Informationspflichten als Mittel des Verbraucherschutzes geäußert.[431] Hierzu gibt es gute Gründe.[432] Es besteht die Gefahr, dass die Vielzahl von Informationen, die dem Verbraucher zur Verfügung gestellt werden, dazu führt, dass er den Überblick verliert. Daneben besteht die Möglichkeit, dass er aus Bequemlichkeit oder Zeitmangel nicht dazu kommt, die Informationen als Ganzes wahrzunehmen. Weniger dürfte in diesem Fall mehr sein. So gibt es wissenschaftliche Untersuchungen aus der Verhaltensforschung, die belegen, dass der durchschnittliche Verbraucher nur 7 Informationsstücke verarbeiten kann.[433] Der Verbraucher dürfte also bereits durch die in der FernAbsRL genannten Informationen überfordert sein. Diese Situation wird noch verschärft durch die erhöhten Informationspflichten nach der FernAbsFinanzDienstRL. Hier finden sich nicht weniger als 21 Informationsstücke betreffend den Lieferer, die Finanzdienstleistung, den Vertrag selbst und die Möglichkeiten der Rückabwicklung des Vertrages. Selbst der aufgeklärteste Verbraucher dürfte es schwer haben, alle Informationen angemessen zu verarbeiten. In diesem Fall besteht ein offensichtlicher Konflikt zwischen dem berechtigten Interesse des Verbrauchers, über den Vertragsgegenstand so viele Informationen wie möglich zu erhalten, und der faktischen Schwierigkeit, bei den Informationen die Spreu vom Weizen zu trennen und sich auf die Punkte zu konzentrieren, die für eine Entscheidung über den Vertragsschluss tatsächlich von Belang sind. Durch diesen Umstand könnten Lieferer sogar motiviert werden, den Verbraucher mit einer Unmenge von Informationen zu überschütten, um seinen Blick von den wesentlichen Informationen abzulenken. Untersuchungen im Bereich von Kreditverträgen haben ergeben, dass der Verbraucher allein durch die Tatsache, dass dem Vertrag eine Menge Informationen, möglichst noch klein gedruckt, beigefügt sind, den Eindruck erhält, der Vertrag sei besonders gut und detailliert geregelt.[434] Von daher dürfte es erforderlich sein, bereits bei Erfüllung der vorvertraglichen Informationspflichten die Punkte, die für die Entscheidung des Verbrauchers besonders wichtig sind, hervorzuheben oder sie deutlich herauszustellen. In diesem Zusammenhang könnten Lehren gezogen werden aus den Erfahrungen, die bei Kreditverträgen gemacht worden sind. Hier haben sich besondere Techniken entwickelt, durch die der Verbraucher auf die wesentlichen Punkte des Vertrages hingewiesen werden soll. Ein häufig zu beobachtendes Beispiel ist etwa, dass die wichtigen Informa-

---

431 vgl. *Howells/Weatherill*, S. 305; zum parallellen Problemkompex bei der Time-Sharing-Richtlinie *Wendtlandt*, in: *Howells/Janssen/Schulze* (Hrsg.) Information Rights and Obligations: A Challenge for Party Autonomy and Transactional Fairness, S. 143, 147 der Beitrag ist auch in Deutschland erschienen: *Wendtland*, VuR 2004, S. 117 ff..

432 vgl. auch oben S. 26 ff.

433 *Miller*, The Psychological Review [1956] 63, S 81 ff.

434 vgl hierzu *Howells/Weatherill*, S. 305.

tionen drucktechnisch hervorgehoben werden oder mit einem Rahmen umgeben und dadurch vom Rest des Textes abgehoben werden.

bb) Vertragliche Informationspflichten

Sec. 8 DSR enthält weitere Informationspflichten, die der Lieferer vor dem Vertragsschluss oder alsbald nach Abschluss des Vertrages, bei Verträgen über die Lieferung von Waren spätestens bis zur Lieferung der Ware erfüllt, haben muss.[435] Diese Informationspflichten sollen nicht mehr dazu dienen, dem Verbraucher eine solide Basis zu liefern, auf der er seine Entscheidung treffen kann. Vielmehr bezwecken sie, dass die wesentlichen Punkte des Vertrages manifestiert werden. Der Zeitpunkt, zu dem die Informationspflichten zu erfüllen sind, kann - wie bei der europäischen Vorgabe – vom Lieferer relativ flexibel bestimmt werden. Es ist bei einem Großteil der Informationspflichten möglich, sie gemeinsam mit den vorvertraglichen Pflichten zu erfüllen. Da die Pflichtenkataloge jedoch nicht gänzlich deckungsgleich sind[436], müssen einige zusätzliche Informationen[437] übermittelt werden. Inhaltlich entspricht sec. 8 DSR vollumfänglich den Vorgaben der FernAbsRL. Einer besseren Übersicht dienlich ist die Entscheidung des Verordnungsgebers, hinsichtlich des Inhalts der Pflicht zur Information über das Widerrufsrecht nicht auf die das Widerrufsrecht regelnde Vorschrift zu verweisen, wie es in Art. 5 Abs. 1, erster Spiegelstrich FernAbsRL gehandhabt wird, sondern die Informationspflichten in der Vorschrift selbst näher zu präzisieren. Sec. 9 DSR setzt dann die in Art. 5 Abs. 2 FernAbsRL enthaltene Ausnahmevorschrift über die schriftliche Bestätigung der Informationen bei Fernabsatzverträgen, die unmittelbar durch Einsatz von Fernkommunikationsmitteln erbracht werden, um.

Die Information muss dem Verbraucher „schriftlich oder auf einem anderen dauerhaften Datenträger"[438] zur Verfügung gestellt werden. Der Begriff der Schriftform umfasst nach Sched. 1 des Interpretation Act 1978 Maschinen-

---

[435] es ist jedoch geplant, das Recht in dieser Hinsicht zu ändern. Von April 2005 an soll es ausreichen, wenn der Unternehmer die Informationen über die wesentlichen Punkte des Vertrags zu irgendeinem Zeitpunkt, nachdem der Verbraucher das Angebot abgegeben hat, zur Verfügung stellt. Vgl. die Ankündigung auf der website des DTI, www.dti.gov.uk, abgefragt am 01.05.2006.

[436] vgl. hierzu im Einzelnen oben S. 31 f.

[437] etwa die genaueren Voraussetzungen, unter denen der Verbraucher von seinem Widerrufsrecht Gebrauch machen kann. Vor Vertragsschluss muss der Lieferer den Verbraucher nach sec. 7 (1) a) (vi) DSR nur über die grundsätzliche Möglichkeit des Widerrufs informieren.

[438] Die Formulierung in sec. 8 (1) DSR lautet: „(..) the supplier shall provide to the consumer *in writing or in another durable medium, which is available and accessible to the consumer*(..)." Hiermit wurde nur zum Teil vom Wortlaut von Art. 5 Abs. 1 FernAbsRL abgewichen: "The consumer must receive *written confirmation* (..)".

schreiben, Drucken, Lithographie sowie jede andere Form, durch die Wörter in wahrnehmbarer Form abgebildet oder wiedergegeben werden. Eine Zeit lang war umstritten, ob die E-Mail diesen Anforderungen genügt. Nach einigen im Schrifttum zu findenden Zweifeln[439] erklärte die Law Commission[440] im Jahre 2001 in ihrem Ratgeber zum E-Commerce, dass E-Mail und auch Internetseiten den Anforderungen des Begriffes Schriftform genügen, da sie eine neue Form des Abbildens von Wörtern darstellen würden.[441] Dieser liberale Ansatz hinsichtlich des Schriftformerfordernisses entspricht im Wesentlichen der Auffassung der Kommission.[442] Die FernAbsRL lässt nur auf den ersten Blick etwas anderes vermuten, da bei der Übermittlung über die Einzelheiten des Widerrufsrechts nur scheinbar höhere Anforderungen an die Form gestellt werden als bei den übrigen Punkten.[443] Diese Unterscheidung ist vom englischen Verordnungsgeber auch nicht übernommen worden, sec. 8 DSR stellt an die Übermittlung der Informationen über die Ausübung des Widerrufsrechts dieselben Anforderungen wie bei den sonstigen Informationspflichten. Praktische Konsequenzen hat das ohnehin keine, da die Anforderungen, die im englischen Recht an den dauerhaften Datenträger gestellt werden, über die der Schriftform hinausgehen.[444] Aus diesem Grund hat sich der englische Verordnungsgeber auch nicht einer nicht richtlinienkonformen Umsetzung zuschulden kommen lassen. Das von der FernAbsRL angestrebte hohe Verbraucherschutzniveau bleibt vielmehr gewahrt, da dem Verbraucher die Informationen über die Ausübung des Widerrufsrechts, die vom europäischen Gesetzgeber ja offenbar für besonders wichtig erachtet wurden, in der strengsten Form zur Verfügung zu stellen sind, die von den DSR vorgesehen sind.

---

[439] Besonders vehement hiergegen ausgesprochen hat sich *Reed*, Digital Information Law – Electronic Documents and Requirements of Form, S. 152 ff. *Reed* begründete seine ablehnende Auffassung vor allem damit, dass die in E-Mails und Internetseiten enthaltene digitale Information nicht aus sich heraus sichtbar sei. sondern nur infolge der Kodierung .

[440] hierbei handelt es sich um ein unabhängiges Gremium aus Richtern, Professoren und Anwälten, das die Entwicklung des Rechts überwacht und gegebenenfalls Modernisierungsvorschläge unterbreitet, vgl. ausführlich zu den Aufgaben der Law Commission den Law Commissions Act 1965 sowie *Elliott/Quinn*, S. 88 f.

[441] Im Internet ist der *Ratgeber Electronic Commerce: Formal Requirements in Commercial Transactions* der Law Commission abrufbar unter http://www.lawcom.gov.uk/files/e-commerce.pdf, abgefragt am 01.05.2006.

[442] siehe hierzu ausführlich oben S. 32.

[443] In Art. 5 Abs. 1 erster Spiegelstrich wird bei der Information über die Einzelheiten des Widerrufsrechts ausdrücklich die Schriftform gefordert, bei den sonstigen Informationspflichten nicht, vgl. oben S. 33.

[444] vgl. hierzu *Howells/Weatherill*, S. 306.

b) Widerrufs- und Rückgaberecht

aa) Allgemeines

Einzelheiten der Ausübung des Widerrufs- und Rückgaberechts sind in sec. 10 – 18 DSR geregelt. Für den Verbraucher hat sich freilich durch die Umsetzung der FernAbsRL in dieser Hinsicht nicht viel geändert. Wie wir gesehen haben, war es auch nach den freiwilligen Verhaltenskodices der Unternehmensverbände des Versandhandels üblich, dem Verbraucher ein Widerrufsrecht zu gewähren. Die Kodices der DMA und der MOTA sahen vor, dass der Verbraucher in aller Regel 14 Tage Zeit bekommt, die gelieferte Ware zu überprüfen, bevor er sich endgültig entschließt, ob er an dem Vertrag festhalten möchte. Ähnliche Regelungen gab es auch bei anderen Vertragstypen.[445] Seit Umsetzung der FernAbsRL gilt nun bei Fernabsatzverträgen, für die ein Widerrufsrecht nicht nach sec. 13 DSR ausgeschlossen ist, ein einheitliches Widerrufsrecht, das innerhalb einer Frist von 7 Werktagen ausgeübt werden muss. Die Ausnahmeregelungen für das grundsätzlich bestehende Widerrufsrecht hat die DSR in sec. 13 nahezu wörtlich aus den Parallelvorschriften der FernAbsRL übernommen. Kein Widerrufsrecht besteht somit in den folgenden Fällen: Wenn der Lieferer mit der Ausführung der Dienstleistung mit Zustimmung des Verbrauchers vor Ablauf der Widerrufsfrist begonnen hat, wenn der Preis des Vertragsgegenstandes von der Entwicklung der Sätze auf den Finanzmärkten abhängt, auf die der Lieferer keinen Einfluss hat, wenn der Vertrag eine maßgeschneiderte Leistung zum Gegenstand hat, wenn es sich um einen Vertrag zur Lieferung von Software oder Audio- bzw. Videoaufzeichnungen handelt und der Datenträger vom Verbrauer entsiegelt wurde, wenn der Vertrag die Lieferung von Zeitungen o.ä. betrifft oder die Erbringung von Wett- und Lotteriedienstleistungen zum Gegenstand hat.

bb. Ausübung des Widerrufsrechts

Sec. 10 DSR enthält neben der grundsätzlichen Verankerung des Widerrufsrechts noch eine recht detaillierte Beschreibung über die Ausübung des Rechts. Eine solche findet sich in der FernAbsRL nicht. Der Verbraucher muss gegenüber dem Lieferer oder einer anderen Person, die zuvor als empfangszuständig bezeichnet wurde, den Widerruf erklären. Der Widerruf des Vertrages durch den Verbraucher wird vor allem durch die Regelung in sec. 10 (4) DSR erleichtert. Hier finden sich Kriterien, die den Verbraucher erkennen lassen, ob er sein Widerrufsrecht ordnungsgemäß ausgeübt hat. So wird es für ausreichend gehalten, wenn der Verbraucher den Widerruf per Post, Telefax oder E-Mail an die letzte ihm bekannte Adresse des Lieferers sendet. Entsprechend der aus dem Common

---

[445] etwa bei Haustürgeschäften nach Umsetzung der HWiRL oder bei bestimmten Finanzdienstleistungen.

Law bekannten *posting rule* gilt der Widerruf als zugegangen, wenn er vom Verbraucher aufgegeben wird.[446] Diese Regelung erleichtert die Rechtsanwendung bei der oftmals schwierigen Frage, ob das Widerrufsrecht ordnungsgemäß ausgeübt wurde. Auch wenn sie im Unterschied zu dem Großteil der sonstigen Regelungen der DSR nicht unmittelbar der FernAbsRL übernommen wurde, sichert sie dem Verbraucher doch ein möglichst hohes Schutzniveau. Es wird ihm erleichtert, den Vertrag zu widerrufen und der Lieferer kann sich des Risikos eines widerrufenen Vertrages nicht dadurch entziehen, dass er nach Vertragsschluss seinen Geschäftssitz verlegt und den Verbraucher nicht hiervon informiert. In der Widerrufserklärung muss nicht ausdrücklich der Begriff Widerruf verwendet werden. Vielmehr reicht es aus, wenn sich aus den Gesamtumständen der Erklärung erkennen lässt, dass der Verbraucher nicht mehr an dem Vertrag festhalten möchte.[447] Im Unterschied zu der Regelung der Verbraucherkreditgeschäfte ist der Lieferer bei Fernabsatzgeschäften nicht verpflichtet, den Verbraucher mit einem Vordruck für die Widerrufserklärung zu versorgen.[448]

cc. Widerrufsfrist

Ist der Lieferer seinen Informationsverpflichtungen nachgekommen, beginnt die Widerrufsfrist mit dem Tag des Vertragsschlusses und endet bei Verträgen über die Lieferung von Waren 7 Werktage, nachdem die Waren beim Verbraucher eingetroffen sind, sec. 11 (2) DSR. Bei Verträgen über die Erbringung von Dienstleistungen beginnt die Widerrufsfrist mit dem Vertragsschluss, es sei denn, der Lieferer ist zu diesem Zeitpunkt noch nicht seinen Pflichten aus sec. 8 DSR nachgekommen, sec. 12 DSR. Diese Regelungen können auf dem Hintergrund des Umsetzungsgegenstandes nicht überraschen und sind zum Teil wörtlich aus Art. 6 FernAbsRL übernommen worden. Spannender ist da schon die Frage, wann die Widerrufsfrist beginnen soll, wenn der Lieferer den Verbraucher nicht den Anforderungen von sec. 7, 8 DSR entsprechend informiert hat.[449] Art. 5 FernAbsRL sieht für einen solchen Fall vor, dass die Widerrufsfrist auf drei Monate verlängert wird, es sei denn, der Lieferer holt die Belehrung inner-

[446] *Howells/Weatherill*, S. 308. Zur *posting rule* vgl. oben S. 59.
[447] *Howells/Weatherill*, S. 308.
[448] Schon der Consumer Credit Act 1974 sah in sec. 68 vor, dass der Lieferer dem Verbraucher einen Vordruck der Widerrufserklärung zur Verfügung zu stellen hat.
[449] Diese Konstellation sorgte im Rahmen der Heininger-Entscheidung des EuGH *(Heininger v. Bayerische Hypo- und Vereinsbank AG*, Rs. C-481/99 [2001] 1 ECR 1-9945) für einiges Aufsehen. In der HWiRL war vorgesehen, dass die Widerrufsfrist unbegrenzt bleibt, wenn der Unternehmer den Verbraucher nicht ordnungsgemäß informiert hat. Der deutsche Gesetzgeber hatte bei der Umsetzung entgegen dieser Vorgabe die Widerrufsfrist auch in solchen Fällen auf ein Jahr beschränkt. Der EuGH hielt diese Regelung für gemeinschaftsrechtswidrig, da der Unternehmer in einem solchen Fall das Risiko eines widerrufenen Vertrages vermeiden kann, indem er den Verbraucher nicht über das Widerrufsrecht belehrt.

halb dieser Frist nach. Dann beginnt die vorgesehene Frist von 7 Werktagen zu laufen. Diese Regelung hat der englische Verordnungsgeber in sec. 11 (4) DSR für Verträge über die Lieferung von Waren bzw. in sec. 12 (4) DSR für Verträge über die Erbringung von Dienstleistungen nahezu wörtlich übernommen. Der englische Verordnungsgeber wäre gut beraten gewesen, auch in diesem Fall zugunsten des Verbrauchers von den Vorgaben der FernAbsRL abzuweichen. Zum einen erhöht es die Rechtssicherheit, wenn in vergleichbaren Situationen ähnliche Regelungen existieren. Es ist nicht einzusehen, warum es sec. 4 CCBR ermöglicht, das Widerrufsrecht bei fehlender Belehrung unbegrenzt auszuüben, dies bei Fernabsatzgeschäften aber nicht möglich sein soll. Die Interessenlage ist dieselbe. Es wird dem Lieferer ermöglicht, die Gefahr eines widerrufenen Vertrages zu minimieren, indem er den Verbraucher nicht über die Möglichkeit des Widerrufs aufklärt und dann darauf hofft, dass der Verbraucher innerhalb der recht eng bemessenen Zeitspanne von 3 Monaten nicht auf andere Weise von seinen Rechten erfährt. Die Chance, ein identisches Verbraucherschutzniveau bei beiden Vertriebsformen zu erreichen, hat der englische Verordnungsgeber ungenutzt verstreichen lassen.

dd. Rechtsfolgen des Widerrufs

Der Widerruf des Fernabsatzvertrages bewirkt gemäß sec. 10 (2) DSR, dass der Vertrag behandelt wird, als wäre er nie geschlossen worden. Damit ereilt den widerrufenen Fernabsatzvertrag dasselbe Schicksal wie den widerrufenen Verbraucherkreditvertrag oder das widerrufene Haustürgeschäft.[450] Nach dem Widerruf sind sämtliche Beträge, die vom Verbraucher aufgrund der vermeintlich bestehenden vertraglichen Verpflichtung an den Lieferer gezahlt wurden, so schnell wie möglich, spätestens aber binnen 30 Tagen an den Verbraucher zu erstatten, sec. 14 (2) DSR. Die einzigen Kosten, deren Übernahme nach vertraglicher Vereinbarung vom Verbraucher übernommen werden können, sind die unmittelbaren Kosten der Rücksendung. Hierzu zählen nach sec. 14 (5) DSR die Kosten, die dadurch entstehen, dass der Verbraucher seiner Verpflichtung zur Rückgabe der Ware nicht nachkommt und der Lieferer selbst dafür sorgen muss, dass er die Waren zurückerhält. Auch die unmittelbaren Kosten der Rücksendung können dem Verbraucher nach sec. 14 (6) DSR jedoch nicht auferlegt werden, wenn die Waren infolge der Ausübung eines Gewährleistungsrechts zurückgegeben werden oder wenn die dahingehende Vereinbarung gegen die *Unfair Terms in Consumer Contracts Regulations* (UCCR) verstößt. Auch diese Einschränkung entstammt nicht der FernAbsRL, sondern wurde vom englischen Verordnungsgeber eingefügt. Da auch sie dafür sorgt, dass das Niveau des Verbraucherschutzes weiter steigt, entsprach die Ausnahmeregelung den Voraussetzungen von Art. 14 FernAbsRL. Der Verbraucher wird besser geschützt,

---

[450] vgl. hierzu im Einzelnen *Harvey/Parry*, S. 289 ff., 319 ff.

wenn die Möglichkeiten, unter denen er dazu verpflichtet werden kann, die Kosten für die Rücksendung der Waren zu tragen, eingeschränkt werden. Im Übrigen können dem Verbraucher gemäß sec. 14 (7) DSR die Kosten für die Rücksendung der gelieferten Ware in Übereinstimmung mit Art. 7 Abs. 3 Satz 3 FernAbsRL auch dann nicht auferlegt werden, wenn eine Ware zurückgesandt wird, bei der es sich um eine qualitativ gleichwertige Dienstleistung im Sinne von sec. 19 (7) DSR handelt.

Sec. 17 (2) DSR verpflichtet den Verbraucher, die gelieferte Ware bis zum Ablauf der Widerrufsfrist mit der verkehrsüblichen Sorgfalt zu behandeln. Hat der Verbraucher bei Lieferung der Ware eine Sicherheit geleistet, so hat der Lieferer ihm die Sicherheit Zug um Zug gegen die Übergabe der Ware auszuhändigen. Die Pflicht zur Rückgabe der Waren beschränkt sich darauf, die Sachen an den Lieferer oder einen von diesem Bevollmächtigten am Wohnsitz des Verbrauchers herauszugeben, sowie er dazu schriftlich oder auf einem dauerhaften Datenträger aufgefordert wurde, sec. 17 (4) DSR. Von dieser Regelung kann jedoch durch Vereinbarung zwischen Lieferer und Verbraucher abgewichen werden, so dass der Verbraucher dann die Sachen zu liefern hätte. Die Ware muss nicht zwangsläufig dem Unternehmer übergeben werden. Vielmehr reicht es aus, wenn die Ware an denjenigen übersandt wird, der auch für den Empfang der Widerrufserklärung zuständig war. Der Verbraucher muss aber in einem solchen Fall guten Grund zu der Annahme gehabt haben, dass die Ware den Lieferer auch auf diesem Wege erreichen wird. Befolgt der Verbraucher die Aufforderung des Lieferers zur Rückgabe der Ware nicht innerhalb von 21 Tagen, verlängert sich seine Pflicht, die Ware mit der verkehrsüblichen Sorgfalt zu behandeln, auf weitere 21 Tage. Wird der Verbraucher in diesem Zeitraum nicht erneut zur Rückgabe der Waren aufgefordert, erlischt die Pflicht zur sorgsamen Behandlung der Ware, es sei denn, der Fernabsatzvertrag enthielt eine Klausel, die den Verbraucher dazu verpflichtet, die Ware zurückzugeben, sec. 17 (7) und (8) DSR. Sec. 18 DSR enthält eine Regelung für den Fall, dass der Lieferer vom Verbraucher (zum Teil) mit Gegenständen entlohnt wurde. Macht der Verbraucher in einem solchen Fall von seinem Widerrufsrecht Gebrauch, kann er vom Lieferer den Gegenwert der von ihm gelieferten Waren in Geld verlangen, wenn der Lieferer die Waren nicht in einem der ursprünglichen Verfassung vergleichbaren Zustand zurückgeben kann. Auch diese Regelung ist in der FernAbsRL nicht zu finden. Vielmehr zeigt sich erneut, dass der englische Verordnungsgeber auf dem europäischen Fundament einige Stockwerke errichtet hat, die den englischen Juristen die Rechtsanwendung erleichtern sollen.

ee) Verbundene Verträge

Für so genannte verbundene Verträge, bei denen der Preis des Vertragsgegenstandes vollständig oder zum Teil durch einen vom Lieferer oder einem Dritten nach Vermittlung durch den Lieferer gewährten Kredit finanziert wird, schließen sich die DSR ohne Einschränkungen dem europäischen Vorbild an. Sec. 15 DSR bestimmt, dass der Kreditvertrag entschädigungsfrei aufgelöst wird, wenn der Verbraucher von seinem Widerrufsrecht Gebrauch macht. Sec. 15 DSR entspricht dem Grundsatz von Art. 5 Abs. 4 FernAbsRL. Auch an diesem Beispiel zeigt sich aber deutlich, dass der englische Verordnungsgeber bestrebt war, eine möglichst detaillierte Regelung zu schaffen. Aus dem knapp gehaltenen Art. 5 Abs. 4 FernAbsRL, der gerade einmal zwei Sätze enthält, die auf zwei Unterabsätze aufgeteilt sind, wurden in sec. 15 DSR sechs Absätze, die in diverse Unterabsätze aufgeteilt sind und mehr als eine DIN-A 4 Seite umfassen. Sec. 15 DSR ist ein treffliches Beispiel für die kasuistische Regelungstechnik, die der englische Verordnungsgeber bei der Umsetzung der FernAbsRL angewandt hat. In der Vorschrift finden sich Regelungen darüber, dass der Lieferer den Kreditgeber informieren muss, wenn der Widerruf des Fernabsatzvertrages auch das verbundene Kreditgeschäft betrifft. Es finden sich daneben in sec. 15 (6) DSR Definitionen der Begriffe „Kreditgeber“ oder „feste Darlehenssumme“, die in der FernAbsRL nicht auftauchen. Sec. 16 (2) DSR bestimmt, dass der Verbraucher nicht verpflichtet ist, Zinsen auf die Darlehenssumme zu zahlen, wenn die Darlehenssumme binnen eines Monats zurückgezahlt wird oder, bei Abzahlungskrediten, die erste Abzahlungsrate noch nicht fällig war. Andernfalls ist der Verbraucher erst nach schriftlicher Aufforderung[451] durch den Lieferer verpflichtet, die Darlehenssumme[452] zuzüglich Zinsen zurückzuzahlen.

c) Vertragserfüllung und Zahlungsmodalitäten

Die Vorgaben der FernAbsRL über die Erfüllung des Vertrages sind in sec. 19 – 21 DSR umgesetzt und regeln neben den Einzelheiten zur Erfüllung des Vertrages auch die Zahlungsmodalitäten.

---

[451] Die Aufforderung auf einem dauerhaften Datenträger ist hier nicht ausreichend, vgl. *Howells/Weatherill*, S. 310.

[452] gegebenenfalls in Raten, der Wortlaut von sec. 16 (3) DSR lautet: „*If the whole of a credit repayable by instalments is not repaid on or before the date referred to (..), the consumer shall not be liable to repay any of the credit except on receipt of a request in writing, signed by the creditor, stating the amount of the remaining instalments (recalculated by the creditor as nearly as may be in accordance with the agreement and without extending the repayment period), but excluding any sum other than principal and interest.*"

aa) Vertragserfüllung

Sec. 19 DSR setzt hierbei Art. 7 FernAbsRL um, wobei die wesentlichen Elemente der Vorschrift erneut nahezu wörtlich übernommen und mit detaillierteren Vorgaben angereichert wurden. Sec. 19 DSR verlangt in Übereinstimmung mit Art. 7 Abs. 1 FernAbsRL, dass der Lieferer die geschuldete Leistung innerhalb von 30 Tagen, nachdem der Verbraucher seine Bestellung abgeschickt hat, erbringen muss. Diese Vorschrift dürfte vor allem zu Schwierigkeiten führen, wenn die Bestellung des Verbrauchers auf dem Postweg verloren geht.[453] Der Zweck der Regelung liegt gleichwohl auf der Hand. Der Verbraucher soll nicht für längere Zeit über das Schicksal seines Auftrages im Unklaren gelassen werden, nur weil der Lieferer mit der Ausführung in Verzug gerät. Dieser Gedanke findet sich auch in sec. 19 (2) DSR wieder. Hierdurch wird der Lieferer verpflichtet, den Verbraucher zu informieren, wenn er die geschuldete Leistung nicht erbringen kann. In einem solchen Fall muss er dem Verbraucher Vorauszahlungen so schnell wie möglich, spätestens aber innerhalb von 30 Tagen, nachdem die Leistungsfrist abgelaufen ist, erstatten. Die Parteien des Fernabsatzvertrages können vereinbaren, dass der Lieferer dem Verbraucher eine qualitätsmäßig und preislich gleichwertige Ware liefert. Wird eine solche Vereinbarung getroffen, verschärft sich gleichwohl die Informationspflicht des Lieferers gemäß sec. 19 (7) DSR. Er muss den Verbraucher in einem solchen Fall vor Vertragsschluss in einer dem eingesetzten Fernkommunikationsmittel entsprechenden Weise klar und verständlich über diese Möglichkeit informieren und ihm darüber hinaus mitteilen, dass die Kosten, die durch die Rücksendung der Ware infolge der Ausübung des Widerrufsrechts entstehen, allein zu Lasten des Lieferers gehen.

bb) Zahlungsmodalitäten

Art. 8 FernAbsRL, der besondere Schutzvorkehrungen vorsieht, wenn der Verbraucher mit einer „Zahlungskarte“[454] zahlt, wird durch sec. 21 DSR umgesetzt. Die eigentlichen Vorgaben der Richtlinie sind in sec. 21 (1) und (2) DSR weitgehend wörtlich umgesetzt. Sec. 21 (1) DSR nennt als Voraussetzung dafür, dass der Verbraucher die Stornierung einer Zahlung verlangen kann, dass seine Karte nicht von seinem Stellvertreter betrügerisch verwendet worden ist. Hierdurch wird die europäische Vorgabe nur auf den ersten Blick eingeschränkt.

---

453 vgl. hierzu *Howells/Weatherill*, S. 310.

454 Die englische Fassung der Richtlinie verwendet den Begriff „payment card“, der auch in den DSR übernommen wird. Diese Formulierung wird in sec. 21 (6) DSR weiter präzisiert. Hierdurch wird dem Willen des europäischen Gesetzgebers entsprochen, den Anwendungsbereich nicht nur auf Kreditkarten zu beschränken, sondern durch eine neutrale Formulierung möglichst weit zu halten. Gleichwohl dürfte zur Zeit hierdurch vor allem der Verbraucher geschützt werden, der mit seiner Kreditkarte zahlt.

Denn es besteht Einigkeit darüber, dass die Formulierung „betrügerische Verwendung" in Art. 8, erster Spiegelstrich FernAbsRL jede nicht ordnungsgemäße Verwendung der Karte meint.[455] Der Stellvertreter des Verbrauchers ist jedoch in der von sec. 21 (1) DSR gemeinten Konstellation berechtigt, die Karte zu verwenden. Von einer „betrügerischen Verwendung" kann hier keine Rede sein, da die Unredlichkeit im Verhältnis zu einem Dritten auftreten muss. Etwaige Regressansprüche des Verbrauchers gegen seinen Stellvertreter bleiben hiervon unberührt.[456]

Im englischen Recht war der Verbraucher zum Teil schon vor Umsetzung der FernAbsRL bei der missbräuchlichen Verwendung seiner Karte geschützt. Sec. 83, 84 CCA schützen den Verbraucher vor dem Missbrauch des eingeräumten Kredits. Soweit es um Zahlkarten geht, wird die Haftung des Verbrauchers für den Missbrauch der Karte in sec. 84 CCA auf 50,00 £ begrenzt. Das Konkurrenzverhältnis zwischen den sec. 21 DSR und sec. 83, 84 CCA wird durch sec. 21 (4) und (5) DSR geregelt. Die Haftungsbeschränkung in sec. 84 CCA gilt demnach nicht, wenn der Missbrauch durch eine Zahlkarte erfolgt, die dem Verbraucher aufgrund eines Fernabsatzvertrages zur Verfügung gestellt ist.

Die FernAbsRL und die DSR sehen für den Fall, dass der Vertrag eine Vorauszahlung erfordert, eine erhöhte Informationspflicht des Lieferers vor.[457] Regelungen zum Schutz des vorab geleisteten Betrages sucht man jedoch vergeblich. Dabei ist gerade in diesem Zusammenhang das Risiko des Verbrauchers besonders hoch. Die Gefahr besteht nicht nur in betrügerischen Lieferern, die Waren oder Dienstleistungen bewerben, die in Wirklichkeit nicht existieren. Viel größer ist das Risiko, dass der Lieferer nach Vertragsschluss insolvent wird. Diese Befürchtung muss der Verbraucher zwar grundsätzlich bei jedem Geschäft haben, bei Fernabsatzverträgen wird die Angst aber noch erheblich verstärkt, da der Verbraucher in aller Regel weder den Vertragsgegenstand noch den Vertragspartner in seriöser Weise einschätzen kann.[458] Zum Schutz des Verbrau-

---

[455] vgl. statt vieler *Micklitz*, in *Micklitz/Reich*, Die FernAbsRL im deutschen Recht, Rn. 69 m.w.N.

[456] Im Schrifttum finden sich ungeachtet dessen Stimmen, die befürchten, dass hierdurch der Verbraucherschutz beschränkt wird. *Howells/Weatherill*, S. 311 meint, dass der Schutzzweck der Richtlinie unterlaufen werde, wenn der Verbraucher nicht auch geschützt werde, wenn sein Stellvertreter die Zahlkarte betrügerisch verwendet.

[457] Der Verbraucher muss in diesem Fall auch über die Anschrift des Lieferers informiert werden, vgl. oben S. 29.

[458] Es gibt Möglichkeiten, dieses Risiko zu minimieren. In *Re Kayford Ltd [1974] 1 WLR 279* wird ein System vorgestellt, bei dem der Lieferer bis zur Erfüllung des Vertrages die Vorauszahlung als Treuhänder des Verbrauchers verwaltet. Dieses Modell hat freilich den Nachteil, dass der treuhänderische Wille des Lieferers nach außen treten muss, vgl. *Howells*, Consumer Protection Law, S. 311.

chers werden die DSR in diesem Fall von den freiwilligen Verhaltenskodices des Mail Order Protection Scheme (MOPS) ergänzt. Hierbei handelt es sich um ein Organ zur Selbstregulierung, das von der Newspaper Publisher Association (NPA) und der DMA betrieben wird und dessen Verhaltenskodices für Werbung in den überregionalen Zeitungen gilt.[459] MOPS verbietet es, dass Vorauszahlungen von Verbrauchern dafür verwendet werden, die Ware zu erwerben, mit der dann die Verträge erfüllt werden sollen. Im Übrigen sind in den Verhaltenskodices Regelungen vorgesehen, die verhindern sollen, dass der Lieferer seinen Verpflichtungen nicht nachkommen kann. Wenn etwa Zweifel über die Solvenz des Lieferers, der die Werbeanzeige geschaltet hat, bestehen, ist der Lieferer unter bestimmten Voraussetzungen verpflichtet, seine Leistung z.B. durch Einrichten von Sicherungsfonds zu gewährleisten.[460]

3. Wettbewerbsrechtliche Vorgaben

Auf die Umsetzung der wettbewerbsrechtlichen Vorgaben der FernAbsRL, insbesondere die Einschränkung des Einsatzes von Fernkommunikationsmitteln und die Zusendung unbestellter Waren, soll hier entsprechend dem Ziel der Arbeit nur kurz eingegangen werden.

Die Umsetzung von Art. 9 FernAbsRL, in dem die Behandlung unbestellter Waren oder Dienstleistungen geregelt wird, ist von langen und heftigen Diskussion begleitet gewesen. Ursprünglich war geplant, den UGSA an die Vorgaben der FernAbsRL anzupassen und in den DSR keine entsprechenden Vorgaben aufzunehmen.[461] Letztlich hat man sich aber – vermutlich, um eine bessere Übersichtlichkeit zu erreichen – dazu entschlossen, in sec. 24 DSR eine Vorschrift über das sog. *inertia selling* aufzunehmen. Diese Vorschrift übersteigt den Umfang der Regelung in Art. 9 FernAbsRL bei weitem und ist doch auf den ersten Blick in ihrem Anwendungsbereich begrenzter. Denn im Unterschied zur europäischen Vorgabe ist in sec. 24 (1) DSR nur von der Zusendung unbestellter Waren die Rede, Dienstleistungen werden nicht erwähnt. Aus der Systematik der DSR und unter Berücksichtigung des früheren Rechts im UGSA ergibt sich aber, dass auch unbestellte Dienstleistungen von der Vorschrift erfasst werden. In sec. 24 (4) und (5) DSR sind die Sanktionen für die unbestellte Erbringung von Dienstleistungen geregelt. Das setzt jedoch zwingend voraus, dass auch für sie sec. 24

---

[459] Ein genauerer Überblick zum Aufbau und zu den Funktionen von MOPS findet sich auf der website des Verbandes, www.mops.org.uk, abgefragt am 01.05.2006.

[460] vgl. im Einzelnen *Howells/Weatherill*, S. 312.

[461] Dieser Vorschlag findet sich im *consultation paper* des DTI vom November 1999, www. dti.gov.uk/ccp/consultations.htm, abgefragt am 01.05.2006.

(1) DSR Anwendung findet.[462] Generell geht der Verbraucherschutz in sec. 24 DSR deutlich über die Mindestbestimmungen in Art. 9 FernAbsRL hinaus. Nach englischem Recht darf der Empfänger die unbestellte Ware behandeln, als wäre sie ein Geschenk des Absenders, ohne sie sechs Monate aufbewahren und dem Lieferer den unbestellten Empfang mitteilen zu müssen.[463] Das geht deutlich über die Vorgaben der Richtlinie hinaus, die vor allem bezwecken will, dass der Verbraucher von einer Gegenleistung für die nicht bestellte Ware oder Dienstleistung freigehalten wird.[464]

Vorschriften, die die Verwendung bestimmter Fernkommunikationstechniken beschränken, finden sich in den DSR nur insoweit, als sec. 7 (4) DSR verlangt, dass der Lieferer bei Telefongesprächen zu Beginn des Gespräches seine Identität und den geschäftlichen Zweck des Anrufes offen legen muss. Eine Art. 10 FernAbsRL entsprechende Regelung sucht man dagegen vergeblich. Das war nicht von Beginn an geplant. Zunächst war vorgesehen, dass die DSR Regelungen zum Schutz vor der ungewollten Zusendung von E-Mails enthalten sollte.[465] Der Verordnungsgeber sah jedoch davon ab, da er den Schutz, den die freiwilligen Verhaltenskodices der britischen Post und der DMA im Zusammenhang mit der unerwünschten Zusendung von Briefen lieferten, für ausreichend erachtete. Im Übrigen finden sich in den Telecommunications (Data Protection and Privacy Regulations) 1999 (DPPR) Vorgaben, die die ungewünschte Kommunikation mit dem Verbraucher per Telefon oder Telefax im Sinne der Richtlinie regelten. Die DPPR sind zur Umsetzung der Richtlinie über die Verarbeitung personenbezogener Daten[466] erlassen worden und enthalten in sec. 21 ff. DPPR Vorgaben, die für die Kommunikation per voice-mail, Telefax und Telefon ein opt-in-System vorsehen. Damit erhöht sich der Verbraucherschutz gegenüber den Vorgaben in Art. 10 Abs. 2 FernAbsRL, wonach die Kommunikation per Telefon zulässig ist, wenn der Verbraucher dies nicht offenkundig abgelehnt hat.[467]

---

[462] so *Geist*, Die Rechtslage bei Zusendung unbestellter Waren nach Umsetzung der FernAbsRL, S. 125 f.

[463] Der Rechtsverlust des Lieferers tritt somit bereits zu dem Zeitpunkt ein, als der Verbraucher die Ware erhält; vgl. ausführlich zur englischen Rechtslage *Geist*, S. 123 ff.

[464] vgl. hierzu oben S. 37.

[465] vgl. zu der Diskussion *Youngerwood/Mann*, JILR 2000, 3, 5. Es existierte jedoch kein konkreter Entwurf einer Vorschrift zum Schutz vor den sog. SPAM-Mails.

[466] Richtlinie 97/66/EG des Europäischen Parlamentes und des Rates vom 15.12.1997 über die Verarbeitung personenbezogener Daten und den Schutz der Privatsphäre im Bereich der Telekommunikation, ABlEG Nr. L 024 v. 30-01-1998, S. 1 ff.

[467] vgl. zur Kritik an der Differenzierung in der FernAbsRL oben S. 46.

4. Rechtsdurchsetzung

Art. 11 FernAbsRL über die Rechtsbehelfe bei Gericht oder Verwaltungsbehörden ist in den sec. 26 – 29 DSR umgesetzt. Ursprünglich war man in England der Auffassung, dass es der Durchsetzung von Verbraucherschutzinteressen dienen würde, wenn die Missachtung der Vorgaben der DSR auch strafrechtliche Konsequenzen hätte. Von dieser Idee ist der englische Verordnungsgeber – abgesehen vom Sonderfall in sec. 24 (4) DSR bei der Zusendung unbestellter Waren – jedoch wieder abgewichen. Hauptsächliche Ursache des Meinungsumschwungs war, dass das DTI es entgegen seiner ursprünglichen Auffassung doch für abschreckend genug hielt, dass die Widerrufsfrist verlängert wird, wenn der Lieferer seinen Verpflichtungen nicht nachkommt.[468]

Sec. 27 DSR sieht die Möglichkeit einer gerichtlichen Verfügung vor, wenn der Lieferer seinen Verpflichtungen – insbesondere seinen Informationspflichten – nicht nachkommt.[469] Klagebefugt ist hierfür gemäß sec. 27 (1) DSR vor allem der Director General des OFT. Andere Behörden können eine Verfügung bei Verstößen gegen die DSR gemäß sec. 27 (2) DSR nur erwirken, wenn der Director General 14 Tage vor Erhebung der Klage informiert wurde oder er einer kürzeren Frist zugestimmt hat. Verbraucherschutzverbände sind in diesem Zusammenhang nicht klagebefugt. Etwas anderes kann sich unter Umständen nur bei grenzüberschreitenden Streitigkeiten über die Einhaltung der Vorschriften der DSR ergeben. In einem solchen Fall würde sich die Klagebefugnis des Verbraucherschutzverbandes jedoch nicht aus sec. 26 ff DSR, sondern aus dem EA ergeben.[470]

5. Unabdingbarkeit und Internationale Verbraucherverträge

Sec. 25 DSR bestimmt, dass von den Vorgaben der DSR nicht zum Nachteil des Verbrauchers abgewichen werden kann und setzt damit Art. 12 Abs. 1 FernAbsRL um. Klauseln eines Fernabsatzvertrages, die den Vorgaben der DSR widersprechen, sind gemäß sec. 25 (1) DSR unwirksam. Die Unabdingbarkeit der fernabsatzrechtlichen Vorschriften wird in sec. 25 (2) bis (4) DSR weiter präzisiert. So bestimmt sec. 25 (2) DSR, dass eine vertragliche Vereinbarung über Pflichten des Verbrauchers, die von den in den DSR genannten Pflichten abweichen, unwirksam ist.

---

468 Auch die Gefahr einer richterlichen Verfügung, durch die der Lieferer zur Einhaltung der Vorgaben der DSR angehalten werden kann, schien dem Verordnungsgeber abschreckend genug, vgl. *Youngerwood/Mann*, JILR 2000, 3, 5.

469 Ähnliche Rechtsfolgen sieht der Enterprise Act 2002 (EA) vor, vgl. hierzu *Howells/Weatherill*, S. 312.

470 vgl. hierzu ausführlich *Howells/Weatherill*, S. 312.

Art. 12 Abs. 2 FernAbsRL, der das Schicksal internationaler Fernabsatzverträge regelt, ist in sec. 24 (5) DSR nahezu wörtlich übernommen worden.

6. Fazit

Der englische Verordnungsgeber hat bei der Umsetzung der FernAbsRL die bekannten Pfade nicht verlassen. Wie üblich, erfolgte die Umsetzung der europäischen Vorgabe durch ein Statutory Instrument. Die wesentlichen Vorschriften der Richtlinie wurden hierbei nahezu wörtlich übernommen. Das gilt insbesondere für Vorgaben der Richtlinie wie die Dauer der Widerrufsfrist von 7 Werktagen oder die mit der Nichterfüllung der Informationspflichten verbundene Ausdehnung der Widerrufsfrist auf 3 Monate. Hier ist entsprechend der britischen Umsetzungspraxis der bequemste und einfachste Weg gewählt worden, anstatt für einen erhöhten Schutz des Verbrauchers zu sorgen. Wie gesehen war man an anderer Stelle weit weniger zaghaft. Insbesondere gebrauchte man die Vorgaben der FernAbsRL häufig als Grundrezept, das dann mit zahlreichen landestypischen Spezialitäten verfeinert wurde. Hierbei ist eine äußerst kasuistische Regelungstechnik zu beobachten. Jemand, dem das kontinentaleuropäische Regelungssystem vertraut ist, ist erstaunt über die Vielzahl an Details, die sich in den DSR finden lassen. Oftmals wird fast der Eindruck erweckt, als sei hiermit eine Einzelfallregelung bezweckt. Das kann sicherlich nicht im Sinne des Verordnungsgebers gewesen sein. Vielmehr erkennt man in jeder Vorschrift das Bemühen, den Umsetzungsgegenstand möglichst detailgetreu ins inländische Recht zu übernehmen und darüber hinaus das Ziel des europäischen Gesetzgebers, ein möglichst hohes Verbraucherschutzniveau zu erreichen, mit energischen Schritten anzustreben. So sind viele Abwägungsfragen, die von der FernAbsRL noch offen gelassen wurden, zugunsten des Verbrauchers entschieden. Als Beispiel sei nur die Regelung über die Ausübung des Widerrufs- und des damit verbundenen Rückgaberechts genannt. Nach den Vorgaben der DSR hält der Verbraucher hier die Trümpfe in der Hand. Es reicht aus, dass er den Gegenstand des widerrufenen Vertrages an seinem Wohnsitz zur Abholung bereithält. Die Ausübung des Widerrufsrechts und die damit verbundenen Pflicht zur Rückgabe der gelieferten Sache wird dadurch deutlich erleichtert. Die FernAbsRL enthält eine derartige Regelung nicht.

Ein weiteres Beispiel für die besondere Verbraucherfreundlichkeit der DSR ist die Umsetzung von Art. 9 FernAbsRL. Die strafrechtliche Sanktionierung der Zusendung unbestellter Waren ist ein deutlich schärferes Schwert als die in Art. 9 FernAbsRL angelegten zivilrechtlichen Konsequenzen. Die Umsetzung der Vorschriften über das Widerrufsrecht aus Art. 6 FernAbsRL bzw. über unbestellte Waren und Dienstleistungen aus Art. 9 FernAbsRL liefern jedoch auch ein Beispiel dafür, dass hehre Beweggründe nicht zwangsläufig das angestrebte

Ziel erreichen müssen. In diesem Zusammenhang hätte mit etwas weniger Aufwand wohl deutlich mehr erreicht worden können. Der Umsetzungsgegenstand findet sich in zwei Vorschriften wieder, die darüber hinaus noch recht knapp gehalten sind. Art. 6 FernAbsRL, in der das Widerrufsrecht des Verbrauchers geregelt ist, enthält 4 Absätze, Art. 9 FernAbsRL gar nur einen. Die DSR machen hieraus bei der Regelung des Widerrufsrechts 8 Vorschriften mit insgesamt 44 Absätzen und diversen Unterabsätzen. Ähnlich sieht es bei der Vorschrift in sec. 24 DSR über unbestellte Waren aus. Aus der relativ schlanken Vorschrift des Art. 9 FernAbsRL werden hier nicht weniger als 10 Absätze, die wiederum in diverse Unterabsätze aufgeteilt sind. Wie diese Beispiele zeigen, liegt der Verdacht der Überregulierung in den DSR auf der Hand. Wenn aber Vorschriften besonders kasuistisch verfasst sind, besteht die Gefahr, dass der Anwendungsbereich eingeschränkt ist. Fehlende Generalklauseln verhindern eine flexible Anwendung der Regelungen. Das ist besonders gefährlich, wenn der Regelungsbereich aufgrund der technischen Besonderheiten stetigen Veränderungen unterliegt. Im Übrigen fällt es dem Lieferer leichter, seinen Geschäftsbetrieb an den verbraucherschützenden Regeln vorbei zu organisieren, wenn es sich vor allem um einzelfallbezogene Regelungen handelt. Dem Verbraucherschutz wäre mit einer weniger detaillierten Regelung geholfen gewesen. Im Sinne eines dauerhaften und nachhaltigen Verbraucherschutzes ist es vielmehr sinnvoll, auf unbestimmte Rechtsbegriffe zurückzugreifen, die eine flexible Anwendung des Rechts ermöglichen.

C Umsetzung der FernAbsRL in Deutschland

Bei der Umsetzung der FernAbsRL ins deutsche Recht stellten sich dem deutschen Gesetzgeber im Wesentlichen zwei Alternativen. Die einfachere Möglichkeit bestand darin, dem Flickenteppich des deutschen Verbraucherschutzrechts[471] einen weiteren Lappen hinzuzufügen. Weitaus ambitionierter war dagegen der im Schrifttum verhalten geäußerte Vorschlag, erste Schritte auf dem französischen Weg zu gehen[472] und ein einheitliches Vertriebsgesetz zu schaf-

471 Im Jahre 2000, in dem die Umsetzungsfrist der FernAbsRL ablief, war es üblich, Verbraucherschutzgesetze, die in der Regel europäische Vorgaben umsetzten, wie „einen Kranz um das BGB herumzulegen“, vgl. *Borges*, ZIP 1999, S. 130 ff.; *Bultmann/Rahn*, NJW 1988, S. 2432 ff.; *Dauner-Lieb*, Verbraucherschutz durch Ausbildung eines Sonderprivatrechts für Verbraucher, S. 151 ff.; *dies.*, JZ 2001, S. 8, 16; *Dörner*, in: *Schulze/Schulte-Nölke* (Hrsg.), Die Schuldrechtsreform vor dem Hintergrund des Gemeinschaftsrechts, S. 177, 178; im Übrigen zur Problematik *Eckert*, DB 1994, S. 717; *Pfeiffer*, in: *Ernst/Zimmermann* (Hrsg.), Schuldrechtsmodernisierung, S. 481, 495 ff. Der Begriff „Flickenteppich“ stammt von *Tonner*, BB 2000, S. 1413.

472 In Frankreich existiert seit 1993 ein einheitlicher *Code de la Consommation.*

fen.[473] Der deutsche Gesetzgeber hat sich für einen Mittelweg entschieden. Die FernAbsRL wurde durch das Fernabsatzgesetz (FernAbsG)[474] umgesetzt und damit wurde das deutsche Verbraucherschutzrecht (zunächst) um ein zusätzliches Splittergesetz erweitert. Zugleich wurde jedoch die Umsetzung der FernAbsRL auch dazu genutzt, eine einheitliche Regelung des Widerrufsrechts, ein Instrument des Verbraucherschutzes, das alle Verbraucherschutzgesetze gemein habe, im BGB zu schaffen. Im Übrigen wurde bei der Umsetzung der FernAbsRL der Begriff des Verbrauchers und des Unternehmers einheitlich für alle Verbraucherschutzvorschriften in §§ 13, 14 BGB definiert. Auf dem Hintergrund dieser Diskussion werden im Folgenden zunächst die Argumente der Befürworter und der Gegner eines einheitlichen Verbrauchergesetzbuches dargestellt. Im Anschluss wird untersucht, inwieweit die konkrete Umsetzung der FernAbsRL den europäischen Vorgaben gerecht geworden ist.

I. Rechtspolitische Diskussion um ein einheitliches Vertriebsgesetz

Mit der FernAbsRL ist der europäische Gesetzgeber weitere Schritte auf dem Weg zu einem europäischen Verbrauchervertriebsgesetz gegangen. Wie sich in der Zwischenzeit bei dem Erlass der FernAbsFinanzDienstRL gezeigt hat, ist dieser Weg noch nicht zu Ende. Die HWiRL, die FernAbsRL und eben als vorerst letzter Schritt die FernAbsFinanzDienstRL lassen ein aus zivilrechtlichen und lauterkeitsrechtlichen Elementen bestehendes europäisches Verbrauchervertriebsrecht erkennen.[475] Dieses Ziel wurde bereits verfolgt, als die FernAbsRL erlassen wurde, da auf europäischer Ebene schon zu diesem Zeitpunkt weitere Aktivitäten zu beobachtet waren, die ein einheitliches Verbrauchervertriebsrecht zum Ziel hatten.[476] Diese Entwicklung ist von Teilen des deutschen Schrifttums aufmerksam verfolgt und begrüßt worden. Damit sich die europäische Entwicklung auch im nationalen Recht widerspiegelt, wurde in diesem Zusammenhang der Vorschlag aufgeworfen, eine komplexe Regelung für den Vertrieb außerhalb regulärer Laden- und Geschäftslokale zu schaffen.[477] Als gelungenes Beispiel für einen solchen Weg nannte das Schrifttum das WpHG, in dem die sektorspe-

---

[473] Dieser Vorschlag wurde aufgeworfen von *Reich*, EuZW 1997, 581, 587 und ist im Schrifttum z.T. auf positive Resonanz gestoßen, vgl. *Willingmann*, VuR 1998, S. 395, 401.

[474] Gesetz über Fernabsatzverträge und andere Fragen des Verbraucherrechts sowie zur Umstellung von Vorschriften auf Euro, BGBl I 2000, S. 897.

[475] vgl. insoweit auch *Micklitz*, ZEuP 1999, S. 875, 876.

[476] Der FernAbsRL war eine Erklärung von Rat und Parlament beigefügt, in der es hieß: *„Der Rat und die Kommission nehmen zur Kenntnis, dass die Kommission prüfen wird, ob es möglich und wünschenswert ist, die Berechnungsmethode für die Bedenkzeit in den geltenden Verbraucherschutzvorschriften, insbesondere der Richtlinie 85/577/EWG (Haustürwiderrufsrichtlinie) zu harmonisieren.“*

[477] vgl. den Vorschlag bei *Reich*, EuZW 1997, S. 581, 583, 587; der Zustimmung findet bei *Willingmann*, VuR 1998, S. 395, 401.

zifischen Vorgaben über Informationspflichten, Widerrufsrechte sowie die lauterkeitsrechtlichen Vorschriften zusammengefasst sind.[478] Insbesondere die Nähe des Fernabsatzrechts zu anderen Regelungsbereichen des Verbraucherschutzes spreche dafür, Rechtsgebiete in gemeinsamen Kodifikationen zusammenzufassen und keine weiteren Einzelgesetze zu schaffen.[479] Andere waren der Auffassung, dass sich die FernAbsRL am besten in einem weiteren Sondergesetz umsetzen lasse.[480] Zum Teil wurde auch erwartet, dass zur Umsetzung der FernAbsRL das HWiG geändert werde.[481] Dies sei der einfachste Weg und im Übrigen spreche die bei Haustür- und Fernabsatzgeschäft vergleichbare Interessenlage dafür, die Vorgaben der FernAbsRL in das HWiG zu integrieren.[482] Eine Zusammenfassung der Regelungen über die unterschiedlichen Vertriebsformen wurde auch von anderer Seite vorgeschlagen, jedoch sollte nach dieser Auffassung damit gewartet werden, bis die HWiRL im Zuge des der Kommission erteilten Mandats überarbeitet worden ist und die gemeinschaftsrechtlichen Vorgaben aufeinander abgestimmt sind.[483] Auch wenn vor allem der Ansatz, ein einheitliches Verbrauchervertriebsgesetz zu schaffen, schon auf den ersten Blick einleuchtet, verwundert es doch, dass dieser Gedanke anscheinend nicht zu Ende gedacht wurde. Wer mit guten Gründen ein einheitliches Verbrauchervertriebsgesetz vorschlägt, muss sich fragen lassen, warum nicht gleich ein einheitliches Verbraucherschutzgesetzbuch nach Vorbild des französischen Code de la Consommation das Ziel sein soll. Soweit ersichtlich, wurde dieser Gedanke im deutschen Schrifttum erstmals bei der Schuldrechtsmodernisierung und der damit einhergehenden Integration der verschiedenen Verbraucherschutzgesetze ins BGB aufgeworfen.[484] Bei der Diskussion während der Umsetzung der FernAbsRL sucht man derartige Anregungen vergeblich. Dies verwundert, da vor Umsetzung der FernAbsRL die Zersplitterung des Verbraucherschutzrechts am größten war. Einheitliche Regelungen zu vergleichbaren Sachverhalten gab es nicht, so dass die Vorteile einer einheitlichen Kodifikation eigentlich auf der Hand gelegen haben. Bei einem einheitlichen Verbrauchergesetzbuch wären Anpassung an neue Entwicklungen auf europäischer Ebene ohne weiteres mög-

---

478 *Reich*, EuZW 1997, S. 581, 589.

479 *Willingmann*, VuR 1998, S. 395, 401.

480 *Martinek*, NJW 1998, S. 207, 208 den allerdings „das kalte Grausen“ packt, wenn er an die Umsetzung denkt und der angesichts der „Unklarheiten und Ungereimtheiten und der Abgrenzungsprobleme und Überschneidungen nicht recht weiß, ob er lachen oder weinen soll“.

481 *Burckhardt*, WRP 1996, S. 659, 664.

482 *Burckhardt* a.a.O.

483 Laut *Micklitz*, in: *Micklitz/Reich*, Die FernAbsRL im deutschen Recht, Rn. 95 sei die Zeit für ein eigenständiges Verbrauchervertriebsgesetz erst reif, wenn die europarechtlichen Regelungen über Haustür- und Fernabsatzgeschäfte aufeinander abgestimmt seien.

484 Für ein einheitliches Verbraucherschutzgesetz sprechen sich *Dörner*, in: *Schulze/Schulte-Nölke*, Die Schuldrechtsreform vor dem Hintergrund des Gemeinschaftsrechts, S. 177, 181 sowie *Roth*, JZ 2001, S. 475, 482 f. aus.

lich. Ebenso wäre die Rechtsanwendung durch eine deutlich verbesserte Übersichtlichkeit des Rechts erleichtert.[485]

II. Umsetzung der Vorgaben der FernAbsRL

Der Gesetzgeber ist bei der Umsetzung der FernAbsRL seinen eigenen Weg gegangen und hat sich von den Vorschlägen des Schrifttums nicht beeinflussen lassen. Die FernAbsRL wurde durch das Fernabsatzgesetz (FernAbsG)[486] mit leichter Verspätung[487] umgesetzt. Bei der Umsetzung war sich der deutsche Gesetzgeber durchaus bewusst, dass die bisherige Praxis, europäische Verbraucherschutzrichtlinien in Sondergesetzen umzusetzen, Schwierigkeiten in sich birgt. So sind die Begrifflichkeiten in den Sondergesetzen häufig ebenso uneinheitlich wie die Ausgestaltungen von Informationspflichten und Widerrufsrechten. Hierdurch werde die Rechtsanwendung für den Verbraucher erschwert, da für diesen häufig nicht zu verstehen sei, warum ähnlich formulierte Gesetze unterschiedlich anzuwenden seien.[488] Aus dieser Zwickmühle sah der Gesetzgeber zwei Auswege. Er stellte sich die Frage, ob er ein erneutes Sondergesetz mit wieder unterschiedlichen Informationspflichten und Widerrufsrechten schaffen oder ob er die sich ihm bietende Chance nutzen sollte, zumindest die Grundbegriffe der Verbraucherschutzgesetze (also die Definitionen des Unternehmers und des Verbrauchers) sowie das Widerrufsrecht zu vereinheitlichen.[489] Mehr Mut mochte der Gesetzgeber anscheinend schon von Beginn an nicht zeigen. Es stand nie zur Debatte, wie zum Teil im Schrifttum vorgeschlagen, die Regelungen über Haustür- und Fernabsatzgeschäfte in einem Verbrauchervertriebsgesetz zusammenzufassen oder gar ein einheitliches Verbrauchergesetzbuch zu fassen. Ein Grund hierfür mag die vergleichsweise kurze Umsetzungsfrist von knapp drei Jahren gewesen sein. Innerhalb dieser Spanne das deutsche Verbraucherschutzrecht von Grund auf zu revolutionieren, wäre in der Tat ein ambitioniertes Vorhaben gewesen. Auch wenn der ganz große Wurf bei der Umsetzung der

---

[485] Den Vorteilen stehen freilich auch schwerwiegende Nachteile gegenüber, namentlich würde das BGB als maßgebliche Zivilrechtskodifikation entscheidend geschwächt, vgl. hierzu ausführlich *Schmidt-Räntsch*, in: *Schulze/Schulte-Nölke*, Die Schuldrechtsreform vor dem Hintergrund des Gemeinschaftsrechts, S. 169, 172.

[486] Gesetz über Fernabsatzverträge und andere Fragen des Verbraucherrechts sowie zur Umstellung von Vorschriften auf Euro vom 27.06.2000, BGBl I 2000, S. 897.

[487] Die verspätete Umsetzung beruhte darauf, dass der Bundesrat kurz vor Ende der Umsetzungsfrist überraschend den Vermittlungsausschuss anrief, um die Frage klären zu lassen, ob dem Verbraucher bei der Ausübung des Widerrufs- bzw. Rückgaberechts die Kosten für die Rücksendung vertraglich auferlegt werden können, vgl. die Presseerklärung 69/2000 des Bundesrats, www.bundesrat.de/pr/pr69_00.html, abgefragt am 01.05.2006.

[488] so der Gesetzgeber im Regierungsentwurf zum FernAbsG (RegE FernAbsG) BT-Drucks 14/2658, S. 29.

[489] RegE FernAbsG BT-Drucks 14/2658, S. 29.

FernAbsRL ausgeblieben ist, zeigte der Gesetzgeber doch beachtliche Courage. Denn er beschränkte sich nicht darin, dem Flickenteppich des Verbraucherschutzrechts einen weiteren Lappen hinzuzufügen. Vielmehr integrierte er einheitliche Verbraucher- und Unternehmerbegriffe in §§ 13, 14 BGB und schuf in den §§ 361 a und b BGB a.F. eine einheitliche Regelung für das Widerrufsrecht. Die Vorgaben der FernAbsRL wurden allerdings in einem neuen Spezialgesetz, dem FernAbsG, umgesetzt. Damit ist der deutsche Gesetzgeber einen Kompromiss eingegangen und hat sich bei diesem Spagat bemüht, neben einer richtlinienkonformen Umsetzung auch das Ziel einer Vereinheitlichung des Verbraucherrechts zu verfolgen. Das Resultat der Umsetzung ist im Schrifttum harscher Kritik begegnet.[490] Begründet wurde diese Kritik vor allem damit, dass der Gesetzgeber sich nicht an die Systematik des BGB gehalten und im Übrigen das BGB mit neuen und zu Missverständnissen führenden Begrifflichkeiten angereichert habe.[491]

In den Jahren nach dem Inkrafttreten des FernAbsG hatten dessen Vorschriften einige Stürme zu überstehen. Zunächst erfasst die Flutwelle des zum 01.01.2002 in Kraft getretenen Schuldrechtsmodernisierungsgesetzes[492] (SMG) auch das FernAbsG und spülte es gemeinsam mit anderen Verbraucherschutzvorschriften

---

490 *Hensen*, ZIP 2000, S. 1151 etwa betitelte seinen Beitrag zur Umsetzung der FernAbsRL „Das FernAbsG oder: Man könnte heulen“; *Flume*, ZIP 2000, S. 1427, 1428 ff. hielt die Definition des Verbrauchers in § 13 BGB für *„baren Unsinn“*, die des Unternehmers in § 14 BGB für eine *„nichtssagende Tautologie“* und schloss mit den Worten: *„Bei dem FernAbsG handelt es sich nicht um die Änderung irgendeines Steuergesetzes, dem ein weiteres Machwerk gesetzgeberischer Unfähigkeit eingefügt wird (..). Es geht um das BGB und das BGB ist ein Kulturdenkmal. (..) Diejenigen, welche an den hier besprochenen Änderungen des BGB durch das FernAbsG beteiligt gewesen sind, wissen offenbar nichts von einem (..) Respektsgebot. Es ist schlechthin unerträglich, dass man sich erdreistet, durch eine solche Gesetzgebung (..) das BGB zu verunstalten. (..) Es geht bei der Änderung des BGB durch die Richtliniengesetzgebung um die Unfähigkeit des deutschen Gesetzgebers zu einer dem BGB adäquaten Gesetzgebung.“* Vgl. zur Umsetzung der Richtlinie *Artz*, VuR 1999, S. 249; *Berger*, JURA 2001, S. 289; *Bülow*, ZIP 1999, S. 1293; *Bülow/Artz*, NJW 2000, S. 2049, 2053; *Fuchs*, ZIP 2000, S. 1273; *Gaertner/Gierschmann*, DB 2000, S. 1601; *Gorris/Schmittmann*, BB 2001, S. 2345; *Günther*, CI 2000, S. 97; *Härting/Schirmbacher*, MDR 2000, S. 917; *Härting*, CR 1999, S. 507; *Hoffmann/Petrick*, ZBB 2003, S. 343, 345; *Hucke*, FiWi 2001, S. 59; *Kamanabrou*, WM 2000, S. 1417, 1420; *Lorenz*, JuS 2000, S. 833, 838; *Marx*, WRP 2000, S. 1227; *Meents*, CR 2000, S. 610; *Meisterernst*, ZLR 2001, S. 489; *Micklitz/Reich*, BB 1999, S. 2093; *Moritz*, CR 2000, S. 61, 66; *Piepenbrock/Schmitz*, K&R 2000, S. 378; *Riehm*, JURA 2000, S. 505; *Roth*, JZ 2000, S. 1013; *Roth/Schulze*, RIW 1999, S. 924; *Schmidt-Räntsch*, VuR 2000, S. 427; *Schmitz*, AfP 1998, S. 485, 487; *Tonner*, BB 2000, S. 1413; *Vehslage*, GRUR 1999, S. 656, 659; *ders.*, AnwBl 2000, S. 682; *Wegner*, NJ 2000, S. 407, 408; *Wendehorst*, DStR 2000, S. 1311.

491 vgl. insbesondere Hensen, ZIP 2000, S. 1151.

492 Gesetz zur Modernisierung des Schuldrechts vom 26.11.2001, BGBl I 2001, S. 3138.

ins BGB.[493] Entscheidende inhaltliche Änderungen waren hiermit jedoch nicht verbunden. Der Inhalt des FernAbsG wurde mit wenigen Änderungen, die hauptsächlich redaktioneller Art waren, in den §§ 312 b bis d, 312 f BGB übernommen. Lediglich die zuvor im FernAbsG geregelten konkreten Informationspflichten des Unternehmers wurden aus dem BGB ausgelagert, um Übersichtlichkeit und Lesbarkeit der Vorschriften zu verbessern.[494] Stattdessen findet sich die Konkretisierung der fernabsatzrechtlichen Informationspflichten nunmehr gemeinsam mit anderen verbraucherschutzrechtlichen Informationspflichten in der BGB-InfoV.[495] Die durch die FernAbsRL vorgegebene Grundstruktur blieb jedoch auch nach der Integration des FernAbsG ins BGB dieselbe – auch weiterhin besteht eine umfangreiche Informationspflicht des Unternehmers sowie ein Widerrufs- und Rückgaberecht des Verbrauchers. Mit dem SMG wurden auch die Vorschriften über die nähere Ausgestaltung des Widerrufsrechts geändert und finden sich seitdem in §§ 355 ff. BGB. Erschüttert wurde vor allem § 355 Abs. 3 BGB durch die Heininger-Entscheidung des EuGH.[496] Der EuGH erklärte es in dieser weit beachteten Entscheidung für gemeinschaftsrechtswidrig, die Widerrufsfrist bei Haustürgeschäften zu begrenzen, wenn der Verbraucher nicht ordnungsgemäß belehrt wurde. Der deutsche Gesetzgeber trug dieser Auffassung Rechnung und änderte § 355 Abs. 3 BGB durch das OLG-Vertretungsänderungsgesetz[497] entsprechend. Die nächste größere Änderung haben die §§ 312 ff BGB sowie § 1 BGB-InfoV durch die Umsetzung der FernAbsFinanzDienstRL erfahren.[498] In diesem Zusammenhang wurden Finanzdienstleistungen in den Anwendungsbereich der fernabsatzrechtlichen Vorschriften einbezogen und die Informationspflichten wurden entsprechend erweitert.

---

493 vgl. zur Übernahme des FernAbsG ins BGB *Boente/Riehm*, JURA 2002, S. 222, 224; *Härting*, MDR 2002, S. 61; *Micklitz*, EuZW 2001, S. 133; *ders.*, VuR 2001, S. 71; allgemein zur Integration von Einzelgesetzen ins BGB *Rott*, in: VuR 2001, S. 78, 81; *Schmidt-Räntsch*, in: *Schulze/Schulte-Nölke* (Hrsg.), Die Schuldrechtsreform vor dem Hintergrund des Gemeinschaftsrechts, S. 169; *Dörner*, ebd., S. 177; *Micklitz*, ebd., S: 189; *Ulmer*, ebd., S. 215.

494 so die Begründung des Gesetzgebers im Regierungsentwurf zum Schuldrechtsmodernisierungsgesetz, BT-Drucks. 14/6040, S. 168.

495 Verordnung über Informationspflichten nach Bürgerlichem Recht, BGBl I 2002, S. 3002.

496 Heininger v. Bayerische Hypo- und Vereinsbank AG, C-481/99 [2001] 1 ECR 1-9945, vgl. hierzu *Fischer*, DB 2002, S. 727; *Franzen*, JZ 2003, S. 321; *Habersack/Meyer*, WM 2002, S. 253; *Schmidt-Kessel*, ZGS 2002, S. 311; *Strube*, VuR 2002, S. 52;.

497 Gesetz zur Änderung des Rechts der Vertretung durch Rechtsanwälte vor den Oberlandesgerichten, BGBl I 2002, S. 2850.

498 Gesetz zur Änderung der Vorschriften über Fernabsatzverträge bei Finanzdienstleistungen, BGBl I 2004, S. 3102; vgl. hierzu *Erhardt-Rauch*, VuR 2003, S. 341; *Felke/Jordans*, WM 2004, S. 166; *Härting/Schirmbacher*, CR 2002, S. 809; *dies.*, DB 2003, S. 1777; *dies.*, CR 2005, S. 48; *Hoppmann*, VersR 1999, S. 673; *Knöfel*, ZGS 2004, S. 182; *Schneider*, VersR 2004, S. 696, 699; .

Im Folgenden soll jedoch die ursprüngliche Umsetzung der FernAbsRL durch das FernAbsG im Mittelpunkt der Untersuchungen stehen. Auf nachfolgende Änderungen wird nur insoweit eingegangen, wie dies zum besseren Verständnis erforderlich ist. Im Übrigen haben die zahlreichen Änderungen, die das Fernabsatzrecht in den wenigen Jahren seiner Existenz über sich ergehen lassen musste, zu keiner Paradigmenänderung geführt, so dass sie zum grundsätzlichen Verständnis der Umsetzungssystematik auch insoweit zu vernachlässigen sind. Vielmehr wirft es ein treffliches Bild auf die gesetzgeberischen Qualitäten, wenn ein Gesetz innerhalb von vier Jahren drei Mal geändert wird.

1. Anwendungsbereich

Der Anwendungsbereich des deutschen Fernabsatzrechts ist in § 1 FernAbsG geregelt. Dabei sind die Definitionen aus Art. 2 FernAbsRL im Wesentlichen wörtlich übernommen worden. Fernabsatzverträge werden in § 1 Abs. 1 FernAbsG definiert als Verträge über die Lieferung von Waren oder über die Erbringung von Dienstleistungen, die zwischen einem Unternehmer und einem Verbraucher unter ausschließlicher Verwendung von Fernkommunikationsmitteln abgeschlossen werden, es sei denn, dass der Vertragsschluss nicht im Rahmen eines für den Fernabsatz organisierten Vertriebs- oder Dienstleistungssystems erfolgt.

a) Sachlicher Anwendungsbereich

Auch im deutschen Recht gilt das Fernabsatzrecht für Verträge über die Lieferung von Waren und die Erbringung von Dienstleistungen. Die Unterscheidung des Vertragsgegenstandes ist maßgeblich für den Beginn der Widerrufsfrist. Der Waren- und Dienstleistungsbegriff ist europäisch geprägt. Insbesondere wird der Dienstleistungsbegriff weit ausgelegt, um einen umfassenden Anwendungsbereich der Vorschriften zu gewährleisten.[499] Im Schrifttum stellte man zu Recht fest, dass das Fernabsatzrecht zwar auf dem Hintergrund des Versandhandels entstanden sei, jedoch als „legislatorischer Querschläger“[500] auch andere Ge-

---

[499] Aus dem Wortlaut der Begründung des RegE des FernAbsG, BT-Drucks 14/2658, S. 30, wonach die Erbringung von Dienstleistungen „Dienst-, Werk- und Geschäftsbesorgungsverträge aller Art“ umfasse, zogen Teile des Schrifttums den Schluss, dass nur Leistungen, die Gegenstand eines solchen Vertrages sind, den Regelungen über Fernabsatzgeschäfte unterliegen, vgl. *Fuchs*, ZIP 2000, S: 1273, 1274; *Morath*, NZM 2001, S. 883, 884; *Roth*, JZ 2000, S. 1013, 1015. Ein solches Verständnis ist jedoch mit der überwiegenden Meinung des Schrifttums als zu eng anzusehen und widerspricht auch einer gemeinschaftskonformen Auslegung der Vorschrift, vgl. umfassend *Härting*, § 1 FernAbsG Rn. 55; *Lütcke*, § 312 b Rn. 51; Palandt-*Heinrichs* § 312 b Rn. 10; *Schmidt-Räntsch* in Bamberger/Roth § 312 b Rn. 9; Staudinger/*Thüsing*, § 312 b Rn. 42.

[500] *Baum/Trafkowski*, CR 2001, S. 459, 463.

schäftsbereiche treffe. Diese Aussage gewinnt an Gewicht, wenn man sie auf dem Hintergrund des weiten Dienstleistungsbegriffes betrachtet. Das FernAbsG gilt daher dem Grunde nach auch für Rechtsberatungsverträge[501], Maklerverträge[502] und Ehevermittlungsverträge und ist im Sinne eines umfassenden Verbraucherschutzes im Grundsatz auf sämtliche Vertragsgegenstände anwendbar.

Der Vertrag muss im Rahmen eines für den Fernabsatz organisierten Vertriebs- und Dienstleistungssystems geschlossen werden. Geschäfte, die unter gelegentlichem und eher zufälligem Einsatz von Fernkommunikationsmitteln geschlossen werden, sollen vom Anwendungsbereich der Vorschriften ausgeschlossen werden.[503] Bei der Frage, wer den Beweis für das Vorliegen eines für den Fernabsatz organisierten Vertriebs- und Dienstleistungssystems führen muss, ist der deutsche Gesetzgeber zugunsten des Verbrauchers von den Vorgaben der FernAbsRL abgewichen. Diese regelt zwar die Beweislastverteilung nicht ausdrücklich. Aus dem Gesamtzusammenhang ergibt sich aber, dass der Verbraucher die Beweislast zu tragen hat.[504] Der deutsche Gesetzgeber ist diesem Weg nicht gefolgt. Vielmehr hat er „zur Erleichterung für die Praxis“[505] dafür gesorgt, dass eine grundsätzliche Vermutung für ein derartiges System besteht und der Unternehmer nachweisen muss, dass ihm nicht die personellen und sachlichen Voraussetzungen zur Verfügung stehen, die notwendig sind, um im Fernabsatz Geschäfte zu tätigen. Im Schrifttum ist der Gesetzgeber kritisiert worden, da der Unternehmer durch die Regelung übermäßig benachteiligt werde.[506] Hiergegen lässt sich jedoch vorbringen, dass der Unternehmer eher als der Verbraucher in der Lage ist, die Strukturen seines Betriebes offen zu legen und dadurch den erforderlichen Nachweis zu erbringen. Der Verbraucher dagegen hat in der Regel keinen Einblick in die Unternehmensstruktur seines Vertragspartners, so dass

---

501 *Baum/Trafkowski*, CR 2001, S. 459, 464.

502 Die Anwendbarkeit der fernabsatzrechtlichen Vorschriften auf Maklerverträge wurde vereinzelt mit dem Argument bestritten, der Maklervertrag falle als Vertrag *sui generis* nicht unter den Dienstleistungsbegriff, vgl. *Moraht*, NZM 2001, S. 883, 884. Dem wurde von der überwiegenden Mehrheit des Schrifttums mit Recht entgegengehalten, dass aus dem Umstand, dass die Vermittlung von Finanzgeschäften vom Anwendungsbereich der Vorschriften ausgeschlossen sei, der Umkehrschluss zu ziehen sei, dass die Vermittlung von Verträgen in der Regel ein Fernabsatzgeschäft darstellen könne, vgl. *Mankowski*, ZMR 2002, S. 317, 326; *Neises*, NZM 2000, S. 889, 890; Staudinger/*Thüsing* § 312 b Rn. 38.

503 RegE FernAbsG BT-Drucks. 14/2658, S. 30; vgl. hierzu ausführlich Staudinger/*Thüsing* § 312 b Rn. 46.

504 Das ergibt sich insb. aus der Formulierung in Art. 2 Nr. 1 FernAbsRL „jeden Vertrag, der (..) im Rahmen eines für den Fernabsatz organisierten Vertriebs- bzw. Dienstleistungssystems geschlossen wird“; vgl. zur Beweislastverteilung auch *Micklitz*, in *Micklitz/Reich*, Die FernAbsRL im deutschen Recht, Rn. 14; *Lütcke*, § 312 b Rn. 80.

505 RegE FernAbsG BT-Drucks. 14/2658, S. 31.

506 *Meents*, CR 2000, S. 610, 611.

der Beweis für das Vorliegen eines für den Fernabsatz organisierten Vertriebs- bzw. Dienstleistungssystems von ihm kaum zu erbringen sein wird.

Der Vertrag muss im Übrigen, wie es auch in der FernAbsRL heißt, unter ausschließlicher Verwendung von Fernkommunikationsmitteln geschlossen worden sein. Die Legaldefinition von Fernkommunikationsmitteln in § 1 Abs. 2 FernAbsG entspricht hierbei dem von Art. 2 Nr. 4 FernAbsRL geprägten Begriff und ist ebenso offen gehalten. Die vereinzelt im Schrifttum zu findende Auffassung, in Einzelfällen sei eine teleologische Reduktion des Merkmals der *ausschließlichen* Verwendung von Fernkommunikationsmitteln erforderlich, um unbillige Ergebnisse zu vermeiden[507], hat sich nicht durchgesetzt. Stattdessen gilt auch im deutschen Recht, dass jeder persönliche Kontakt zwischen Verbraucher und Unternehmer während des Vertragskontinuums die Anwendbarkeit des Fernabsatzrechts ausschließt.[508]

b) Persönlicher Anwendungsbereich

Das FernAbsG gilt für Verbraucher und Unternehmer. Bereits mit einem flüchtigen Blick lässt sich erkennen, dass der deutsche Gesetzgeber darauf verzichtet hat, die ohnehin etwas holprige Formulierung „Lieferer" aus der FernAbsRL zu übernehmen. Stattdessen griff man bei der Umsetzung der FernAbsRL ganz im Sinne einer Vereinheitlichung des deutschen Verbraucherschutzrechts auf den Begriff Unternehmer zurück, der aus den restlichen Verbraucherschutzgesetzen wohl bekannt ist. Inhaltliche Auswirkungen hat diese Änderung jedoch keine. Wie bereits dargelegt, verzichtete der Gesetzgeber darauf, die Begriffe Verbraucher und Unternehmer nur für das FernAbsG zu definieren und fügte stattdessen in §§ 13, 14 BGB Definitionen ein, die übergreifend für sämtliche Verbraucherschutzgesetze gelten. Hiermit sollten erste Schritte gegangen werden, die zu einer Vereinheitlichung von Schlüsselbegriffen in Verbraucherschutzvorschriften führen.[509]

Bei der Definition des Verbraucherbegriffes in § 13 BGB hat sich der Gesetzgeber nicht an die Vorgaben der FernAbsRL gehalten. Nach dem Verbraucherbegriff aus Art. 2 Nr. 2 FernAbsRL wird derjenige nicht als Verbraucher behandelt, der in irgendeiner Form beruflich tätig geworden ist. Die Definition in § 13 BGB geht hierüber hinaus. Nach dieser Vorschrift ist der Verbraucher jede natürliche Person, die ein Rechtsgeschäft zu einem Zweck abschließt, der weder

---

507 so *Härting*, § 1 FernAbsG Rn. 70 ff; Hk-VertriebsR/*Micklitz* § 312 b Rn. 46; *Lütcke* § 312 b BGB Rn. 62.

508 vgl. die überzeugende Darstellung bei Staudinger/*Thüsing* § 312 b Rn. 10; sowie *Fuchs*, ZIP 2000, S. 1273, 1275; *Gößmann*, MMR 1998, S. 88, 89; *Grigoleit*, NJW 2002, S. 1151, 1152; *Ring*, Teil III Rn. 18.

509 RegE FernAbsG BT-Drucks. 14/2658, S. 30.

ihrer gewerblichen noch ihrer selbständigen beruflichen Tätigkeit zugerechnet werden kann. Der abhängig beruflich Handelnde kann sich damit durchaus auf die Schutzbestimmungen der Verbrauchergesetze berufen.[510] Diese Erweiterung des Anwendungsbereichs der fernabsatzrechtlichen Vorschriften kommt allerdings dem Verbraucher zugute und ist damit nach Art. 14 FernAbsRL zulässig.

Der Gesetzgeber hat darauf verzichtet, die Definition der Betreiber einer Kommunikationstechnik aus Art. 2 Nr. 5 FernAbsRL zu übernehmen, da dieser Begriff im deutschen Fernabsatzrecht nicht auftaucht und deshalb auch keiner Erläuterung bedarf.

c) Ausnahmen vom Anwendungsbereich

Der Gesetzgeber hat darauf verzichtet, die in Art. 3 FernAbsRL vorgesehene Binnendifferenzierung zwischen den einzelnen Bereichsausnahmen zu übernehmen. Art. 3 FernAbsRL unterscheidet zwischen Verträgen, die generell nicht unter den Anwendungsbereich der FernAbsRL fallen sollen und solchen, für die nur bestimmte Vorschriften keine Anwendung finden. Die europäische Regelung ist wenig überzeugend und unübersichtlich[511], so dass es nahe gelegen hat, auf eine Umsetzung zu verzichten. Eine Differenzierung erübrigte sich darüber hinaus, da das FernAbsG nur die Regelungen der Art. 4, 5 und 6 FernAbsRL umsetzt, auf die sich auch die Ausnahmeregelungen in Art. 3 Abs. 2 FernAbsRL beziehen. Die sonstigen Regelungen der FernAbsRL, bei denen die Differenzierung in Art. 3 FernAbsRL Konsequenzen zeigt, sind durch allgemeine, für alle Verträge geltende Vorschriften umgesetzt, die deshalb auch auf die in Art. 3 Abs. 2 FernAbsRL genannten Verträge grundsätzlich anwendbar sind.[512] Hiervon einmal abgesehen, sind die Ausnahmeregelungen aus Art. 3 FernAbsRL weitgehend wörtlich übernommen worden. Die Bereichsausnahmen aus Art. 3 FernAbsRL sind angereichert worden durch Verträge über Fernunterricht im Sinne von § 1 Fernunterrichtsschutzgesetz sowie Verträge über die Teilzeitnutzung von Wohngebäuden im Sinne von § 1 TzWrG. Hieraus darf jedoch nicht geschlossen werden, dass der Anwendungsbereich des FernAbsG entgegen den Vorgaben der FernAbsRL eingeschränkt würde. Für Fernunterrichtsverträge sieht das Fernunterrichtsschutzgesetz spezielle Formvorschriften, Informations-

[510] Dieses extensive Verständnis des Verbraucherbegriffes wurde u.a. mit dem Argument kritisiert, dass der abhängig handelnde Arbeitnehmer bei weitem nicht so schutzbedürftig sei wie ein privat handelnder Verbraucher, vgl. nur *Ende/Klein*, Vertriebsrecht im Internet, S. 125 m.w.N. Jedoch folgt die Formulierung in § 13 BGB der (umstrittenen) Rechtsprechung zur Verbrauchereigenschaft des GmbH-Geschäftsführers, der den Schuldbeitritt zu einem Kredit seiner GmbH erklärt, vgl. BGH, NJW 1996, S. 2156.

[511] vgl. hierzu eingehend oben S. 19 f.

[512] so die Begründung des Gesetzgebers im RegE FernAbsG BT-Drucks. 14/2658, S. 31.

pflichten und Widerrufsrechte vor und bietet damit ähnliche Schutzmechanismen wie das FernAbsG. Der Gesetzgeber hatte gute Gründe dafür, die Vorgaben des Fernunterrichtsschutzgesetzes ins FernAbsG zu integrieren. Einige der Schutzvorgaben des Fernunterrichtsschutzgesetzes, etwa die behördliche Überwachung der Prüfungen sind nicht geeignet, in verallgemeinerter Form den Weg ins FernAbsG zu finden.[513] Es bot sich daher an, das Fernunterrichtsschutzgesetz als eigenständiges Gesetz zu erhalten und die FernAbsRL für Fernunterrichtsverträge durch Änderungen des Fernunterrichtsschutzgesetzes umzusetzen. Diesen Weg ist der Gesetzgeber gegangen und hat in Art. 5 des Gesetzes über Fernabsatzverträge und andere Fragen des Verbraucherrechts sowie zur Umstellung von Vorschriften auf Euro das Fernunterrichtsschutzgesetz geändert. Die Ausnahmeregelung über Teilzeit-Wohnrechteverträge basiert auf Art. 13 FernAbsRL. Nach dieser Vorschrift tritt die FernAbsRL hinter spezielleren Gemeinschaftsvorschriften zurück. Für Teilzeit-Wohnrechteverträge finden sich solche spezielleren Vorschriften in der Time-Sharing-Richtlinie, die in Deutschland durch das TzWrG umgesetzt wurde. Es bestand daher für Teilzeit-Wohnrechteverträge kein zusätzlicher Umsetzungsbedarf und die Herausnahme von Teilzeit-Wohnrechteverträgen aus dem Anwendungsbereich des FernAbsG verhindert eine unübersichtliche Kumulation von Rechten und Pflichten.[514] Das TzWrG wurde im Zuge der Umsetzung der FernAbsRL an die neuen, einheitlichen verbraucherschützenden Regelungen des BGB angepasst.

2. Zivilrechtliche Regelungen

Auch im deutschen Recht bildeten die zivilrechtlichen Vorschriften über Informationspflichten und Widerrufsrecht den Schwerpunkt der Umsetzung. Während die Umsetzung der Regelungen über die Informationspflichten des Unternehmers, Art. 4 und 5 FernAbsRL, relativ geräuschlos vor sich ging, war die Integration eines Widerrufsrechts ins BGB – um im Bild zu bleiben – mit einigem Getöse verbunden. Keinen – bzw. nur eingeschränkten Umsetzungsbedarf sah der deutsche Gesetzgeber bei den Richtlinienvorschriften über die Erfüllung des Vertrages und die Zahlungsmodalitäten.

a) Informationspflichten

Die Informationspflichten aus Art. 4 und 5 FernAbsRL finden sich in § 2 FernAbsG wieder. Die Einsicht, dass es einer besseren Übersichtlichkeit der Vorschrift dient, wenn die konkreten Informationspflichten aus der Vorschrift ausgelagert werden, ist dem Gesetzgeber bei der Integration des FernAbsG ins BGB und damit spät, jedoch nicht zu spät gekommen. Zuvor war § 2 FernAbsG eine

---

513 vgl. die Begründung des Gesetzgebers im RegE FernAbsG, BT-Drucks. 14/2658, S. 31.
514 RegE FernAbsG BT-Drucks. 14/2658, S. 32.

kaum zu durchschauende Vorschrift. Abgesehen davon, dass der Gesetzgeber die Regelungen von Art. 4 und 5 FernAbsRL in einer Vorschrift zusammengefasst hat, zeigte er sich bei der Umsetzung dieser Vorschriften jedoch nicht besonders einfallsreich. Schon als die Umsetzung mit der Veröffentlichung des Referentenentwurfs zum FernAbsG[515] noch in den Kinderschuhen steckte, war offensichtlich, dass sich der Gesetzgeber ziemlich genau an die Vorgaben der FernAbsRL halten würde. Die Aufteilung der Informationspflichten in vorvertragliche und vertragliche Pflichten wurde ebenso übernommen wie die in Art. 4 FernAbsRL genannten konkreten Pflichten. Zu beachten ist lediglich, dass bei der Übernahme der Formvorschriften hinsichtlich der Bestätigung der Informationen darauf verzichtet wurde, die Voraussetzungen „schriftlich oder auf einem für den Verbraucher verfügbaren dauerhaften Datenträger“ zu übernehmen. Stattdessen wird der Unternehmer in § 2 Abs. 3 FernAbsG verpflichtet, die Informationen auf einem dauerhaften Datenträger zur Verfügung zu stellen. Dieser Begriff wird in § 361 a BGB a.F. legal definiert als Urkunde oder andere auf Dauer lesbare Form. Dies schließt die Übergabe eines Schriftstückes ein, so dass keine inhaltliche Abweichung von der Richtlinie vorliegt.[516] Abgesehen von dieser sprachlichen Abweichung hielt sich der Gesetzgeber in vollem Umfang an die Vorgaben der FernAbsRL.

b) Widerrufsrecht

aa) Vereinheitlichung des Widerrufsrechts

Bevor die FernAbsRL umgesetzt wurde, waren die Widerrufsrechte in den verschiedenen Verbraucherschutzgesetzen unterschiedlich gestaltet[517]. Das war für

---

[515] Bundesministerium der Justiz, Referat I B 2 3420/12-4 v. 31.05.1999, als pdf-datei unter www.bmj.bund.de/misc/m_22_99.htm abrufbar (abgefragt am 01.05.2006) vgl. hierzu *Bülow*, ZIP 1999, S. 1293; *Härting*, CR 1999, S. 507.

[516] Unter den Begriff „dauerhafter Datenträger“ fielen so unterschiedliche Medien wie Disketten, CD-Roms, Telefaxe oder E-Mails, vgl. zum Begriff *Härting*, CR 1999, S. 507, 509; *Roth/Schulze*, RIW 1999, S. 924, 926; *Waldenberger*, K&R 1999, S. 345, 348. Die Formulierung überlebte jedoch das SMG nicht, obwohl es zunächst recht gut für sie aussah. Der Rechtsausschuss, BT-Drucks 14/7052, S. 14 empfahl jedoch, auf den Begriff der Textform aus § 126 b BGB zurückzugreifen und die Definition in § 361 a Abs. 3 Satz 1 BGB ersatzlos zu streichen. Dieser Empfehlung kam der Gesetzgeber nach, da ihn das Argument des Rechtsausschusses, die Rechtssprache müsse vereinheitlicht werden, überzeugte. Diese Entscheidung ist jedoch mit guten Gründen kritisiert worden, da der Begriff „Textform“ nicht deckungsgleich zu dem „dauerhaften Datenträger“ sei, so dass eine richtlinienkonforme Auslegung notwendig werde; vgl. umfassend Staudinger/*Thüsing*, § 312 c Rn. 20.

[517] Eine ausführliche Darstellung der Widerrufsrechte nach §§ 1 HWiG, 7 VerbrKrG und 5 TzWrG findet sich bei *Pudor*, Die Wirkungsweise verbraucherschützender Widerrufsrechte.

den Verbraucher vor allem deshalb misslich, weil sich in den unterschiedlichen Gesetzen ohne überzeugende Gründe voneinander abweichende Regelungen über Fristen und Rechtsfolgen des jeweiligen Widerrufsrechts fanden. Um das Verbraucherschutzrecht übersichtlicher zu gestalten und „um den Gerichten die Rechtsanwendung" zu erleichtern[518], wurden mit der Umsetzung der FernAbsRL nicht nur deren Vorgaben ins FernAbsG übernommen. Der Gesetzgeber fügte eine Vorschrift über Widerrufsrechte bei Verbraucherverträgen ins BGB ein und die Vorschriften in den einzelnen Verbraucherschutzgesetzen[519] verwiesen von nun an auf die §§ 361 a ff. BGB. Bevor es soweit war, kam es jedoch noch zu einigen Turbulenzen. Im Referentenentwurf zum FernAbsG war vorgesehen, dass der Vertrag während der Widerrufsfrist schwebend unwirksam sein sollte, so dass gegenseitige Erfüllungsansprüche erst nach Fristablauf entstünden.[520] Gegen dieses Modell sind zu Recht zahlreiche Bedenken erhoben worden. Am schwersten wog hierbei der Einwand, dass der Verbraucher vor Ablauf der Widerrufsfrist nicht vom Unternehmer hätte verlangen können, dass dieser ihm den Vertragsgegenstand liefert.[521] Das hätte jedoch gegen den Schutzzweck der Richtlinie verstoßen. Aus dem 14. Erwägungsgrund der FernAbsRL ergibt sich, dass das Widerrufsrecht dem Verbraucher vor allem ermöglichen soll, den Kaufgegenstand zu überprüfen. Diese Möglichkeit wird ihm genommen, wenn ein Anspruch auf Lieferung erst nach Ablauf der Widerrufsfrist entstehen würde. Der deutsche Gesetzgeber hat diese Kritik nur zögerlich angenommen, am Ende jedoch erkannt, dass eine erneute Neuregelung über die Ausübung des Widerrufsrechts bei Fernabsatzverträgen den Dschungel des Verbraucherschutzrechts noch undurchdringlicher erscheinen lassen würde.[522] Dieser Beweggrund war letztlich entscheidend dafür, eine einheitliche Regelung über die Ausübung des Widerrufsrechts ins BGB einzuführen. Nach dieser Konstruktion soll der (Fernabsatz-) Vertrag schwebend wirksam sein, bis die Widerrufsfrist abgelaufen ist, wodurch die gegenseitigen Erfüllungsansprüche bereits mit Abschluss des Vertrages entstehen. In der Systematik des deutschen Zivilrechts ist das Widerrufsrecht eine besondere Form des Rücktrittsrechts.[523]

---

[518] Das war zumindest die Hoffnung des Gesetzgebers, vgl. RegE FernAbsG BT-Drucks. 14/2658, S. 42.

[519] Neben dem FernAbsG waren das auch noch das AGBG, das Fernunterrichtsschutzgesetz, das VerbrKrG und das HWiG.

[520] RefE FernAbsG, S. 97 ff.

[521] Diesen Einwand erhob erstmals *Heinrichs*, in: FS Medicus [1999], S. 177, 189 f.

[522] RegE FernAbsG BT-Drucks. 14/2658, S. 42.

[523] Wie oben auf S. 35 f. bereits gezeigt wurde, gebraucht das europäische Sekundärrecht die Begriffe Rücktritt und Widerruf geradezu willkürlich, so dass aus dem Wortlaut der Richtlinie nicht zwangsläufig auf den Charakter des Rechtsinstituts zu schließen ist. Ein „besonders ausgestaltetes Rücktrittsrecht" wird im Übrigen auch angenommen von *Arnold*, CR 1997, S: 526, 530; *Bodewig*, DZWiR 1997, S. 447, 452; *Borges*, ZIP 1999, S. 130, 135; *Bülow*,

bb) Voraussetzungen der Ausübung des Widerrufsrechts

§ 361 a BGB a.F. sah vor, dass der Verbraucher den Rücktritt auf einem dauerhaften Datenträger oder durch Rücksendung der Waren erklären kann. Eine Begründung musste die Erklärung nicht erhalten und auch das Wort Widerruf musste nicht ausdrücklich auftauchen.[524] Der deutsche Gesetzgeber erhöhte die in Art. 6 Abs. 1 FernAbsRL genannte Widerrufsfrist auf zwei Wochen und begründete dies damit, dass es aufgrund des in Deutschland bestehenden Süd-Nord-Gefälles bei den gesetzlichen Feiertagen leichter sei, die Frist nach Kalendertagen zu berechnen.[525] Ansonsten sind die Vorgaben aus Art. 6 FernAbsRL weitestgehend wörtlich übernommen worden. Abweichungen sind lediglich bei den Verträgen zu beobachten, für die Art. 6 Abs. 3 FernAbsRL das Widerrufsrecht ausschließt. Art. 6 Abs. 3, erster Spiegelstrich FernAbsRL wird bereits in § 3 Abs. 1 Satz 3 Nr. 2 lit. b) FernAbsG umgesetzt und findet sich deshalb nicht im Ausnahmekatalog des § 3 Abs. 2 FernAbsG. Anders liegt der Fall bei der Bereichsausnahme in Art. 6 Abs. 3, zweiter Spiegelstrich FernAbsRL, wonach bei Verträgen über Waren oder Dienstleistungen, deren Preis von den Entwicklungen auf den Finanzmärkten abhängt, das Widerrufsrecht nicht gelten soll. Diese Ausnahme ist in der FernAbsRL als Anhängsel des ursprünglichen Plans übrig geblieben, auch Verträge über Finanzdienstleistungen in den Anwendungsbereich mit einzubeziehen. Von diesem Plan wurde erst zu einem späten Zeitpunkt des europäischen Gesetzgebungsverfahrens abgewichen und es wurde dann versäumt, Art. 6 Abs. 3, zweiter Spiegelstrich FernAbsRL zu streichen. Da Verträge über Finanzdienstleistungen jedoch ohnehin vom gesamten Anwendungsbereich des Fernabsatzrechts ausgeschlossen ist, wie sich aus Art. 1 Abs. 1, erster Spiegelstrich FernAbsRL bzw. der Umsetzungsvorschrift § 1 Abs. 3 Nr. 3 FernAbsG ergibt, hat die Bereichsausnahme in Art. 6 Abs. 3, zweiter Spiegelstrich FernAbsRL keine selbstständige Bedeutung und wurde deshalb zunächst nicht ins deutsche Recht übernommen.[526] Die sonstigen Bereichsausnahmen aus Art. 6 Abs. 3 FernAbsRL sind in § 3 Abs. 3 FernAbsG weitgehend wörtlich übernommen worden. Die Regelungen über den Widerruf von verbundenen Geschäften aus Art. 6 Abs. 2 und 4 FernAbsRL sind „der besseren Lesbarkeit hal-

DZWiR 1998, S. 89, 90; *Fuchs*, ZIP 2000, S. 1273, 1281; *Gößmann*, MMR 1998, S: 88, 90; *Heinrichs*, in: FS Medicus [1999], S. 177, 188 – 192; *Waldenberger*, K&R 1999, S. 345, 349.

[524] vgl. Staudinger/*Thüsing*, § 312 d Rn. 14.

[525] RegE FernAbsG BT-Drucks. 14/2658, S. 42.

[526] RegE FernAbsG BT-Drucks. 14/2658, S. 44. Mit Umsetzung der FernAbsFinanzDienstRL und der damit einhergehenden Einbeziehung von Finanzdienstleistungen in den Anwendungsbereich änderte sich diese Rechtslage. Nunmehr findet sich in § 312 d Abs. 4 Nr. 6 BGB eine Ausnahmeregelung, die Art. 6 Abs. 3, zweiter Spiegelstrich FernAbsRL sowie Art. 6 Abs. 2 lit. a) FernAbsFinanzDienstRL gemeinsam umsetzt.

ber“[527] in einer eigenen Vorschrift, § 4 FernAbsG, umgesetzt worden. Inhaltliche Änderungen waren hiermit nicht verbunden.

cc. Rechtsfolgen des Widerrufsrechts

Macht der Verbraucher von seinem Widerrufsrecht Gebrauch, entsteht gemäß § 3 FernAbsG i.V.m. §§ 361 a, 346 BGB a.F. ein Rückgewährschuldverhältnis, so dass die gegenseitig erbrachten Leistungen zurückzugewähren sind. Die Einzelheiten dieser Rechtsfolge sind in Deutschland auf dem Hintergrund von Art. 6 Abs. 1 Satz 2 und Abs. 2 Satz 2 FernAbsRL diskutiert worden. Diese Vorschrift bestimmt, dass die einzigen Kosten, die dem Verbraucher infolge der Ausübung des Widerrufsrechts vertraglich auferlegt werden können, die unmittelbaren Kosten der Rücksendung der Waren sind. Eine solche Regelung findet sich in § 361 a Abs. 2 Satz 3 BGB a.F., wonach Verbrauchern bei einer Bestellung bis zu einem Betrag von 40 Euro die regelmäßigen Kosten der Rücksendung vertraglich auferlegt werden können.[528] Ob sich der Gesetzgeber auch im Übrigen an die Vorgabe gehalten hat, dass dem Verbraucher durch die Ausübung des Widerrufsrechts abgesehen von den Kosten der unmittelbaren Rücksendung keine weiteren Kosten entstehen dürfen, wurde schon bei der Umsetzung der FernAbsRL bezweifelt. Denn in § 361 a Abs. 2 Satz 4 bis 6 BGB a.F. wurde der Verbraucher mit einer ganzen Reihe weiterer Kosten belastet. So muss der Verbraucher bei verschuldeter Verschlechterung oder verschuldetem Untergang der Sache Wertminderung oder Wertersatz leisten. Bei fehlender Belehrung haftet er nur für Vorsatz und grobe Fahrlässigkeit. Für die Benutzung der Sache ist eine Wertvergütung fällig, lediglich für die durch eine „bestimmungsgemäße Ingebrauchnahme einer Sache eingetretene Wertminderung“ haftet der Verbraucher nicht. Diese Regelungen sind von einem Teil des Schrifttums für gemeinschaftsrechtswidrig gehalten worden, da die Formulierung „einzige Kosten“ in der FernAbsRL darauf hindeute, dass den Mitgliedstaaten keinerlei Spielraum

---

[527] RegE FernAbsG BT-Drucks. 14/2658, S. 44.

[528] Diese Regelung ist missbraucht worden und hat sich als großer Nachteil für die Versandhandelsunternehmer erwiesen. Es wurde zur gängigen Praxis im Versandhandel, dass Verbraucher im großen Stil Waren bestellten, um eine möglichst große Auswahl zu haben und sich letztlich nur für ein Einzelteil entschieden. Hinsichtlich der übrigen Gegenstände wurde der Vertrag widerrufen und die Ware wurde auf Kosten des Unternehmers zurückgesandt. Hierdurch wird der Unternehmer übermäßig benachteiligt, da er die zurückgegebenen Waren nur mit wirtschaftlichem Verlust weiter veräußern kann. Dieser Praxis wollte der Gesetzgeber einen Riegel vorschieben und änderte die Vorschriften nach langen Diskussionen durch das Gesetz zur Änderung der Vorschriften über Fernabsatzverträge bei Finanzdienstleistungen. Nunmehr können dem Verbraucher auch bei Bestellungen, deren Wert 40 € übersteigt, die Kosten der Rücksendung vertraglich auferlegt werden, wenn der Verbraucher zum Zeitpunkt des Widerrufs die Gegenleistung oder eine Teilleistung noch nicht erbracht hat.

bleibe, den Verbraucher auf eine Nutzungsentschädigung zu verpflichten.[529] Hiergegen spricht jedoch, dass die Kosten für die Nutzung der Sache nicht „infolge der Ausübung des Widerrufsrechts" entstanden sind, wie es die Richtlinie fordert.[530] Vielmehr geht es um die Rückabwicklung von Vorteilen und Schäden, die durch die vorhergehende Nutzung entstanden sind. Kosten, die infolge der Ausübung des Widerrufsrechts verursacht werden und die dem Verbraucher nicht vertraglich auferlegt werden können, wären demgegenüber beispielsweise Personal- und Verwaltungskosten, die dem Unternehmer im Zusammenhang mit der Rückabwicklung des Vertrages entstehen. Gegen die Europarechtswidrigkeit der Vorschrift spricht im Übrigen, dass der 14. Erwägungsgrund der FernAbsRL die nähere Ausgestaltung des Widerrufsrechts dem Recht der Mitgliedstaaten überlässt.[531]

c) Vertragserfüllung und Zahlungsmodalitäten

Die Vorgaben aus Art. 7 und 8 FernAbsRL über die Erfüllung des Vertrages und die Zahlungsmodalitäten sind in Deutschland überwiegend nicht umgesetzt worden.

aa) Vertragserfüllung

(1) Lieferzeit

Art. 7 Abs. 1 FernAbsRL, wonach der Lieferer die Bestellung spätestens 30 Tage nach dem Tag auszuführen hat, der auf den Tag folgt, an dem der Verbraucher seine Bestellung aufgegeben hat, wurde im deutschen Recht nicht umgesetzt. Der Gesetzgeber vertrat hierzu die Auffassung, dass das deutsche Recht in

---

[529] vgl. *Micklitz*, in *Micklitz/Reich*, Die FernAbsRL im deutschen Recht, Rn. 61; *Tonner*, BB, 2000, S. 1413, 1415.

[530] so auch *Gößmann*, MMR 1998, S. 88, 91.

[531] Der Streit um die Frage, ob die nach der Schuldrechtsreform in § 357 BGB aufgegangene Vorschrift über die Rechtsfolgen des Widerrufsrechts gegen Gemeinschaftsrecht verstößt, nahm nach der Änderung der Vorschriften durch das SMG neue Fahrt auf. Diese Änderungen gingen zu Lasten des Verbrauchers und sahen u.a. in § 357 Abs. 3 Satz 1 BGB vor, dass der Verbraucher nunmehr auch für Wertminderungen haftet, die durch die bestimmungsgemäße Ingebrauchnahme der Sache entstanden sind. Hierbei dachte der Gesetzgeber vor allem an Fälle, bei denen bereits die Ingebrauchnahme als solche zu einer erheblichen Wertminderung führt, vgl. RegE SMG BT-Drucks. 14/6040, S. 199. Der Streit wurde mit den alten Argumenten weitergeführt und letztlich setzte sich im Schrifttum die Auffassung durch, dass die Regelung nicht gemeinschaftsrechtswidrig ist, vgl. *Bülow*, NJW 2002, S. 1145; *Grothe*, in: Bamberger/Roth, § 357 Rn. 10; *Lütcke*, § 312 d BGB Rn. 28; Palandt/*Heinrichs*, § 357 Rn. 14; *Rolland*, in: Neues Schuldrecht, Kapitel 4 Rn. 106; 1150; a.A. MünchKomm/*Ulmer* § 357 BGB Rn. 4 f.; *Ring*, Rn. 41.

§ 271 Abs. 1 BGB bereits *de lege lata* strenger als die europäische Vorgabe sei.[532] Im Übrigen schütze § 10 Nr. 1 AGBG den Verbraucher ausreichend vor einer unangemessen lang vereinbarten Leistungszeit.[533] Diese Auffassung ist von Verbraucherschutzverbänden[534] und im Schrifttum[535] heftig kritisiert worden. Während die Kritik der Verbraucherschutzverbände nicht auf juristischem Boden gewachsen ist, bezog sich die Kritik des Schrifttums auf die Konstruktion des Widerrufsrechts, die noch im Referentenentwurf zum FernAbsG vorgesehen war.[536] Nachdem der Gesetzgeber von diesem Konzept abgewichen ist, gab es für Kritik keinen Anlass mehr. Das deutsche Recht ist für den Verbraucher tatsächlich günstiger als die Regelungen in Art. 7 Abs. 1 FernAbsRL. Denn gemäß § 271 Abs. 1 BGB ist eine Leistung im Zweifel sofort zu erbringen, sofern sich nicht aus der Parteivereinbarung etwas anderes ergibt. Treffen Verbraucher und Unternehmer eine hiervon abweichende Vereinbarung, so wird der Verbraucher vor einer unangemessen langen oder unbestimmten Lieferfrist durch § 10 Nr. 1 AGBG geschützt, so dass er auch insoweit nichts zu befürchten hat.[537]

(2) Nichtverfügbarkeit des Leistungsgegenstandes

Art. 7 Abs. 2 FernAbsRL verpflichtet den Unternehmer, den Verbraucher zu informieren, wenn der Vertragsgegenstand nicht verfügbar ist. In diesem Fall muss der Unternehmer geleistete Zahlungen binnen 30 Tagen erstatten. Der Gesetzgeber hielt eine Umsetzung nur hinsichtlich der zweiten Pflicht für erforderlich, und auch das nur eingeschränkt. Nach § 10 Nr. 8 AGBG soll der Unternehmer nur dann zur unverzüglichen Rückzahlung verpflichtet sein, wenn die Leistung nur unter dem Vorbehalt ihrer Verfügbarkeit versprochen wurde. Dagegen wurde der sonstige Regelungsgehalt von Art. 7 Abs. 2 FernAbsRL nicht umgesetzt. Der Gesetzgeber war der Auffassung, dass der Verbraucher die in Art. 7 Abs. 2 FernAbsRL genannte Vertragsverletzung auch ohne weiteren

[532] RegE FernAbsG BT-Drucks. 14/2658, S. 18.
[533] RegE FernAbsG BT-Drucks. 14/2658, S. 18.
[534] Die Stellungnahme der Arbeitsgemeinschaft der Verbraucherverbände (AGV), im Internet abrufbar unter www.heise.de/tp/deutsch/inhalt/te/5343/1.html, abgefragt am 01.05.2006, bezieht sich zwar auf den Referentenentwurf zum FernAbsG. Dieser entspricht jedoch hinsichtlich der Umsetzung von Art. 7 Abs. 1 FernAbsRL der späteren Fassung des FernAbsG.
[535] *Artz*, VuR 1999, S. 249; *Micklitz/Reich*, BB 1999, S. 2093, 2095.
[536] Insb. *Artz*, VuR 1999, S. 249, 250 baut seine Überlegungen auf dem Grundgedanken auf, dass der Vertrag bis zum Ablauf der Widerrufsfrist schwebend unwirksam ist.
[537] so auch die überzeugende Begründung des Gesetzgebers in RegE FernAbsG BT-Drucks. 14/2658, S. 18; zustimmend *Kamanabrou*, WM 2000, S. 1417, 1425; *Lorenz*, JuS 2000, S. 833, 840; kein Schutz besteht nach deutschem Recht nur, wenn die Vereinbarung über die Lieferzeit nicht im Wege von AGB sondern per AGB getroffen wird. In einem solchen Fall hilft aber auch die FernAbsRL nicht weiter, da Art. 7 Abs. 1 ausdrücklich abweichende Parteivereinbarungen erlaubt.

Hinweis erkenne und ihm dann die Rechte aus §§ 320 BGB a.F. zustünden, die eine Rückerstattung von vorab geleisteten Zahlungen innerhalb von 30 Tagen ermöglichten.[538] Dieser Auffassung begegnen erhebliche Bedenken. Durch sie wird der Verbraucher in der Konsequenz schlechter gestellt, als es die FernAbsRL vorsieht. Bereits das Fundament der Argumentation des Gesetzgebers ist keinesfalls so sicher, wie es die Begründung des Regierungsentwurfs annimmt. Für den Verbraucher ist nur dann offensichtlich zu erkennen, dass der Unternehmer den Vertrag nicht erfüllen kann, wenn eine Lieferzeit vereinbart ist. Ist das nicht der Fall und richtet sich die Leistungszeit gemäß § 271 Abs. 1 BGB nach den Umständen, so bleibt es für den Verbraucher häufig im Dunkeln, ob die angemessene Lieferfrist bereits abgelaufen ist oder ob er noch weiter abwarten muss. Hierdurch wird die Erstattung bereits geleisteter Zahlungen zum Nachteil des Verbrauchers verzögert. Ähnliches gilt auch dann, wenn ein fester Liefertermin vereinbart wurde. Stellt der Unternehmer in einem solchen Fall vor Ablauf der Lieferfrist fest, dass die bestellte Ware oder Dienstleistung nicht verfügbar ist, könnte der Verbraucher bei rechtzeitiger Information seine Rückerstattungsansprüche unverzüglich geltend machen. Informiert der Unternehmer den Verbraucher nicht, können die Erstattungsansprüche erst mit Ablauf der Lieferfrist geltend gemacht werden.[539] Der deutsche Gesetzgeber hat seine Pflicht zur richtlinienkonformen Umsetzung der FernAbsRL verletzt, indem er darauf verzichtet hat, den Verbraucher auf dem in Art. 7 Abs. 2 FernAbsRL vorgesehenen Niveau zu schützen. Das Ziel der FernAbsRL, an das die Mitgliedstaaten bei der Umsetzung gebunden sind, wurde also in Deutschland im Hinblick auf Art. 7 Abs. 2 FernAbsRL nicht erreicht. Um den Vorgaben der FernAbsRL gerecht zu werden, sind deshalb die Vorgaben über die Rückabwicklung des Fernabsatzvertrages gemeinschaftskonform auszulegen. In der Konstellation von Art. 7 Abs. 2 FernAbsRL wird der Fernabsatzvertrag nicht widerrufen. Vielmehr kann der Verbraucher von dem Vertrag gemäß § 323 Abs. 1 und 4 BGB von dem Vertrag zurücktreten. Das hat zur Folge, dass gemäß § 346 Abs. 1, 323 Abs. 1 BGB die erbrachten Leistungen zurückzugewähren sind. Bei Fernabsatzverträgen sind diese Vorschriften gemeinschaftskonform auszulegen. Der Unternehmer muss daher bei einem Fernabsatzvertrag, den er nicht erfüllen kann, weil die bestellte Ware oder Dienstleistung nicht verfügbar ist, die Vorauszahlung des Verbrauchers innerhalb von 30 Tagen zurückzahlen. Die Frist beginnt dabei an dem Tag, an dem der Unternehmer Kenntnis davon erlangt, dass er die Ware nicht liefern bzw. die Dienstleistung nicht erbringen kann. Nur auf diese Weise existiert eine effektive Sanktion, die den Verbraucher davor schützt, dass der Unternehmer auch dann noch mit seinem Geld wirtschaftet, wenn er längst erkannt hat, dass eine Erfüllung unmöglich ist. Andernfalls wird man dem in Art. 7 Abs. 2 FernAbsRL verankerten Schutz nicht gerecht und

---

[538] RegE FernAbsG, BT-Drucks. 14/2658, S. 19.

[539] Dieses Argument findet sich auch bei *Kamanabrou*, WM 2000, S. 1417, 1426.

das Verbraucherschutzniveau bliebe hinter dem von der FernAbsRL bezweckten zurück. Das muss verhindert werden.

(3) Zulässigkeit von Alternativlieferungen

Kein Umsetzungsbedarf bestand bei Art. 7 Abs. 3 FernAbsRL. Das deutsche Recht sah schon vor Umsetzung der FernAbsRL die Möglichkeit vor, dass die Parteien vereinbaren, bestellte Waren oder Dienstleistungen durch qualitativ und preislich gleichwertige Leistungen zu ersetzen. Hierbei handelt es sich um die Konsequenz eines der Eckpunkte des deutschen Zivilrechts, der Vertragsfreiheit. Handelt es sich um Verbraucherverträge, gewährleisten die Regelungen des AGBG, dass die Interessen des Verbrauchers in angemessener Form berücksichtigt werden.[540]

bb) Zahlungsmodalitäten

Bei Art. 8 FernAbsRL sah der Gesetzgeber nur eingeschränkten Umsetzungsbedarf. Aus dem deutschen Recht ergab sich bereits vor Umsetzung der FernAbsRL ein Schutz des Kreditkarteninhabers vor der weisungswidrigen Verwendung der Kreditkarte bzw. der auf ihr abgespeicherten Daten. Nach gefestigter Rechtsprechung des BGH erwirbt die Bank keinen Aufwendungsersatzanspruch gemäß § 670 BGB gegen den Karteninhaber, wenn die Karte von einem Dritten missbräuchlich verwendet wird und die Bank daraufhin Geld an einen anderen auszahlt.[541] Diese Rechtsprechung fand bei Umsetzung der FernAbsRL mit dem neu eingefügten § 676 h BGB Eingang ins BGB. Eine Umsetzung war trotz der bereits bestehenden gefestigten Rechtsprechung erforderlich, da der richtlinienkonforme Rechtszustand eindeutig und bestimmt sein muss, auch wenn die Art und Weise der Umsetzung einer Richtlinie im Ermessen eines Mitgliedstaates steht.[542] § 676 h BGB bestimmt, dass ein Kreditinstitut bzw. Kartenaussteller vom Karteninhaber nur dann Aufwendungsersatz verlangen kann, wenn diese nicht von einem Dritten missbräuchlich verwendet wurde. Die Beweislast der missbräuchlichen Verwendung obliegt damit dem Kartenaussteller.[543]

---

[540] Das war auch die Hoffnung des Gesetzgebers, vgl. RegE FernAbsG BT-Drucks. 14/2658, S. 19.

[541] vgl. BGHZ 91, S. 221; 114, S. 238. Die vielfältigen und komplexen Rechtsfragen der Kreditkartenzahlung können jedoch in diesem Zusammenhang nicht ausführlich erörtert werden, es sei daher der Vollständigkeit halber verwiesen auf *Meder*, AcP 198 [1998], S. 72 ff.; *Pichler*, NJW 1998, S. 3234 ff., jeweils m.w.N.

[542] vgl. *Lorenz*, JuS 2000, S. 833, 843. Zu der Frage, ob die höchstgerichtliche Rechtsprechung in einem Mitgliedstaat den Umsetzungsanforderungen genügt, siehe oben S. 56.

[543] vgl. Palandt/*Heinrichs*, § 676 h BGB Rn. 21 .

3. Wettbewerbsrechtliche Vorgaben

Die Umsetzung von Art. 9 FernAbsRL zeigt nach Auffassung des Schrifttums die größten Schwächen bei der nach Meinung vieler ohnehin missglückten Umsetzung der FernAbsRL.[544] Überzeugt schon der Inhalt der Vorschrift nicht, so ist ihre systematische Stellung zwischen zwei der zentralen Vorschriften des Schuldrechts erst recht als misslungen zu betrachten. Bei der Umsetzung ging der Gesetzgeber über die Vorgaben aus Art. 9 FernAbsRL hinaus. Nach § 241 a Abs. 1 BGB entstehen gegen einen Verbraucher keine Ansprüche, wenn der Unternehmer ihm ohne vorherige Bestellung Sachen zusendet oder sonstige Leistungen erbringt. Darüber hinaus ist der Verbraucher auch grundsätzlich nicht zur Rückgabe der unbestellt erbrachten Leistungen verpflichtet, so dass der Unternehmer empfindlich gestraft wird.[545] Gesetzliche Ansprüche sind freilich gemäß § 241 a Abs. 2 BGB nicht ausgeschlossen, wenn die Sachen irrtümlich zu dem Verbraucher gelangt sind und dieser den Irrtum erkannt hat oder hätte erkennen können. Eine unbestellte Leistung liegt gemäß § 241 a Abs. 3 BGB nicht vor, wenn der Verbraucher statt der bestellten eine qualitativ und preislich gleichwertige Leistung angeboten bekommt und er zugleich darauf hingewiesen wird, dass er zur Annahme nicht verpflichtet ist und die Kosten der Rücksendung nicht tragen muss.[546]

Kein Umsetzungsbedarf bestand bei Art. 10 FernAbsRL. Die dort geregelte Beschränkung der Verwendung bestimmter Fernkommunikationstechniken war in Deutschland Bestandteil der höchstrichterlichen Rechtsprechung, die zu § 1 UWG entwickelt wurde.[547]

---

[544] Am deutlichsten wurde diese Kritik erneut von *Hensen*, ZIP 2000, S. 1151 und *Flume*, ZIP 2000, S. 1427, 1428 formuliert. Hensen schreibt: „*Mit dem FernAbsG gibt es jetzt einen § 241 a BGB, der drei Absätze lang ist und von der Lieferung unbestellter Sachen handelt. Was ist denn bloß in Berlin los? Unbestellte Waren? Ich bekomme nie welche, immer nur unbestellte Kataloge. All dieser neumodische Kram – war denn das nötig? Nun duckt sich unser Goldstück, der § 242 BGB, ganz klein hinter dem schrecklichen § 241 a BGB: allein im ersten Satz dreimal „durch". Oder auch: Gesetzgebung heute und gestern.*" Flume betrachtet den § 241 a BGB als Beispiel für die „*gesetzgeberische Unfähigkeit*", die voll von „*geschwätzigen Formulierungen*" sei und im Übrigen „*sachlich falsche*" Regelungen enthalte.

[545] Der Gesetzgeber wollte ausdrücklich wettbewerbswidriges Verhalten des Unternehmers sanktionieren, vgl. RegE FernAbsG, BT-Drucks. 14/2658, S. 46.

[546] vgl. die ausführliche Darstellung dieser misslungenen Vorschrift bei *Berger*, JuS 2001, S. 649; *Casper*, ZIP 2000, S. 1602; *Deckers*, NJW 2001, S. 1474; *Flume*, ZIP 2000, S. 1427, 1428; *Hensen*, ZIP 2000, S. 1151; *Lienhard*, NJW 2003, S. 3592; *Link*, NJW 2003, S. 2811; *Pohlmann/Schwarz*, JURA 2001, S. 361.

[547] vgl. – insoweit zutreffend – RegE FernAbsG, BT-Drucks. 14/2658, S. 24 m.w.N.

4. Rechtsdurchsetzung

Art. 11 Abs. 1 FernAbsRL verpflichtet die Mitgliedstaaten, „geeignete und wirksame Mittel" zur Verfügung zu stellen, mit denen die Einhaltung der Bestimmungen der Richtlinie gewährleistet ist. Hierunter verstand der europäische Gesetzgeber, wie sich aus Art. 11 Abs. 2 FernAbsRL ergibt, vor allem umfangreiche Verbandsklagerechte für öffentliche Einrichtungen, Verbraucherverbände sowie Berufsverbände. Vor Umsetzung der FernAbsRL bestanden im deutschen Recht entsprechende Verbandsklagerechte nur im Einzelfall, und zwar gegebenenfalls nach § 1, 13 UWG bzw. § 13 AGBG. Rechtliche Instrumente, die es ermöglichen, dass ohne zusätzliche Voraussetzung jede den Schutzvorgaben der FernAbsRL widersprechende Geschäftsbedingung oder Vertragspraxis untersagt werden kann, existierten jedoch nicht. Der Gesetzgeber hat diese Lücke erkannt.[548] Da ohnehin das Verbandsklagerecht neu geregelt werden musste[549], verzichtete der Gesetzgeber – das hehre Ziel der Rechtvereinheitlichung nie aus den Augen verlierend – darauf, eine Sonderregelung für das Fernabsatzrecht zu schaffen, sondern entschied sich für eine allgemeine Lösung, indem er im AGBG eine Regelung für Verbandsklagerechte einführte. § 22 AGBG enthielt seit der Umsetzung der FernAbsRL eine Regelung über Unterlassungsansprüche bestimmter Verbände, Einrichtungen und Kammern bei verbraucherschutzgesetzwidrigen Praktiken[550]. Darüber hinaus wurde die Klagebefugnis der Verbraucherverbände durch eine Änderung von § 13 Abs. 2 AGBG erweitert. Auch „qualifizierten Einrichtungen" sollen Ansprüche auf Unterlassung und Widerruf zustehen. Qualifizierte Einrichtungen sind in einer Liste eingetragen, die beim Bundesverwaltungsamt in Köln geführt wird. Abweichend von der vorherigen Rechtslage ist es danach nicht mehr erforderlich, dass die Klagebefugnis des Verbandes bei jedem Rechtsstreit erneut geprüft wird. Vielmehr entscheidet das Bundesverwaltungsamt einmalig über die Klagebefugnis, legt dabei

---

[548] vgl. RegE FernAbsG BT-Drucks. 14/2658, S. 28.

[549] Die Richtlinie 98/27/EG über Unterlassungsklagen zum Schutz der Verbraucherinteressen, ABlEG Nr. L 166 v. 11.6.1998, S. 51 musste bis spätestens Anfang 2001 in nationales Recht umgesetzt werden.

[550] Das AGBG enthielt dadurch zwei unterschiedliche Regelungen über das Verbandsklagerecht. Der Gesetzgeber hatte zuvor ein Gutachten des Max-Planck-Institutes angefordert, in dem empfohlen wurde, die Verbandsklage aus systematischen Gründen allgemein in der ZPO zu regeln, vgl. *Hopt/Baetge*, in: *Basedow/Hopt/Kötz/Baetge*, S. 11 ff. Dieser Empfehlung ist der Gesetzgeber nicht gefolgt und die Begründung des RegE FernAbsG gibt Anlass für Zweifel, ob er dies überhaupt in Erwägung gezogen hat. Das Gutachten wird in der Gesetzesbegründung mit keinem Wort erwähnt. Vgl. zu § 22 AGBG *Hensen*, ZIP 2000, S. 1151, 1152; *Kamanabrou*, WM 2000, S. 1417, 1426; *Schmidt-Räntsch*, VuR 2000, S. 427, 434; *Tonner*, BB 2000, S. 1413, 11419.

jedoch die bekannten Kriterien an. Wird der Verband in die Liste eingetragen, ist er klagebefugt.[551]

5. Unabdingbarkeit und Internationale Verbraucherverträge

Art. 12 Abs. 1 FernAbsRL verlangt von den Mitgliedstaaten, die Vorschriften zur Umsetzung der FernAbsRL als zwingendes Recht auszugestalten. Diese Vorgabe wird durch § 5 Abs. 1 FernAbsG umgesetzt, wonach eine zum Nachteil des Verbrauchers von den Regelungen des FernAbsG abweichende Vorschrift unwirksam ist. Im Übrigen hielt es der Gesetzgeber für notwendig, in § 5 Abs. 2 FernAbsG ein Umgehungsverbot zu verankern, da zu befürchten sei, dass der Unternehmer durch den mit den Schutzvorschriften des FernAbsG verbundenen Aufwand dazu verleitet werden könnte, die Vorschriften zu umgehen.[552]

Um die Anwendung der Verbraucherschutzregeln auch bei grenzüberschreitenden Fällen zu gewährleisten, hat der deutsche Gesetzgeber in Art. 29a EGBGB eine spezielle Kollisionsregel für die Sonderanknüpfung bestimmter Verbraucherschutznormen eingeführt. Durch die Vorschrift wird Art. 12 Abs. 2 FernAbsRL umgesetzt, wobei der Gesetzgeber auch hier die Chance genutzt hat, die zuvor in den verschiedenen Verbraucherschutzgesetzen zu findenden Kollisionsnormen zusammenzufassen. So geht auch die Formulierung in Art. 29a EGBGB auf die entsprechenden Vorgaben des AGBG und des TzWrG zurück.

---

[551] vgl. hierzu *Schmidt-Räntsch*, VuR 2000, S. 427, 434. Der Gesetzgeber nutzte die sich bietende Gelegenheit, um ein – aus seiner Sicht – rechtspolitisches Ärgernis zu beseitigen. In den 90er Jahren kam es vermehrt zu Klagen von Wirtschaftsverbänden, die gemäß § 13 Abs. 2 AGBG klagebefugt waren, die häufig langwierige Prozesse nach sich zogen und die vor allem der Großindustrie das Leben schwer machten. So erreichten etwa Opelhändler, dass Klauseln aus den Vertragshändlerverträgen, die zwischen ihnen und Opel bestanden, gestrichen wurden, vgl. BGHZ 93, 29; hierzu *Graf v. Westphalen*, EWiR 1985, S. 11. Nach Umsetzung der FernAbsRL können Wirtschaftsverbände nur noch klagen, wenn die Verwendung unwirksamer AGB den Markt beeinträchtigt. Der Markt ist jedoch in der Regel nicht betroffen, wenn , wie *Hensen*, ZIP 2000, S. 1151 schreibt, Tankstellenpächter gegen ihren Mineralölkonzern vorgehen.

[552] RegE FernAbsG BT-Drucks. 14/2658, S. 45; die Notwendigkeit derartiger Vorschriften ist zurecht bestritten worden, da die Verbrauchervorschriften in der Regel selbst so auszulegen sind, dass sie der Regelung entgegenstehen. Ist eine Vereinbarung als Umgehungsgeschäft umschrieben, wird damit nur positiv beschrieben, dass der Umgehungsversuch selbst gescheiter ist. Zum selben Ergebnis gelangt man, wenn man die Verbraucherschutzvorschrift als Verbotsgesetz auslegt, vgl. hierfür auch Palandt/*Heinrichs*, § 312 f Rn. 2; *Sieker*, Umgehungsgeschäfte, S. 37; ähnlich *Teichmann*, Die Gesetzesumgehung, S. 64 ff.; a.A. MünchKomm/*Meyer-Mahly/Armbrüster*, § 134 Rn. 11 ff.; zu Umgehungsgeschäften: *Flume*, § 17 Rn. 4; *Lutter*, in: FS Stiefel, S. 505, 508; *Medicus*, BGB AT Rn. 661; Soergel/*Hefermehl* § 134 BGB Rn. 37; Staudinger/*Schlosser* [1998] § 7 AGBG Rn. 1; *Teichmann*, JZ 1985, S. 314, 316.

Die Neuregelung gilt in Übereinstimmung mit Art. 12 Abs. 2 FernAbsRL nunmehr auch für die Rechtswahl.

6. Fazit

Der deutsche Gesetzgeber hat für die Umsetzung der FernAbsRL reichlich Kritik einstecken müssen. Teilweise war die Kritik auch in der ungewöhnlich drastischen Form berechtigt, etwa bei dem völlig missratenen § 241 a BGB. Teilweise ist die Kritik jedoch über das Ziel hinausgeschossen. So sollte durchaus anerkannt werden, dass der Gesetzgeber bei der Umsetzung der FernAbsRL endlich einen ersten Schritt auf dem Weg zu einer Vereinheitlichung des Verbraucherschutzrechts gegangen ist. Dieser Schritt war lange überfällig. Es war nicht einzusehen, dass die Lage im deutschen Verbraucherschutzrecht mit jeder neuen Umsetzung einer europäischen Verbraucherschutzrichtlinie unübersichtlicher geworden ist. Hierdurch wird das erklärte Ziel sämtlicher Umsetzungsgegenstände, ein hohes Verbraucherschutzniveau zu erreichen, gefährdet. Dem Durchschnittsverbraucher ist es nicht zuzumuten, einen Weg durch das Dickicht der unterschiedlichen Verbraucherschutzgesetze zu finden, ohne hierbei auf rechtskundige Hilfe zurückgreifen zu müssen. Das kann nicht im Sinne der Umsetzungsgegenstände sein. Es ist deshalb gut und richtig gewesen, Teile des Verbraucherschutzrechts ins BGB zurückzuführen und ihm damit eine zentrale Position innerhalb des deutschen Rechts zu verleihen.

In der Zwischenzeit hat der Gesetzgeber einen weiteren Abschnitt auf diesem Weg zurückgelegt. Mit dem SMG wurde nicht nur das FernAbsG, sondern neben ihm wurden auch weitere Verbraucherschutzgesetze wie etwa das HWiG, das TzWrG oder das VerbrKrG ins BGB integriert. Hierdurch ging man einen weiteren wichtigen Schritt auf dem Weg zu einem einheitlichen und übersichtlichen Verbraucherschutzrecht. Zudem dürfte den vor allem im Vorfeld der Schuldrechtsmodernisierung zum Teil aufgetretenen Befürwortern eines einheitlichen Verbrauchergesetzbuches der Wind aus den Segeln genommen worden sein. Der Gesetzgeber hat mit der Integration des Verbraucherschutzrechts ins BGB klar seine Auffassung dokumentiert, dass das Verbraucherschutzrecht kein Sonderprivatrecht ist, sondern zum allgemeinen Privatrecht gehört.

Der gute Wille kann dem Gesetzgeber also nicht abgesprochen werden. Leider reicht jedoch ein guter Wille allein häufig nicht aus. So auch hier. Schon das Gesetzgebungsverfahren zum FernAbsG war überschattet von der Diskussion um den völlig missratenen Referentenentwurf des FernAbsG. Insbesondere war die dogmatische Konstruktion des Widerrufsrechts wenig durchdacht, passte nicht ins Schema des deutschen Zivilrechts und war darüber hinaus nicht geeignet, dem Schutzzweck der FernAbsRL gerecht zu werden. Der Gesetzgeber hätte sich die folgende, für ihn äußerst peinliche Diskussion, in der ihm vom Schrifttum nahezu einhellig die Kompetenz abgesprochen wurde, von Beginn an sparen können, wenn er die dogmatische Konstruktion des Widerrufsrechts besser durchdacht hätte. So hätte der Gesetzgeber erkennen müssen, dass die Widerrufsrechte im FernUSG, HWiG, VerbrKrG oder TzWrG, an deren dogmatischer Konstruktion sich der Gesetzgeber bei dem Widerruf im Referentenentwurf des FernAbsG ein Beispiel genommen hatte, einen anderen Zweck erfüllen sollen als bei einem Fernabsatzgeschäft. Denn im Unterschied hierzu bedarf es bei einem Verbraucherkredit, einem Haustürgeschäft oder einem Fernunterrichtsvertrag keines vorangehenden Erfüllungsanspruches, um den Vertragsgegenstand prüfen zu können. Vielmehr sollten gegenseitige Erfüllungsansprüche gerade vermieden werden, um Probleme, die bei der Rückabwicklung der Verträge entstehen könnten, zu vermeiden. Beim Fernabsatzgeschäft bedarf es aber für den Verbraucher gerade eines Erfüllungsanspruches, um den Vertragsgegenstand einer näheren Prüfung zu unterziehen und sich nicht nur auf die Angaben des Unternehmers verlassen zu müssen. Dieser Unterschied ist offensichtlich und hätte bereits vor der Veröffentlichung des Referentenentwurfes erkannt werden müssen. Der Gesetzgeber hat seinen Irrtum dann noch rechtzeitig korrigiert. Dennoch sind die Irrungen und Wirrungen, die im Zusammenhang mit dem fernabsatzrechtlichen Widerrufsrecht aufgetreten sind, bezeichnend für das gesamte Gesetzgebungsverfahren bei der Umsetzung der FernAbsRL. Viele der Vorschriften machen den Eindruck, als seien sie mit der heißen Nadel gestrickt. Das beginnt mit den Begriffsbestimmungen zu „Verbraucher“ und „Unternehmer“, die sich in §§ 13, 14 BGB befinden. Einerseits haben diese Begriffsbestimmungen im Titel „Natürliche Personen“ nichts verloren. Andererseits ist insbesondere die Definition der rechtsfähigen Personengemeinschaft im Rahmen des Unternehmerbegriffes in § 14 Abs. 2 BGB bemerkenswert nichtssagend. Der Begriff der *„rechtsfähigen Personengesellschaft“* wird hier definiert als *„eine Personengesellschaft, die mit der Fähigkeit ausgestattet ist, Rechte zu erwerben“*. Bei dieser Formulierung handelt es sich um eine nichtssagende Tautologie. Die Unzulänglichkeiten der Regelung über das Schicksal unbestellter Leistungen in § 241 a BGB sind bereits dargelegt worden. Auch die Regelungen des FernAbsG selbst bzw. die neuen Vorschriften über das verbraucherschützende Widerrufs- bzw. Rückgaberecht sind nicht frei von (technischen) Mängeln. Insbesondere die Vorschrift über die Informationspflichten in § 2 FernAbsG ist ein weiteres Beispiel für die beklagenswerte Tendenz zur kasuistischen Formulierung in der Rechtssprache. Die Vorschriften werden so zu geradezu monströsen Regelungswerken, die nicht selten mehrere DIN-A 4 Seiten umfassen und kaum noch zu überblicken sind. Diese Tendenz hat sich in der weiteren Geschichte des Fernabsatzrechts leider bewahrheitet. Auch wenn der Gesetzgeber die konkreten Informationspflichten im Zuge der Schuldrechtsreform in die BGB-InfoV ausgelagert hat, führte das nicht dazu, dass die Übersichtlichkeit im Fernabsatzrecht vergrößert wurde. Spätestens die Umsetzung der FernAbsFinanzDienstRL hat zu einem neuen Tiefpunkt in der technischen Qualität des Regelwerkes geführt. Der Dschungel des Fernabsatzrechts ist durch seltsame Verweisungen, undurchsichtige Regelungen und überlange Absätze noch undurchdringlicher geworden. Allein der Umstand, dass ein Regelungskomplex wie das Fernabsatzrecht innerhalb der relativ kurzen Zeitspanne von vier Jahren dreimal maßgeblich geändert wurde, deutet auf eine wenig durchdachte Gesetzgebung hin. Der deutsche Gesetzgeber ist also auch weiterhin gefordert, für Klarheit und Übersichtlichkeit im immer wichtiger werdenden Bereich des Fernabsatzrechts zu sorgen. Den zukünftigen Entwicklungen in diesem Bereich kann mit hoffnungsvoller Erwartung entgegengeblickt geworden. Der Weg ist weit und beschwerlich, doch jeder Schritt ist verdienstvoll.

5. Kapitel

Rechtsvergleichung

Mit dem Erlass der FernAbsRL hat die EU den EU-Mitgliedstaaten die Umsetzung von verbraucherschutzrechtlichen Vorschriften aufgegeben, die einen der am stärksten prosperierenden Geschäftsbereiche auf Gemeinschaftsebene, den E-Commerce, maßgeblich beeinflussen. Der deutsche Gesetzgeber hat die Gelegenheit nicht dazu genutzt, zu dem erhofften ganz großen Wurf auszuholen. Dieser ist vielmehr knapp zwei Jahre später erfolgt, als mit dem SMG diverse Verbraucherschutzgesetze ins BGB zurückgeführt wurden. Allerdings wurde diesem Coup bei der Umsetzung der FernAbsRL durch das Gesetz über Fernabsatzverträge und andere Fragen des Verbraucherrechts sowie zur Umstellung der Vorschriften auf Euro der Boden bereitet. Denn der deutsche Gesetzgeber wich erstmals von seiner bisherigen Praxis ab, in der er die EU-Verbraucherschutzrichtlinien durch Einzelgesetze umsetzte und in diesem Zusammenhang der Harmonisierung und Vereinheitlichung des Verbraucherrechts nur wenig Beachtung schenkte. Stattdessen wurden die Kernbegriffe des Verbraucherrechts, die Definitionen von Verbraucher und Unternehmer, ins BGB eingefügt. Auch ein weiterer gemeinsamer Nenner der Verbraucherschutzgesetze und ein wesentliches Schutzinstrument des Verbraucherrechts, das Widerrufsrecht bei Verbraucherverträgen, vereinheitlichte man für alle Verbraucherschutzgesetze und fügte es ins BGB ein. An dieser Stelle hat den Gesetzgeber der Mut zur Reform verlassen. Die sonstigen Regelungen der FernAbsRL wurden nicht etwa gemeinsam mit den Vorschriften des HWiG zu einem einheitlichen Verbrauchervertriebsgesetz zusammengefasst oder ebenfalls ins BGB integriert, sondern es wurde ein neues Sondergesetz des Verbraucherschutzrechts erlassen. Diesen nur halbherzigen Versuch, für mehr Transparenz und Übersicht im Verbraucherschutzrecht zu sorgen, führte der deutsche Gesetzgeber dann nicht einmal zwei Jahre später zu Ende, als er neben dem FernAbsG auch andere Verbraucherschutzgesetze im Zusammenhang mit der Schuldrechtsmodernisierung ins BGB integrierte.

Der englische Gesetzgeber setzte sich derartigen Gewissenskonflikten gar nicht erst aus. Vielmehr ist nicht erkennbar, dass es bei der Umsetzung der FernAbsRL überhaupt Zweifel über die Form gab, in der die Umsetzung erfolgen sollte. Man erinnerte sich an die bisherigen Wege, die man bei der Umsetzung von EU-Verbraucherschutzrichtlinien gegangen war. Diese wurden ohne Ausnahme durch Statutory Instruments umgesetzt, die unkompliziert und relativ unbürokratisch erlassen und geändert werden können. Es scheint nie andere Pläne gegeben zu haben, als die FernAbsRL durch ein Statutory Instrument umzusetzen. Insbesondere machte sich der englische Gesetzgeber keine großen Gedanken über eine mögliche Harmonisierung des Verbraucherschutzrechts. In Ermangelung einer grundlegenden Kodifikation des englischen Zivilrechts stand im Unterschied zur Diskussion in Deutschland eine Rückführung der verbraucherschutzrechtlichen Vorschriften ohnehin nicht zur Debatte. Vielmehr darf die Umsetzung der FernAbsRL in den DSR nicht bewertet werden, ohne dass man auf die Besonderheiten der englischen Rechtsordnung Rücksicht nehmen würde. Die Unsicherheiten, die nach wie vor im Umgang mit Kodifikationen bestehen, erklären auch das Unbehagen, welches kontinentaleuropäische Juristen bei der Lektüre der DSR befällt. Die dort zu findenden kasuistischen Regelungen, gegen die selbst die Vorschriften aus der BGB-InfoV ein Muster an Abstraktheit sind, hindern die flexible Rechtsanwendung. Gerade in Anbetracht der großen Tradition, die Soft Law Regelungen in England haben, hätte man sich gewünscht, der englische Verordnungsgeber wäre bei der Formulierung der DSR etwas zurückhaltender gewesen und hätte eher auf generalklauselartige Regelungen gesetzt, die dann unter Umständen mit Hilfe von freiwilligen Verhaltenskodices hätten ausgefüllt werden können. Das ist leider nicht geschehen. Auch im weiteren Verlauf der Geschichte des englischen Fernabsatzrechts zeigte der englische Verordnungsgeber keine Neigungen dazu, für eine verbesserte Übersichtlichkeit des Verbraucherschutzrechts zu sorgen. Nicht einmal die FernAbsFinanzDienstRL, die einen sehr engen Zusammenhang zu der FernAbsRL aufweist, wurde durch Änderung der DSR umgesetzt. Stattdessen wurde eine erneute Regierungsverordnung geschaffen, die es dem englischen Verbraucher noch schwerer macht, den Überblick über das geltende Verbraucherschutzrecht zu bewahren.

A. Anwendungsbereich

I. Sachlicher Anwendungsbereich

Die DSR definieren Fernabsatzverträge als jeden zwischen einem Lieferer und einem Verbraucher geschlossenen, eine Ware oder eine Dienstleistung betreffenden Vertrag, der im Rahmen eines für den Fernabsatz organisierten Vertriebs- bzw. Dienstleistungssystems geschlossen wird, wobei dieser für den Vertrag bis zu dessen Abschluss einschließlich des Vertragsabschlusses selbst ausschließlich eine oder mehrere Fernkommunikationstechniken verwendet. Damit wird die Definition der FernAbsRL eins-zu-eins übernommen. Dasselbe gilt für die Definition der Fernkommunikationstechnik in den DSR, die entsprechend der europäischen Vorgabe bewusst offen gehalten ist, um eine Anpassung an die technischen Entwicklungen zu ermöglichen.

Die Definition eines Fernabsatzvertrages in § 1 Abs. 1 FernAbsG weicht hiervon ab. Während ein Großteil der Abweichungen von dem Wortlaut der Richtlinie redaktioneller und sprachlicher Art sind, hat eine Formulierung in der Vorschrift auch rechtliche Konsequenzen. Nach § 1 Abs. 1 FernAbsG trägt die Beweislast dafür, dass der Vertrag nicht im Rahmen eines für den Fernabsatz organisierten Vertriebs- oder Dienstleistungssystems geschlossen wurde, der Unternehmer. Nach sec. 3 (1) DSR dagegen muss der Verbraucher nachweisen, dass der Lieferer über ein für den Fernabsatz organisiertes Vertriebs- oder Dienstleistungssystem verfügt. Auch in dieser Hinsicht stärkt die deutsche Regelung den Verbraucherschutz. Denn der Verbraucher hat in aller Regel keinen Einblick in die Organisationsstruktur des Unternehmers. Es wird ihm daher kaum möglich sein, nachzuweisen, dass der Unternehmer über ein für den Fernabsatz organisiertes Vertriebs- oder Dienstleistungssystem verfügt. Damit besteht im englischen Recht die Gefahr, dass die verbraucherschützenden Vorschriften des Fernabsatzrechts bereits aus diesen Gründen nicht angewandt werden können. In Deutschland dagegen muss der Unternehmer nachweisen, dass er nicht über ein solches Vertriebssystem verfügt. Das wird für ihn ein Leichtes sein. Schließlich kennt niemand seine Unternehmensstruktur so gut wie er selbst. Mit dieser Verteilung der Beweislast ist auch dem Ziel der FernAbsRL am besten gedient. Das Fernabsatzrecht ist grundsätzlich anzuwenden und nur in Ausnahmefällen, wenn der Unternehmer nicht regelmäßig Rechtsgeschäfte im Fernabsatz tätigt, kann er den Vorgaben des FernAbsG entfliehen. Diese Regelung ist interessengerecht und verteilt die Risiken gerechter, als es bei der Beweislastverteilung nach den DSR der Fall ist.

Ein Unterscheid bei der Umsetzung lässt sich des Weiteren bei Regelungen über die Bereichsausnahmen beobachten. In England wurde das Modell der FernAbsRL übernommen, wonach einige Vertragstypen gar nicht in den Anwendungsbereich der Vorschriften fallen sollen, bei anderen aber die DSR mit Ausnahme bestimmter Vorschriften gelten sollen. In diese zweite Gruppe werden Verträge über Teilzeitwohnrechte und über Pauschalreisen eingeschlossen, da es hierfür nach Umsetzung der entsprechenden europäischen Richtlinien speziellere Regierungsverordnungen gibt. Die Unterteilung der Ausnahmevorschriften ist schon in der FernAbsRL zurecht als wenig überzeugend und unübersichtlich kritisiert worden. Sie gewinnt auch nicht dadurch, dass sie in den DSR übernommen wurde. Vielmehr zeigt sich auch hier die in England zu beobachtende Tendenz, EU-Richtlinien fotografisch umzusetzen, ohne sich Gedanken über Systematik und Übersichtlichkeit der entstehenden Vorschriften zu machen. Dagegen überzeugt die Umsetzung von Art. 3 FernAbsRL im FernAbsG, wo man darauf verzichtete, die im Umsetzungsgegenstand vorgesehene Binnendifferenzierung zu übernehmen und stattdessen die Regelungen, bei denen die in Art. 3 FernAbsRL vorgenommene Differenzierung Früchte trägt, durch allgemeine und für alle Verträge gültigen Vorschriften umzusetzen. Der deutsche Verbraucher wird diese verbesserte Übersichtlichkeit dem Gesetzgeber danken.

II. Persönlicher Anwendungsbereich

Die englischen Umsetzungsvorschriften der FernAbsRL sind ausschließlich auf Verträge zwischen Lieferern und Verbrauchern anwendbar. Die Begriffe und ihre Definitionen sind hierbei aus der europäischen Vorgabe übernommen. Das FernAbsG dagegen gilt für Verträge, die zwischen Verbrauchern und Unternehmern geschlossen werden. Dass der deutsche Gesetzgeber vom Sprachgebrauch der FernAbsRL abgewichen ist, hatte jedoch nur sprachliche Gründe. Der Begriff des Lieferers war dem deutschen Recht unbekannt und da mit dem FernAbsG ohnehin erste Schritte hin zu einer Vereinheitlichung des Verbraucherschutzrechts gegangen werden sollten, lag es nahe, auf den bekannten Begriff des Unternehmers zurückzugreifen. Das gilt umso mehr, als hiermit nicht in inhaltlicher Hinsicht von dem Umsetzungsgegenstand abgewichen wird.

Anders sieht es beim Verbraucherbegriff auf. Während nach der FernAbsRL und auch nach den DSR die Verbrauchereigenschaft aufgehoben wird, sowie irgendein Bezug des Handelns zur beruflichen Tätigkeit besteht, sind nach § 13 BGB nur Rechtsgeschäfte für selbstständige berufliche Zwecke vom Verbraucherschutz ausgeschlossen. Der Arbeitnehmer ist also nach deutschem Recht beim Erwerb von Waren oder Dienstleistungen Verbraucher, selbst wenn er Arbeitskleidung oder einen PKW für den Weg zur Arbeit kauft. Diese Abweichung führt dazu, dass das deutsche Recht einen deutlich weiteren personellen Anwendungsbereich als sein englisches Pendant hat. Nach § 13 BGB ist jeder Beteiligte eines Rechtsgeschäfts, das nach dem von ihm verfolgten Zweck nicht seiner gewerblichen oder selbstständig beruflichen Tätigkeit zugerechnet werden kann, ein Verbraucher. Nach englischem Rech dagegen führt jeder Zusammenhang des Rechtsgeschäfts zu einer beruflichen Tätigkeit des Beteiligten dazu, dass die DSR nicht angewandt werden können. Auch wenn der deutsche Gesetzgeber für den § 13 BGB aus systematischen, sprachlichen und inhaltlichen Gründen zurecht eine Menge Kritik einstecken musste: der Verbraucherschutz hat von dieser Vorschrift, die als „barer Unsinn“[553] bezeichnet worden ist, profitiert. In Deutschland können deutlich mehr Beteiligte eines Rechtsgeschäfts den Schutz der fernabsatzrechtlichen Regelungen suchen als in England.

---

[553] *Flume*, ZIP 2000, S. 1427, 1428.

B. Zivilrechtliche Regelungen

Am deutlichsten hat die Umsetzung der FernAbsRL das Zivilrecht der Mitgliedstaaten beeinflusst. Gesetzliche Regelungen über Informationspflichten und Widerrufsrechte bei Fernabsatzverträgen fanden sich dort zuvor ebenso wenig wie die in Art. 7 FernAbsRL enthaltenen Regelungen über die Erfüllung des Vertrages.

I. Informationspflichten

Die DSR unterscheiden wie die FernAbsRL auch zwischen vorvertraglichen und vertraglichen Informationspflichten. Bei der Regelung über die Informationspflichten des Lieferers in sec. 7, 8 und 9 DSR deutet sich jedoch bereits an, was bei der Umsetzung der Vorschriften über das Widerrufsrecht besonders deutlich wird. Die DSR übernehmen die Vorgaben der FernAbsRL ohne inhaltliche Änderungen, nutzen sie jedoch als Grundrezept, das mit zahlreichen landestypischen Spezialitäten verfeinert wird. So finden sich in den einzelnen Vorschriften detaillierte Regelungen, die in ihrer strengen Kasuistik den Eindruck eines Einzelfallgesetzes vermitteln. In Einzelfällen weichen die DSR zugunsten des Verbrauchers von dem europäischen Vorbild ab, etwa dort, wo der Lieferer verpflichtet wird, den Verbraucher schon vor Vertragsschluss zu informieren, dass u.U. eine qualitativ und preislich gleichwertige Ware geliefert werden kann, bei der die Kosten einer gegebenenfalls erforderlich werdenden Rücksendung allein vom Unternehmer zu tragen sind. Bei den vertraglichen Informationspflichten werden von den DSR die europäischen Formvorschriften übernommen: Die Informationen müssen dem Verbraucher schriftlich oder auf einem anderen dauerhaften Datenträger zur Verfügung gestellt werden.

Im deutschen Recht sind die Vorschriften über die Informationspflichten in einer Vorschrift, § 2 FernAbsG, zusammengefasst worden. Hierdurch entstand eine überlange und unübersichtliche Vorschrift, in der neben der grundsätzlichen Pflicht des Unternehmers, den Verbraucher zu informieren, auch die konkreten Informationspflichten verankert waren. Seit der Schuldrechtsreform hat sich die Übersichtlichkeit der fernabsatzrechtlichen Informationspflichten deutlich verbessert, da die einzelnen Informationspflichten in die BGB-InfoV ausgelagert wurden. Auch der deutsche Gesetzgeber hat sich an die Unterteilung zwischen vorvertraglichen und vertraglichen Informationspflichten gehalten. Der einzige wirklich auffällige Unterschied zwischen englischem und deutschem Recht besteht darin, dass die vertraglichen Informationspflichten auf einem „dauerhaften Datenträger“ erfüllt werden müssen. Eine inhaltliche Abweichung besteht hierin jedoch nicht. Der Begriff des dauerhaften Datenträgers wird als „Urkunde oder andere auf Dauer lesbare Form definiert“, was die Übergabe eines Schriftstückes einschließt. Die Anforderungen des FernAbsG entsprechen also denen der DSR. Vergleicht man die Umsetzung von Art. 4 und 5 FernAbsRL in England und Deutschland, fällt zunächst auf, dass die Anforderungen, die an die inhaltliche Erfüllung der Informationspflicht gestellt werden, nahezu identisch sind. In formaler Hinsicht haben sich aber beide Gesetzgeber nicht mit Ruhm bekleckert. Die Umsetzungsregelungen sind in beiden Ländern sehr unübersichtlich geraten und lassen das erforderliche Maß an Transparenz vermissen. Weder die Vorgaben aus sec. 7, 8 und 9 DSR noch § 2 FernAbsG ermöglichen es dem rechtsunkundigen Verbraucher, einen Überblick über die Pflichten des Unternehmers zu erhalten. In Deutschland verbesserte sich die Lage mit der Ausgliederung der Informationspflichten im Rahmen der Schuldrechtsreform zunächst etwas und die neue Vorschrift des § 312 c BGB ließ sich vergleichsweise gut überblicken. Die Umsetzung der FernAbsFinanzDienstRL hat jedoch dazu geführt, dass § 1 BGB-InfoV, in dem die Informationspflichten konkretisiert werden, zu einer monströsen Vorschrift geworden sind, die auch vom geübten Leser kaum noch zu verstehen ist. In England dagegen hat sich in den DSR seit der Umsetzung der FernAbsRL hinsichtlich der Informationspflichten nichts getan. Insbesondere hat die Vorschrift nicht an Übersichtlichkeit gewonnen. Gleiches muss man trotz des Aktionismus des deutschen Gesetzgebers auch für die deutsche Regelung der fernabsatzrechtlichen Informationspflichten konstatieren. Für den deutschen Gesetzgeber ist dies kein Kompliment.

II. Widerrufsrecht

Der in England schon bei den Vorschriften über die Informationspflichten zu beobachtende Trend, die Vorgaben der FernAbsRL bei der Umsetzung mit detaillierten Regelungen auszuschmücken, setzt sich bei den Vorschriften über das Widerrufsrecht nahtlos fort. Die DSR benötigen nicht weniger als 9 Vorschriften, von denen einige länger als eine gedruckte DIN-A 4 Seite sind, um Art. 6 FernAbsRL umzusetzen. Hierbei wird insbesondere die Ausübung des Widerrufsrechts bis ins kleinste Detail geregelt. In Deutschland dagegen wurde die europäische Vorgabe über das Widerrufsrecht bei Fernabsatzverträgen in vergleichsweise schlanker Form umgesetzt. Zwar ist die Umsetzungsvorschrift § 3 FernAbsG (nach aktuellem Recht: § 312 d BGB) im Zusammenhang mit den Vorschriften über das Widerrufsrecht bei Verbraucherverträgen in §§ 361 a ff. BGB a.F. (nach aktuellem Recht: § 355 ff. BGB) zu sehen. Gerade durch den Verweis auf Vorschriften, die auch für Widerrufsrechte nach anderen Verbraucherverträgen gelten, bleibt es aber bei einer weitgehend abstrakten Regelung. Hierdurch wird die weitere Ausgestaltung der Rechtsprechung überlassen. Diese Lösung fördert den Verbraucherschutz. Durch die kasuistische Fassung der Vorschriften in den DSR wird der Anwendungsbereich der Vorschriften unnötigerweise eingegrenzt. Dem Verbraucherschutz ist eher durch offene Formulierungen gedient, die eine Weiterentwicklung der Vorschriften durch die Judikative ermöglichen.

Macht der Verbraucher von seinem Widerrufsrecht Gebrauch, hat dies nach sec. 10 (2) DSR zur Konsequenz, dass der Vertrag behandelt wird, als wäre er nie geschlossen worden. Bis zur Ausübung des Widerrufsrechts jedoch ist der Vertrag voll wirksam, so dass gegenseitige Erfüllungsansprüche bestehen. Damit hat das Widerrufsrecht dieselbe Wirkung wie im deutschen Recht. Auch hier wird das Widerrufsrecht als eine Art besonderes Rücktrittsrecht behandelt, obwohl der Gesetzgeber zunächst andere Pläne hatte und eine schwebende Unwirksamkeit des Vertrages bis zum Ablauf der Widerrufsfrist vorsah. Die jetzige Struktur des Widerrufsrechts in England und Deutschland wird aber dem Ziel der FernAbsRL am ehesten gerecht. Der Verbraucher muss die Möglichkeit haben, die bestellte Ware in Augenschein zu nehmen, bevor er darüber entscheidet, ob er an dem Vertrag festhalten möchte oder nicht. Das ist nur möglich, wenn ihm schon nach Vertragsschluss ein Erfüllungsanspruch gegen den Unternehmer zusteht.

Der offensichtlichste Unterschied in den deutschen und englischen Regelungen über das Widerrufsrecht bei Fernabsatzverträgen besteht in der unterschiedlich langen Widerrufsfrist. In England beträgt sie nach der wörtlichen Übernahme der Regelung der FernAbsRL sieben Werktage, in Deutschland muss der Verbraucher das Widerrufsrecht nach zwei Wochen ausgeübt haben. Dieser Unterschied spielt jedoch bei der Bewertung des Verbraucherschutzniveaus in den beiden Rechtsordnungen keine entscheidende Rolle. Die Überlegungen des deutschen Gesetzgebers, in Anbetracht der unterschiedlichen Feiertagsregelungen in den einzelnen Bundesländern Schwierigkeiten bei der Berechnung der Widerrufsfrist aus dem Weg zu gehen, indem auf „Wochen" statt auf „Werktage" abgestellt und ein Zuschlag zugunsten des Verbrauchers vorgenommen wird, sind jedoch gut nachvollziehbar. Die Widerrufsfrist beginnt in England wie in Deutschland, wenn der Unternehmer seine vertraglichen Informationspflichten erfüllt hat, im Übrigen grundsätzlich bei Verträgen über die Lieferung von Waren mit Eingang der Waren beim Verbraucher, bei Verträgen über die Erbringung von Dienstleistungen mit dem Tag des Vertragsschlusses.

Deutlich hinzuweisen ist in diesem Zusammenhang auf die Folgen, die es für den Beginn der Widerrufsfrist hat, wenn der Unternehmer seine vertraglichen Informationspflichten nicht erfüllt. In England endet in diesem Fall die Widerrufsfrist drei Monate und sieben Tage nach dem Tag, der auf den Tag folgt, an dem der Verbraucher die Ware erhalten hat bzw. der Vertrag geschlossen wurde. Diese Regelung fand sich zunächst in ähnlicher Form auch im deutschen Recht. § 3 Abs1 Satz 3 FernAbsG sah vor, dass das Widerrufsrecht bei unterbliebener

Belehrung vier Monate nach Vertragsschluss bzw. bei Verträgen über die Lieferung von Waren vier Monate nach Lieferung der Waren erlöschen sollte. Mit dem SMG hob der Gesetzgeber diese Vorgabe jedoch auf und regelte in § 355 Abs. 3 BGB a.F., dass das Widerrufsrecht bei Verbraucherverträgen auch dann sechs Monate nach Vertragsschluss, bei Verträgen über die Lieferung von Waren sechs Monate nach Lieferung der Waren erlischt, wenn der Unternehmer den Verbraucher nicht in der erforderlichen Form informiert hat. Diese Vorschrift galt nicht nur für Fernabsatzverträge, sondern für sämtliche Verbraucherverträge. Da aber etwa in der Haustürwiderrufsrichtlinie eine Begrenzung der Widerrufsfrist nicht vorgesehen war, wenn der Unternehmer seiner Informationspflicht nicht nachgekommen ist, erklärte der EuGH die Vorschrift in der bereits erwähnten Heininger-Entscheidung[554] für gemeinschaftsrechtswidrig. § 355 Abs. 3 BGB wurde entsprechend der Vorgaben des EuGH geändert und nunmehr gilt auch bei Fernabsatzverträgen, dass das Widerrufsrecht nicht begrenzt ist, wenn der Unternehmer seine vertraglichen Informationspflichten verletzt. Hierdurch wird die Position des Verbrauchers als Partei eines Fernabsatzvertrages natürlich deutlich gestärkt. Anders als im englischen Recht bleibt es dem Unternehmer verwehrt, seine Informationspflichten einfach nicht zu erfüllen und darauf zu hoffen, dass der Verbraucher nicht auf sonstige Weise von seinem Widerrufsrecht erfährt.

Die Unterschiede, die zwischen den beiden Rechtsordnungen beim fernabsatzrechtlichen Widerrufsrecht bestehen, sind gleichwohl exemplarisch für die deutlichen Vorzüge, die es mit sich gebracht hat, dass in Deutschland zumindest ein Teil des Verbraucherrechts harmonisiert wurde. Haustürgeschäfte und Fernabsatzgeschäfte sind gut miteinander zu vergleichen. Auch der Rechtsrahmen, den die EU-Richtlinien für diese Art von Rechtsgeschäften zur Verfügung stellen, weist einige Parallelen auf. Umso weniger ist es einzusehen, dass der Verbraucher dennoch unterschiedliche Regeln, etwa über die Widerrufsfrist, beachten muss. Der englische Weg, die einzelnen EU-Richtlinien durch jeweils eine neue Regierungsverordnung umzusetzen und hierbei keine Rücksicht darauf zu nehmen, ob die einzelnen Verordnungen vergleichbare Sachverhalte unterschiedlich regeln, beschädigt das Vertrauen des Verbrauchers in den Rechtsverkehr. Es wird ihm ohne überzeugenden Grund erschwert, einen Überblick über seine Rechte und die Pflichten des Unternehmers zu bewahren. Hierzu wird es bei der Vielzahl der unterschiedlichen Regelungen erforderlich sein, rechtliche Beratung zu suchen. So ist es nicht möglich, ein transparentes und übersichtliches Verbraucherschutzrecht zu schaffen. Das ist in Deutschland bei aller berechtigter Kritik am dortigen Gesetzgeber anders. Hier sind zumindest die Grundbegriffe des Verbraucherschutzrechts harmonisiert und finden sich in der zentralen

---

[554] *Heininger v. Bayerische Hypo- und Vereinsbank AG*, C-481/99 [2001] 1 ECR 1-9945, vgl. hierzu oben S. 116.

deutschen Zivilrechtskodifikation. Für den Verbraucher bietet der deutsche Weg deutlich weniger Hindernisse.

Interessant für den Vergleich des Niveaus, auf dem sich der Verbraucherschutz bei Fernabsatzverträgen in England und Deutschland bewegt, ist auch die Frage, welche Kosten dem Verbraucher entstehen können, wenn er sein Widerrufsrecht ausübt. Sec. 14 (5) DSR sieht vor, dass dem Verbraucher unter bestimmten Voraussetzungen die Kosten für die Rücksendung der Ware auferlegt werden können. Im deutschen Recht war die vertragliche Abwälzung der Rücksendungskosten auf den Verbraucher nach Umsetzung der FernAbsRL nur zulässig, wenn der Wert der Bestellung 40 Euro nicht übersteigt. Insofern war das deutsche Recht also verbraucherfreundlicher. In anderer Hinsicht erwies sich die deutsche Umsetzung als weniger großzügig. So sah § 361 a BGB a.F. vor, dass der Verbraucher bei verschuldetem Untergang oder Verschlechterung der Sache Wertersatz zu leisten hat. Eine vergleichbare Regelung findet sich zwar auch in sec. 17 (2) DSR. In anderer Hinsicht musste der Verbraucher nach der englischen Rechtslage jedoch bei der Ausübung des Widerrufsrechts geringere Opfer bringen. In Deutschland sah § 361 a BGB a.F. vor, dass der Verbraucher für die Benutzung der Sache eine Wertvergütung zu leisten hat. Diese Regelung wurde durch das SMG sogar noch verschärft, der Verbraucher haftet nunmehr nach § 357 BGB auch für Wertminderungen, die durch die bestimmungsgemäße Ingebrauchnahme der Sache entstanden sind. Derartige Regelungen sucht man in den DSR vergebens. Auch wenn § 355 BGB nicht gemeinschaftsrechtswidrig ist[555], so bedeutet er doch für den Verbraucher eine deutliche Benachteiligung. Denn eines der tragfähigsten Argumente für die Schutzbedürftigkeit des Verbrauchers bei Fernabsatzgeschäften ist die fehlende Gelegenheit, den Vertragsgegenstand einer näheren Überprüfung zu unterziehen. Es konterkariert den Schutzzweck der fernabsatzrechtlichen Regelungen, wenn der Verbraucher den Vertragsgegenstand nur mit der Befürchtung überprüfen kann, hierfür in Anspruch genommen zu werden. Dadurch wird er gegenüber dem Vertragsschluss im stationären Handel deutlich schlechter gestellt. Die FernAbsRL wollte gerade erreichen, dass der Verbraucher ohne Sorge Ware im Versandhandel bestellen kann und anschließend in den eigenen vier Wänden die Möglichkeit erhält, die Ware in aller Ruhe und ohne Angst vor zusätzlichen Kosten zu überprüfen. Viel besser war der Verbraucher in Deutschland freilich vor der Verschärfung der Regelungen durch das SMG auch nicht gestellt. Zwar sah das Gesetz zu diesem Zeitpunkt vor, dass der Verbraucher für eine durch die bestimmungsgemäße Ingebrauchnahme der Sache entstandene Wertminderung nicht haftet. Jedoch dürfte hier die Grenze schwer zu ziehen gewesen sein. Insbesondere für den Durchschnittsverbraucher war es schwierig, zwischen der folgenlosen Überprüfung

---

[555] vgl. hierzu oben S. 116.

der gelieferten Ware durch deren bestimmungsgemäßen Gebrauch und der zu einer Vergütung verpflichtenden Benutzung der Sache zu unterscheiden. In England muss sich der Verbraucher diese Sorgen nicht machen. Vielmehr kann er frei von Ängsten um etwaige Regressansprüche die gelieferte Ware prüfen und sich dadurch weitestgehend unabhängig entscheiden, ob er an dem Vertrag festhalten möchte. So sollte es nach dem Willen der Mütter und Väter der FernAbsRL auch sein. Die deutsche Rechtslage dagegen ist in dieser Hinsicht nicht dazu geeignet, das Niveau des Verbraucherschutzes bei Fernabsatzverträgen zu stärken und damit die wirtschaftliche Bedeutung von Fernabsatzverträgen weiterhin zu erhöhen.

III. Vertragserfüllung

Sec. 19 DSR übernimmt die Vorgaben aus Art. 7 FernAbsRL zur Erfüllung des Vertrages nahezu wörtlich und ohne entscheidende inhaltliche Änderungen. In Deutschland sieht das anders aus. Hier sah der Gesetzgeber hinsichtlich der europäischen Vorgabe über die Erfüllung des Vertrages nur eingeschränkten Umsetzungsbedarf.[556] Hinsichtlich der Lieferzeit und der Zulässigkeit von Alternativlieferungen bietet das deutsche Recht Verbraucherschutz auf identischem bzw. sogar höherem Niveau als sein englisches Gegenüber. Das ist nicht der Fall, wenn der Vertragsgegenstand nicht verfügbar ist. Für diesen Fall stehen dem Verbraucher nur die allgemeinen Regelungen über den Rücktritt wegen nicht erbrachter Leistung zur Verfügung. Nach der hier vertretenen Auffassung sind diese Vorschriften zwar bei Fernabsatzverträgen richtlinienkonform auszulegen, so dass dem Verbraucher seine bereits geleisteten Zahlungen spätestens 30 Tage, nachdem der Unternehmer davon erfahren hat, dass er seiner Leistungsverpflichtung nicht nachkommen kann, zu erstatten sind. Ob die Rechtsprechung sich dieser Auffassung anschließen wird, bleibt jedoch abzuwarten. Bisher bestehen hierfür keine Anzeichen. Die Lösung, für die sich der deutsche Gesetzgeber entschieden hat, stellt den deutschen Verbraucher deutlich schlechter, als es nach englischer Rechtslage der Fall wäre. Denn in aller Regel wird sich die Rückzahlung der vom Verbraucher geleisteten Zahlungen ohne sachlichen Grund verzögern. Der Unternehmer könnte in dieser Zeit unbehelligt davon profitieren, dass er seine Leistungspflicht nicht erfüllen kann, da ihm ermöglicht wird, mit dem Geld, das ihm der Verbraucher in Erwartung der Vertragserfüllung gezahlt hat, zu wirtschaften. Wie gezeigt wurde, gewährleistet nur die in England erfolgte Übernahme der Vorgaben aus Art. 7 Abs. 2 FernAbsRL, dass der Verbraucher vor diesem Missbrauch geschützt wird. Die Entscheidung des deutschen Gesetzgebers, die Vorschrift nicht umzusetzen, ist umso bedauerlicher, als sich auch aus anderen Vorschriften des Gemeinschaftsrechts ergibt, dass die Schutzbedürftigkeit des Verbrauchers steigt, wenn der Vertrag eine

---

[556] zu Unrecht, s.o. S. 126.

Vorauszahlung erfordert. Auch die FernAbsRL sieht eine Verschärfung der Informationspflichten des Unternehmers für den Fall vor, dass eine Vorauszahlung vertraglich vereinbart ist. Eine ähnliche Regelung findet sich auch in der FernAbsFinanzDienstRL. Diesem Umstand hätte der deutsche Gesetzgeber bei der Umsetzung der FernAbsRL Rechnung tragen müssen. Insbesondere wäre nach Umsetzung der Richtlinie genügend Zeit gewesen, den Fehler zu erkennen und zu korrigieren. Im Unterschied zu sonstigen Fehltritten ist es aber bei der gesetzgeberischen Entscheidung geblieben, dass eine Information des Verbrauchers nur erforderlich ist, wenn der Unternehmer sich in seinen AGB selbst ein Rücktrittsrecht für den Fall eingeräumt hat, dass er seine Pflichten nicht erfüllen kann. Diese Regelung findet sich seit der Schuldrechtsreform in § 308 Nr. 8 BGB und ist vom Gesetzgeber seit der Umsetzung der FernAbsRL in inhaltlicher Hinsicht nicht geändert worden. Hier hätte dem deutschen Gesetzgeber der an anderer Stelle übermäßig vorhandene Wille zur identischen Übernahme der europäischen Vorgabe gut zu Gesicht gestanden.

Bei der Umsetzung der Vorschriften über die Zahlungsmodalitäten bestehen keine wesentlichen Unterschiede zwischen der deutschen und der englischen Rechtslage.

C. Sonstiges

Bei den sonstigen Vorschriften der FernAbsRL besteht nach deren Umsetzung kein wesentlicher Unterschied hinsichtlich des Verbraucherschutzniveaus in England und Deutschland. In England ist jedoch bei der Umsetzung der Regelung über das Schicksal unbestellter Waren oder Dienstleistungen eine Besonderheit zu beachten, die erneut die Defizite des englischen Verbraucherschutzrechts verdeutlicht. In England gab es bereits seit den 70er Jahren ein eigenes Gesetz über die unbestellte Zusendung von Waren bzw. die unbestellte Erbringung von Dienstleistungen. Während der Umsetzung der FernAbsRL gab es zwar eine Diskussion, den UGSA an die Vorgaben der FernAbsRL anzupassen. Von diesem für englische Verhältnisse geradezu revolutionären Vorschlag wurde jedoch Abstand genommen und stattdessen wurde zur Umsetzung von Art. 9 FernAbsRL eine überlange Vorschrift in die DSR eingefügt. Dieses Beispiel steht exemplarisch für die Defizite in der englischen Umsetzung von Verbraucherschutzrichtlinien. Es wird bewusst darauf verzichtet, für ein einheitliches und übersichtliches Verbraucherschutzrecht zu sorgen. Stattdessen schafft man immer neue Einzelgesetze, die kaum oder gar nicht aufeinander abgestimmt sind und in denen teilweise vergleichbare Sachverhalte unterschiedlich geregelt sind. Hierdurch wird dem Verbraucher das Leben unnötig schwer gemacht. Bevor es ihm überhaupt möglich ist, seine Rechte wahrzunehmen, steht er vor einem nahezu undurchdringbaren Dickicht von Vorschriften in unterschiedlichen Gesetzen und Verordnungen, die es ihm erschweren oder sogar unmöglich machen, den Überblick zu behalten. Dabei ist eine derartige Vielfalt an Normen, Gesetzen und Verordnungen nicht erforderlich. Die europäischen Verbraucherschutzrichtlinien, auf die alle englischen Verordnungen zum Schutz des Verbrauchers zurückgehen, ähneln sich in den maßgeblichen Punkten. Sie haben denselben personellen Anwendungsbereich und zum Schutz des Verbrauchers enthalten sie Widerrufsrechte und verpflichten den Unternehmer dazu, den Verbraucher zu informieren. Um ein Mindestmaß an Übersichtlichkeit und Transparenz zu bewirken, wäre es nur nötig, zumindest diese Grundbegriffe zu harmonisieren. Zumindest in dieser Hinsicht ist die Art, wie die FernAbsRL in Deutschland umgesetzt wurde, bei allen handwerklichen und systematischen Fehlern klar zu bevorzugen. Hier wurde zumindest der Versuch unternommen, zugunsten des Verbrauchers für mehr Übersichtlichkeit und Transparenz zu sorgen. Diese fehlt dem englischen Verbraucherschutzrecht völlig. Die Umsetzung von Art. 9 FernAbsRL bietet ein treffliches Beispiel dafür, wie man den Verbraucherschutz bei der Umsetzung einer EU-Verbraucherschutzrichtlinie schwächen kann.

Bei den sonstigen Regelungen der FernAbsRL, die nicht im Mittelpunkt dieser Untersuchung standen, besteht nach der Umsetzung ein ähnliches Verbraucherschutzniveau zwischen England und Deutschland. In England beschränkte man sich, wie bei den sonstigen Vorschriften auch, darauf, die Vorgaben der FernAbsRL weitgehend wörtlich zu übernehmen und zum Teil noch mit detaillierteren Vorgaben anzureichern. In Deutschland wurde bei einem Teil der Regelungen – etwa bei der Beschränkung in der Verwendung bestimmter Fernkommunikationstechniken – auf eine Umsetzung verzichtet, da geltendes Recht einen gleichen oder sogar höheren Schutz des Verbrauchers vorsah. Bei der Umsetzung der Vorschriften aus der FernAbsRL über internationale Verbraucherverträge wurde in Deutschland der Versuch unternommen, eine einheitliche Regelung für internationale Verbraucherverträge zu schaffen. In England dagegen findet sich die Regelung in den DSR wieder. Entscheidende inhaltliche Änderungen sind hiermit zwar nicht verbunden. Jedoch verdient die deutsche Lösung aus den bereits erläuterten Gründen auch hier den Vorzug.

6. Kapitel

Schlusszusammenfassung

1. Die Umsetzung der Fernabsatzrichtlinie hat der deutsche Gesetzgeber zum Anlass genommen, Grundbegriffe des Verbraucherschutzrechts wie die Definitionen des Verbrauchers und Unternehmers sowie eine allgemeingültige Regelung des Widerrufsrechts bei Verbraucherverträgen ins BGB zu integrieren. Das beseitigte die offensichtlichsten Widersprüche zwischen den einzelnen Verbraucherschutzgesetzen und führt grundsätzlich dazu, dass sich die Rechtslage aufklart. Es ist zu begrüßen, dass dieser Weg der Rückführung des Verbraucherschutzrechts ins BGB im Zuge der Schuldrechtsmodernisierung weitergegangen wurde. Die sonstigen Regelungen der Fernabsatzrichtlinie sind freilich zunächst durch ein neues Sondergesetz, das Fernabsatzgesetz, umgesetzt worden.

2. Dagegen sah der englische Gesetzgeber keinen Anlass, die Zersplitterung des Verbraucherschutzrechts zu beseitigen. Die Fernabsatzrichtlinie wurde in einem weiteren Statutory Instrument umgesetzt wie die sonstigen EU-Verbraucherschutzrichtlinien auch. Wie gering die Lust zur Harmonisierung des Verbraucherschutzrechts in England ist, zeigt sich daran, dass bei der Umsetzung der Richtlinie 2002/65 über den Fernabsatz von Finanzdienstleistungen nicht darüber nachgedacht wurde, die DSR zu ändern. Stattdessen wurde ein neuerliches Statutory Instrument erlassen. Durch diese Praxis wird die Rechtslage für den englischen Verbraucher unüberschaubar. Er sieht sich bei vergleichbaren Sachverhalten einer Vielzahl unterschiedlicher Regelungen ausgesetzt, die er unmöglich überblicken kann.

3. In Deutschland wurde Art. 7 Abs. 2 FernAbsRL nicht umgesetzt, da der Gesetzgeber eine Umsetzung wegen des geltenden Rechts für entbehrlich hielt. Diese Auffassung ist nicht zutreffend. Das deutsche Recht bietet dem Verbraucher nicht den Schutz, der in Art. 7 Abs. 2 FernAbsRL verlangt ist. Indem der Gesetzgeber bei der Umsetzung der Fernabsatzrichtlinie hinter deren Schutzniveau zurückgeblieben ist, hat er seine Pflicht zur vollständigen Umsetzung der Ziele der Richtlinie verletzt. Um das Schutzniveau von Art. 7 Abs. 2 FernAbsRL zu erreichen, ist das geltende nationale Recht richtlinienkonform auszulegen. Das hat zur Folge, dass §§ 346 Abs.1, 323 Abs. 1 BGB bei Fernabsatzverträgen den Vorgaben der Fernabsatzrichtlinie anzupassen sind. Ist die bestellte Ware oder Dienstleistung nicht verfügbar und tritt der

Verbraucher deshalb von dem Vertrag zurück, muss der Unternehmer Vorauszahlungen innerhalb von 30 Tagen zurückzahlen, nachdem er von dem Leistungshindernis erfahren hat.

4. In der englischen Umsetzung der Fernabsatzrichtlinie sind solche Abweichungen nicht zu beobachten. Die Vorgaben der Richtlinie wurden weitestgehend wörtlich übernommen. Der englische Verordnungsgeber hat sich jedoch nicht auf die wörtliche Übernahme beschränkt, sondern daneben den Richtlinienwortlaut als Grundrezept benutzt, das er mit vielen detaillierten Regelungen angereichert hat. Dadurch sind die Vorschriften der DSR in einer Kasuistik gefasst, die kaum noch Fragen offen lässt. Hierdurch wurde dem Verbraucherschutz kein Gefallen getan. Je einzelfallbezogener die Vorschriften formuliert sind, umso geringer ist ihr Anwendungsbereich. Gerade in einem Geschäftsbereich, dessen Rahmenbedingungen aufgrund des rasanten technischen Fortschrittes ständigen Veränderungen unterliegen, hätte ein kürzeres Gesetz, bei dem mehr auf Generalklauseln oder unbestimmte Rechtsbegriffe gesetzt wird, dem Verbraucherschutz mehr genutzt.

5. In Deutschland brach nach der Umsetzung der Fernabsatzrichtlinie ein Sturm der Kritik und Häme über den Gesetzgeber herein. Dieser Sturm hatte seine Ursache in erheblichen systematischen und sprachlichen Defiziten des Umsetzungsgesetzes. Für den deutschen Verbraucherschutz aber war die Umsetzung der Fernabsatzrichtlinie der Start in eine bessere Zukunft. Es wurde eine Schneise in den Dschungel des Verbraucherschutzrechts geschlagen und darüber hinaus gab man einem der größten Wachstumsbereiche der deutschen Wirtschaft einen verbindlichen, verbraucherfreundlichen Rechtsrahmen.

6. In dieser Hinsicht haben auch die DSR Gutes bewirkt. Die Regelung des Fernabsatzgeschäftes durch freiwillige Verhaltenskodices der Unternehmensverbände bot zwar auf dem Papier vergleichbaren Schutz, der zum Teil sogar über die Vorgaben der Fernabsatzrichtlinie hinausging. Jedoch kann das soft law nicht zu einem scharfen Schwert des Verbraucherschutzes werden. Hierzu fehlte es an der Allgemeinverbindlichkeit der Regelungen. Sie galten nur für die Mitglieder des jeweiligen Unternehmensverbandes, entfalteten keine Außenwirkung. Im Übrigen fehlt es an geeigneten Sanktionen, die den Unternehmer dazu bewegen können, sich an die Vorgaben der Kodices zu halten. Derartige Sanktionen können nur von einem verbindlichen Rechtsrahmen geliefert werden.

7. Kein wesentlicher Unterschied besteht zwischen der Umsetzung der einzelnen Vorschriften der Fernabsatzrichtlinie in England und Deutschland. Am auffälligsten ist noch der Unterschied bei der Widerrufsfrist. Diese beträgt in England sieben Werktage, in Deutschland zwei Wochen, weil man Unklarheiten aufgrund des Süd-Nord-Gefälles bei den gesetzlichen Feiertagen vermeiden wollte. Hierdurch wird der Verbraucherschutz jedoch nicht entscheidend geschwächt oder – in Deutschland – gestärkt. Entscheidend ist vielmehr, dass weitere – in England: erste - Schritte auf dem Weg der Harmonisierung der verbraucherschutzrechtlichen Regelungen gegangen werden. Auch wenn der Weg beschwerlich ist: Nur durch erhöhte Transparenz der verbraucherschutzrechtlichen Regelungen kann auch das Niveau des Verbraucherschutzes erhöht werden.

Statutory Instrument 2000 No. 2334

CONSUMER PROTECTION

The Consumer Protection (Distance Selling) Regulations 2000

Made	*31st August 2000*
Laid before Parliament	*1st September 2000*
Coming into force	*31st October 2000*

The Secretary of State, being a Minister designated for the purposes of section 2(2) of the European Communities Act 1972 in relation to matters relating to consumer protection, in exercise of the powers conferred on him by section 2(2) of that Act, hereby makes the following Regulations: -

Title, commencement and extent

1. - (1) These Regulations may be cited as the Consumer Protection (Distance Selling) Regulations 2000 and shall come into force on 31st October 2000.

(2) These Regulations extend to Northern Ireland.

Revocation

2. The Mail Order Transactions (Information) Order 1976 is hereby revoked.

Interpretation

3. - (1) In these Regulations -
"breach" means contravention by a supplier of a prohibition in, or failure to comply with a requirement of, these Regulations;
"business" includes a trade or profession;
"consumer" means any natural person who, in contracts to which these Regulations apply, is acting for purposes which are outside his business;
"court" in relation to England and Wales and Northern Ireland means a county court or the High Court, and in relation to Scotland means the Sheriff Court or the Court of Session;
"credit" includes a cash loan and any other form of financial accommodation, and for this purpose "cash" includes money in any form;
"Director" means the Director General of Fair Trading;

"distance contract" means any contract concerning goods or services concluded between a supplier and a consumer under an organised distance sales or service provision scheme run by the supplier who, for the purpose of the contract, makes exclusive use of one or more means of distance communication up to and including the moment at which the contract is concluded;
"EEA Agreement" means the Agreement on the European Economic Area signed at Oporto on 2 May 1992 as adjusted by the Protocol signed at Brussels on 17 March 1993;
"enactment" includes an enactment comprised in, or in an instrument made under, an Act of the Scottish Parliament;
"enforcement authority" means the Director, every weights and measures authority in Great Britain, and the Department of Enterprise, Trade and Investment in Northern Ireland;
"excepted contract" means a contract such as is mentioned in regulation 5(1);
"means of distance communication" means any means which, without the simultaneous physical presence of the supplier and the consumer, may be used for the conclusion of a contract between those parties; and an indicative list of such means is contained in Schedule 1;
"Member State" means a State which is a contracting party to the EEA Agreement;
"operator of a means of communication" means any public or private person whose business involves making one or more means of distance communication available to suppliers;
"period for performance" has the meaning given by regulation 19(2);
"personal credit agreement" has the meaning given by regulation 14(8);
"related credit agreement" has the meaning given by regulation 15(5);
"supplier" means any person who, in contracts to which these Regulations apply, is acting in his commercial or professional capacity; and
"working days" means all days other than Saturdays, Sundays and public holidays.

(2) In the application of these Regulations to Scotland, for references to an "injunction" or an "interim injunction" there shall be substituted references to an "interdict" or an "interim interdict" respectively.

Contracts to which these Regulations apply

4. These Regulations apply, subject to regulation 6, to distance contracts other than excepted contracts.

Excepted contracts

5. - (1) The following are excepted contracts, namely any contract -

(a) for the sale or other disposition of an interest in land except for a rental agreement;

(b) for the construction of a building where the contract also provides for a sale or other disposition of an interest in land on which the building is constructed, except for a rental agreement;

(c) relating to financial services, a non-exhaustive list of which is contained in Schedule 2;

(d) concluded by means of an automated vending machine or automated commercial premises;

(e) concluded with a telecommunications operator through the use of a public pay-phone;

(f) concluded at an auction.

(2) References in paragraph (1) to a rental agreement -

(a) if the land is situated in England and Wales, are references to any agreement which does not have to be made in writing (whether or not in fact made in writing) because of section 2(5)(a) of the Law of Property (Miscellaneous Provisions) Act 1989;

(b) if the land is situated in Scotland, are references to any agreement for the creation, transfer, variation or extinction of an interest in land, which does not have to be made in writing (whether or not in fact made in writing) as provided for in section 1(2) and (7) of the Requirements of Writing (Scotland) Act 1995; and

(c) if the land is situated in Northern Ireland, are references to any agreement which is not one to which section II of the Statute of Frauds, (Ireland) 1695 applies.

(3) Paragraph (2) shall not be taken to mean that a rental agreement in respect of land situated outside the United Kingdom is not capable of being a distance contract to which these Regulations apply.

Contracts to which only part of these Regulations apply

6. - (1) Regulations 7 to 20 shall not apply to a contract which is a "timeshare agreement" within the meaning of the Timeshare Act 1992 and to which that Act applies.

(2) Regulations 7 to 19(1) shall not apply to -

(a) contracts for the supply of food, beverages or other goods intended for everyday consumption supplied to the consumer's residence or to his workplace by regular roundsmen; or

(b) contracts for the provision of accommodation, transport, catering or leisure services, where the supplier undertakes, when the contract is concluded, to provide these services on a specific date or within a specific period.

(3) Regulations 19(2) to (8) and 20 do not apply to a contract for a "package" within the meaning of the Package Travel, Package Holidays and Package Tours Regulations 1992 which is sold or offered for sale in the territory of the Member States.

Information required prior to the conclusion of the contract

7. - (1) Subject to paragraph (4), in good time prior to the conclusion of the contract the supplier shall -

(a) provide to the consumer the following information -

(i) the identity of the supplier and, where the contract requires payment in advance, the supplier's address;

(ii) a description of the main characteristics of the goods or services;

(iii) the price of the goods or services including all taxes;

(iv) delivery costs where appropriate;

(v) the arrangements for payment, delivery or performance;

(vi) the existence of a right of cancellation except in the cases referred to in regulation 13;

(vii) the cost of using the means of distance communication where it is calculated other than at the basic rate;

(viii) the period for which the offer or the price remains valid; and

(ix) where appropriate, the minimum duration of the contract, in the case of contracts for the supply of goods or services to be performed permanently or recurrently;

(b) inform the consumer if he proposes, in the event of the goods or services ordered by the consumer being unavailable, to provide substitute goods or services (as the case may be) of equivalent quality and price; and

(c) inform the consumer that the cost of returning any such substitute goods to the supplier in the event of cancellation by the consumer would be met by the supplier.

(2) The supplier shall ensure that the information required by paragraph (1) is provided in a clear and comprehensible manner appropriate to the means of distance communication used, with due regard in particular to the principles of good faith in commercial transactions and the principles governing the protection of those who are unable to give their consent such as minors.

(3) Subject to paragraph (4), the supplier shall ensure that his commercial purpose is made clear when providing the information required by paragraph (1).

(4) In the case of a telephone communication, the identity of the supplier and the commercial purpose of the call shall be made clear at the beginning of the conversation with the consumer.

Written and additional information

8. - (1) Subject to regulation 9, the supplier shall provide to the consumer in writing, or in another durable medium which is available and accessible to the consumer, the information referred to in paragraph (2), either -
(a) prior to the conclusion of the contract, or

(b) thereafter, in good time and in any event -
(i) during the performance of the contract, in the case of services; and

(ii) at the latest at the time of delivery where goods not for delivery to third parties are concerned.

(2) The information required to be provided by paragraph (1) is -
(a) the information set out in paragraphs (i) to (vi) of Regulation 7(1)(a);

(b) information about the conditions and procedures for exercising the right to cancel under regulation 10, including -
(i) where a term of the contract requires (or the supplier intends that it will require) that the consumer shall return the goods to the supplier in the event of cancellation, notification of that requirement; and

(ii) information as to whether the consumer or the supplier would be responsible under these Regulations for the cost of returning any goods to the supplier, or the cost of his recovering them, if the consumer cancels the contract under regulation 10;
(c) the geographical address of the place of business of the supplier to which the consumer may address any complaints;

(d) information about any after-sales services and guarantees; and

(e) the conditions for exercising any contractual right to cancel the contract, where the contract is of an unspecified duration or a duration exceeding one year.

(3) Subject to regulation 9, prior to the conclusion of a contract for the supply of services, the supplier shall inform the consumer in writing or in another durable medium which is available and accessible to the consumer that, unless the parties agree otherwise, he will not be able to cancel the contract under regulation 10 once the performance of the services has begun with his agreement.

Services performed through the use of a means of distance communication

9. - (1) Regulation 8 shall not apply to a contract for the supply of services which are performed through the use of a means of distance communication, where those services are supplied on only one occasion and are invoiced by the operator of the means of distance communication.

(2) But the supplier shall take all necessary steps to ensure that a consumer who is a party to a contract to which paragraph (1) applies is able to obtain the supplier's geographical address and the place of business to which the consumer may address any complaints.

Right to cancel

10. - (1) Subject to regulation 13, if within the cancellation period set out in regulations 11 and 12, the consumer gives a notice of cancellation to the supplier, or any other person previously notified by the supplier to the consumer as a person to whom notice of cancellation may be given, the notice of cancellation shall operate to cancel the contract.

(2) Except as otherwise provided by these Regulations, the effect of a notice of cancellation is that the contract shall be treated as if it had not been made.

(3) For the purposes of these Regulations, a notice of cancellation is a notice in writing or in another durable medium available and accessible to the supplier (or to the other person to whom it is given) which, however expressed, indicates the intention of the consumer to cancel the contract.

(4) A notice of cancellation given under this regulation by a consumer to a supplier or other person is to be treated as having been properly given if the consumer -

(a) leaves it at the address last known to the consumer and addressed to the supplier or other person by name (in which case it is to be taken to have been given on the day on which it was left);

(b) sends it by post to the address last known to the consumer and addressed to the supplier or other person by name (in which case, it is to be taken to have been given on the day on which it was posted);

(c) sends it by facsimile to the business facsimile number last known to the consumer (in which case it is to be taken to have been given on the day on which it is sent); or

(d) sends it by electronic mail, to the business electronic mail address last known to the consumer (in which case it is to be taken to have been given on the day on which it is sent).

(5) Where a consumer gives a notice in accordance with paragraph (4)(a) or (b) to a supplier who is a body corporate or a partnership, the notice is to be treated as having been properly given if -

(a) in the case of a body corporate, it is left at the address of, or sent to, the secretary or clerk of that body; or

(b) in the case of a partnership, it is left with or sent to a partner or a person having control or management of the partnership business.

Cancellation period in the case of contracts for the supply of goods

11. - (1) For the purposes of regulation 10, the cancellation period in the case of contracts for the supply of goods begins with the day on which the contract is concluded and ends as provided in paragraphs (2) to (5).

(2) Where the supplier complies with regulation 8, the cancellation period ends on the expiry of the period of seven working days beginning with the day after the day on which the consumer receives the goods.

(3) Where a supplier who has not complied with regulation 8 provides to the consumer the information referred to in regulation 8(2), and does so in writing or in another durable medium available and accessible to the consumer, within the period of three months beginning with the day after the day on which the consumer receives the goods, the cancellation period ends on the expiry of the period of seven working days beginning with the day after the day on which the consumer receives the information.

(4) Where neither paragraph (2) nor (3) applies, the cancellation period ends on the expiry of the period of three months and seven working days beginning with the day after the day on which the consumer receives the goods.

(5) In the case of contracts for goods for delivery to third parties, paragraphs

(2) to (4) shall apply as if the consumer had received the goods on the day on which they were received by the third party.

Cancellation period in the case of contracts for the supply of services

12. - (1) For the purposes of regulation 10, the cancellation period in the case of contracts for the supply of services begins with the day on which the contract is concluded and ends as provided in paragraphs (2) to (4).

(2) Where the supplier complies with regulation 8 on or before the day on which the contract is concluded, the cancellation period ends on the expiry of the period of seven working days beginning with the day after the day on which the contract is concluded.

(3) Where a supplier who has not complied with regulation 8 on or before the day on which the contract is concluded provides to the consumer the information referred to in regulation 8(2) and (3), and does so in writing or in another durable medium available and accessible to the consumer, within the period of three months beginning with the day after the day on which the contract is concluded, the cancellation period ends on the expiry of the period of seven working days beginning with the day after the day on which the consumer receives the information.

(4) Where neither paragraph (2) nor (3) applies, the cancellation period ends on the expiry of the period of three months and seven working days beginning with the day after the day on which the contract is concluded.

Exceptions to the right to cancel

13. - (1) Unless the parties have agreed otherwise, the consumer will not have the right to cancel the contract by giving notice of cancellation pursuant to regulation 10 in respect of contracts -

(a) for the supply of services if the supplier has complied with regulation 8(3) and performance of the contract has begun with the consumer's agreement before the end of the cancellation period applicable under regulation 12;

(b) for the supply of goods or services the price of which is dependent on fluctuations in the financial market which cannot be controlled by the supplier;

(c) for the supply of goods made to the consumer's specifications or clearly personalised or which by reason of their nature cannot be returned or are liable to deteriorate or expire rapidly;

(d) for the supply of audio or video recordings or computer software if they are unsealed by the consumer;

(e) for the supply of newspapers, periodicals or magazines; or

(f) for gaming, betting or lottery services.

Recovery of sums paid by or on behalf of the consumer on cancellation, and return of security

14. - (1) On the cancellation of a contract under regulation 10, the supplier shall reimburse any sum paid by or on behalf of the consumer under or in relation to the contract to the person by whom it was made free of any charge, less any charge made in accordance with paragraph (5).

(2) The reference in paragraph (1) to any sum paid on behalf of the consumer includes any sum paid by a creditor who is not the same person as the supplier under a personal credit agreement with the consumer.

(3) The supplier shall make the reimbursement referred to in paragraph (1) as soon as possible and in any case within a period not exceeding 30 days beginning with the day on which the notice of cancellation was given.

(4) Where any security has been provided in relation to the contract, the security (so far as it is so provided) shall, on cancellation under regulation 10, be treated as never having had effect and any property lodged with the supplier solely for the purposes of the security as so provided shall be returned by him forthwith.

(5) Subject to paragraphs (6) and (7), the supplier may make a charge, not exceeding the direct costs of recovering any goods supplied under the contract, where a term of the contract provides that the consumer must return any goods supplied if he cancels the contract under regulation 10 but the consumer does not comply with this provision or returns the goods at the expense of the supplier.

(6) Paragraph (5) shall not apply where -

(a) the consumer cancels in circumstances where he has the right to reject the goods under a term of the contract, including a term implied by virtue of any enactment, or

(b) the term requiring the consumer to return any goods supplied if he cancels the contract is an "unfair term" within the meaning of the Unfair Terms in Consumer Contracts Regulations 1999.

(7) Paragraph (5) shall not apply to the cost of recovering any goods which were supplied as substitutes for the goods ordered by the consumer.

(8) For the purposes of these Regulations, a personal credit agreement is an agreement between the consumer and any other person ("the creditor") by which the creditor provides the consumer with credit of any amount.

Automatic cancellation of a related credit agreement

15. - (1) Where a notice of cancellation is given under regulation 10 which has the effect of cancelling the contract, the giving of the notice shall also have the effect of cancelling any related credit agreement.

(2) Where a related credit agreement is cancelled by virtue of paragraph (1), the supplier shall, if he is not the same person as the creditor under that agreement, forthwith on receipt of the notice of cancellation inform the creditor that the notice has been given.

(3) Where a related credit agreement is cancelled by virtue of paragraph (1) -
(a) any sum paid by or on behalf of the consumer under, or in relation to, the credit agreement which the supplier is not obliged to reimburse under regulation 14(1) shall be reimbursed, except for any sum which, if it had not already been paid, would have to be paid under subparagraph (b);

(b) the agreement shall continue in force so far as it relates to repayment of the credit and payment of interest, subject to regulation 16; and

(c) subject to subparagraph (b), the agreement shall cease to be enforceable.

(4) Where any security has been provided under a related credit agreement, the security, so far as it is so provided, shall be treated as never having had effect and any property lodged with the creditor solely for the purposes of the security as so provided shall be returned by him forthwith.

(5) For the purposes of this regulation and regulation 16, a "related credit agreement" means an agreement under which fixed sum credit which fully or partly covers the price under a contract cancelled under regulation 10 is granted -
(a) by the supplier, or

(b) by another person, under an arrangement between that person and the supplier.

(6) For the purposes of this regulation and regulation 16 -

(a) "creditor" is a person who grants credit under a related credit agreement;

(b) "fixed sum credit" has the same meaning as in section 10 of the Consumer Credit Act 1974;

(c) "repayment" in relation to credit means repayment of money received by the consumer, and cognate expressions shall be construed accordingly; and

(d) "interest" means interest on money so received.

Repayment of credit and interest after cancellation of a related credit agreement

16. - (1) This regulation applies following the cancellation of a related credit agreement by virtue of regulation 15(1).

(2) If the consumer repays the whole or a portion of the credit -
(a) before the expiry of one month following the cancellation of the credit agreement, or

(b) in the case of a credit repayable by instalments, before the date on which the first instalment is due,
no interest shall be payable on the amount repaid.

(3) If the whole of a credit repayable by instalments is not repaid on or before the date referred to in paragraph (2)(b), the consumer shall not be liable to repay any of the credit except on receipt of a request in writing, signed by the creditor, stating the amounts of the remaining instalments (recalculated by the creditor as nearly as may be in accordance with the agreement and without extending the repayment period), but excluding any sum other than principal and interest.

(4) Where any security has been provided under a related credit agreement the duty imposed on the consumer to repay credit and to pay interest shall not be enforceable before the creditor has discharged any duty imposed on him by regulation 15(4) to return any property lodged with him as security on cancellation.

Restoration of goods by consumer after cancellation

17. - (1) This regulation applies where a contract is cancelled under regulation 10 after the consumer has acquired possession of any goods under the contract other than any goods mentioned in regulation 13(1)(b) to (e).

(2) The consumer shall be treated as having been under a duty throughout the period prior to cancellation -
(a) to retain possession of the goods, and

(b) to take reasonable care of them.

(3) On cancellation, the consumer shall be under a duty to restore the goods to the supplier in accordance with this regulation, and in the meanwhile to retain possession of the goods and take reasonable care of them.

(4) The consumer shall not be under any duty to deliver the goods except at his own premises and in pursuance of a request in writing, or in another durable medium available and accessible to the consumer, from the supplier and given to the consumer either before, or at the time when, the goods are collected from those premises.

(5) If the consumer -
(a) delivers the goods (whether at his own premises or elsewhere) to any person to whom, under regulation 10(1), a notice of cancellation could have been given; or

(b) sends the goods at his own expense to such a person,
he shall be discharged from any duty to retain possession of the goods or restore them to the supplier.

(6) Where the consumer delivers the goods in accordance with paragraph (5)(a), his obligation to take care of the goods shall cease; and if he sends the goods in accordance with paragraph (5)(b), he shall be under a duty to take reasonable care to see that they are received by the supplier and not damaged in transit, but in other respects his duty to take care of the goods shall cease when he sends them.

(7) Where, at any time during the period of 21 days beginning with the day notice of cancellation was given, the consumer receives such a request as is mentioned in paragraph (4), and unreasonably refuses or unreasonably fails to comply with it, his duty to retain possession and take reasonable care of the goods shall continue until he delivers or sends the goods as mentioned in paragraph (5), but if within that period he does not receive such a request his duty to take reasonable care of the goods shall cease at the end of that period.

(8) Where -
(a) a term of the contract provides that if the consumer cancels the contract, he must return the goods to the supplier, and

(b) the consumer is not otherwise entitled to reject the goods under the terms of the contract or by virtue of any enactment,
paragraph (7) shall apply as if for the period of 21 days there were substituted the period of 6 months.

(9) Where any security has been provided in relation to the cancelled contract, the duty to restore goods imposed on the consumer by this regulation shall not be enforceable before the supplier has discharged any duty imposed on him by regulation 14(4) to return any property lodged with him as security on cancellation.

(10) Breach of a duty imposed by this regulation on a consumer is actionable as a breach of statutory duty.

Goods given in part-exchange

18. - (1) This regulation applies on the cancellation of a contract under regulation 10 where the supplier agreed to take goods in part-exchange (the "part-exchange goods") and those goods have been delivered to him.

(2) Unless, before the end of the period of 10 days beginning with the date of cancellation, the part-exchange goods are returned to the consumer in a condition substantially as good as when they were delivered to the supplier, the consumer shall be entitled to recover from the supplier a sum equal to the part-exchange allowance.

(3) In this regulation the part-exchange allowance means the sum agreed as such in the cancelled contract, or if no such sum was agreed, such sum as it would have been reasonable to allow in respect of the part-exchange goods if no notice of cancellation had been served.

(4) Where the consumer recovers from the supplier a sum equal to the part-exchange allowance, the title of the consumer to the part-exchange goods shall vest in the supplier (if it has not already done so) on recovery of that sum.

Performance

19. - (1) Unless the parties agree otherwise, the supplier shall perform the contract within a maximum of 30 days beginning with the day after the day the consumer sent his order to the supplier.

(2) Subject to paragraphs (7) and (8), where the supplier is unable to perform the contract because the goods or services ordered are not available, within the

period for performance referred to in paragraph (1) or such other period as the parties agree ("the period for performance"), he shall -

(a) inform the consumer; and

(b) reimburse any sum paid by or on behalf of the consumer under or in relation to the contract to the person by whom it was made.

(3) The reference in paragraph (2)(b) to any sum paid on behalf of the consumer includes any sum paid by a creditor who is not the same person as the supplier under a personal credit agreement with the consumer.

(4) The supplier shall make the reimbursement referred to in paragraph (2)(b) as soon as possible and in any event within a period of 30 days beginning with the day after the day on which the period for performance expired.

(5) A contract which has not been performed within the period for performance shall be treated as if it had not been made, save for any rights or remedies which the consumer has under it as a result of the non-performance.

(6) Where any security has been provided in relation to the contract, the security (so far as it is so provided) shall, where the supplier is unable to perform the contract within the period for performance, be treated as never having had any effect and any property lodged with the supplier solely for the purposes of the security as so provided shall be returned by him forthwith.

(7) Where the supplier is unable to supply the goods or services ordered by the consumer, the supplier may perform the contract for the purposes of these Regulations by providing substitute goods or services (as the case may be) of equivalent quality and price provided that -

(a) this possibility was provided for in the contract;

(b) prior to the conclusion of the contract the supplier gave the consumer the information required by regulation 7(1)(b) and (c) in the manner required by regulation 7(2).

(8) In the case of outdoor leisure events which by their nature cannot be rescheduled, paragraph 2(b) shall not apply where the consumer and the supplier so agree.

Effect of non-performance on related credit agreement

20. Where a supplier is unable to perform the contract within the period for performance -

(a) regulations 15 and 16 shall apply to any related credit agreement as if the consumer had given a valid notice of cancellation under regulation 10 on the expiry of the period for performance; and

(b) the reference in regulation 15(3)(a) to regulation 14(1) shall be read, for the purposes of this regulation, as a reference to regulation 19(2).

Payment by card

21. - (1) Subject to paragraph (4), the consumer shall be entitled to cancel a payment where fraudulent use has been made of his payment card in connection with a contract to which this regulation applies by another person not acting, or to be treated as acting, as his agent.

(2) Subject to paragraph (4), the consumer shall be entitled to be recredited, or to have all sums returned by the card issuer, in the event of fraudulent use of his payment card in connection with a contract to which this regulation applies by another person not acting, or to be treated as acting, as the consumer's agent.

(3) Where paragraphs (1) and (2) apply, in any proceedings if the consumer alleges that any use made of the payment card was not authorised by him it is for the card issuer to prove that the use was so authorised.

(4) Paragraphs (1) and (2) shall not apply to an agreement to which section 83(1) of the Consumer Credit Act 1974 applies.

(5) Section 84 of the Consumer Credit Act 1974 (misuse of credit-tokens) is amended by the insertion after subsection (3) of -

" (3A) Subsections (1) and (2) shall not apply to any use, in connection with a distance contract (other than an excepted contract), of a card which is a credit-token.

(3B) In subsection (3A), "distance contract" and "excepted contract" have the meanings given in the Consumer Protection (Distance Selling) Regulations 2000."

(6) For the purposes of this regulation -

"card issuer" means the owner of the card; and

"payment card" includes credit cards, charge cards, debit cards and store cards.

Amendments to the Unsolicited Goods and Services Act 1971

22. - (1) The Unsolicited Goods and Services Act 1971 is amended as follows.

(2) Omit section 1 (rights of recipient of unsolicited goods).

(3) In subsection (1) of section 2 (demands and threats regarding payment), after "them" insert "for the purposes of his trade or business".

(4) The amendments made by this regulation apply only in relation to goods sent after the date on which it comes into force.

Amendments to the Unsolicited Goods and Services (Northern Ireland) Order 1976

23. - (1) The Unsolicited Goods and Services (Northern Ireland) Order 1976 is amended as follows.

(2) Omit Article 3 (rights of recipient of unsolicited goods).

(3) In paragraph (1) of Article 4 (demands and threats regarding payment), after "them" insert "for the purposes of his trade or business".

(4) The amendments made by this regulation apply only in relation to goods sent after the date on which it comes into force.

Inertia Selling

24. - (1) Paragraphs (2) and (3) apply if -

(a) unsolicited goods are sent to a person ("the recipient") with a view to his acquiring them;

(b) the recipient has no reasonable cause to believe that they were sent with a view to their being acquired for the purposes of a business; and

(c) the recipient has neither agreed to acquire nor agreed to return them.

(2) The recipient may, as between himself and the sender, use, deal with or dispose of the goods as if they were an unconditional gift to him.

(3) The rights of the sender to the goods are extinguished.

(4) A person who, not having reasonable cause to believe there is a right to payment, in the course of any business makes a demand for payment, or asserts a present or prospective right to payment, for what he knows are -

(a) unsolicited goods sent to another person with a view to his acquiring them for purposes other than those of his business, or

(b) unsolicited services supplied to another person for purposes other than those of his business, is guilty of an offence and liable, on summary conviction, to a fine not exceeding level 4 on the standard scale.

(5) A person who, not having reasonable cause to believe there is a right to payment, in the course of any business and with a view to obtaining payment for what he knows are unsolicited goods sent or services supplied as mentioned in paragraph (4) -
(a) threatens to bring any legal proceedings, or

(b) places or causes to be placed the name of any person on a list of defaulters or debtors or threatens to do so, or

(c) invokes or causes to be invoked any other collection procedure or threatens to do so,
is guilty of an offence and liable, on summary conviction, to a fine not exceeding level 5 on the standard scale.

(6) In this regulation -
"acquire" includes hire;
"send" includes deliver;
"sender", in relation to any goods, includes -
(a) any person on whose behalf or with whose consent the goods are sent;

(b) any other person claiming through or under the sender or any person mentioned in paragraph (a); and

(c) any person who delivers the goods; and
"unsolicited" means, in relation to goods sent or services supplied to any person, that they are sent or supplied without any prior request made by or on behalf of the recipient.

(7) For the purposes of this regulation, an invoice or similar document which -

(a) states the amount of a payment, and

(b) fails to comply with the requirements of regulations made under section 3A of the Unsolicited Goods and Services Act 1971 or, as the case may be, Article 6 of the Unsolicited Goods and Services (Northern Ireland) Order 1976 applicable to it,
is to be regarded as asserting a right to the payment.

(8) Section 3A of the Unsolicited Goods and Services Act 1971 applies for the purposes of this regulation in its application to England, Wales and Scotland

as it applies for the purposes of that Act.

(9) Article 6 of the Unsolicited Goods and Services (Northern Ireland) Order 1976 applies for the purposes of this regulation in its application to Northern Ireland as it applies for the purposes of that Order.

(10) This regulation applies only to goods sent and services supplied after the date on which it comes into force.

No contracting-out

25. - (1) A term contained in any contract to which these Regulations apply is void if, and to the extent that, it is inconsistent with a provision for the protection of the consumer contained in these Regulations.

(2) Where a provision of these Regulations specifies a duty or liability of the consumer in certain circumstances, a term contained in a contract to which these Regulations apply, other than a term to which paragraph (3) applies, is inconsistent with that provision if it purports to impose, directly or indirectly, an additional duty or liability on him in those circumstances.

(3) This paragraph applies to a term which requires the consumer to return any goods supplied to him under the contract if he cancels it under regulation 10.

(4) A term to which paragraph (3) applies shall, in the event of cancellation by the consumer under regulation 10, have effect only for the purposes of regulation 14(5) and 17(8).

(5) These Regulations shall apply notwithstanding any contract term which applies or purports to apply the law of a non-Member State if the contract has a close connection with the territory of a Member State.

Consideration of complaints

26. - (1) It shall be the duty of an enforcement authority to consider any complaint made to it about a breach unless -
(a) the complaint appears to the authority to be frivolous or vexatious; or

(b) another enforcement authority has notified the Director that it agrees to consider the complaint.

(2) If an enforcement authority notifies the Director that it agrees to consider a complaint made to another enforcement authority, the first mentioned authority shall be under a duty to consider the complaint.

(3) An enforcement authority which is under a duty to consider a complaint shall give reasons for its decision to apply or not to apply, as the case may be, for an injunction under regulation 27.

(4) In deciding whether or not to apply for an injunction in respect of a breach an enforcement authority may, if it considers it appropriate to do so, have regard to any undertaking given to it or another enforcement authority by or on behalf of any person as to compliance with these Regulations.

Injunctions to secure compliance with these Regulations

27. - (1) The Director or, subject to paragraph (2), any other enforcement authority may apply for an injunction (including an interim injunction) against any person who appears to the Director or that authority to be responsible for a breach.

(2) An enforcement authority other than the Director may apply for an injunction only where -

(a) it has notified the Director of its intention to apply at least fourteen days before the date on which the application is to be made, beginning with the date on which the notification was given; or

(b) the Director consents to the application being made within a shorter period.

(3) The court on an application under this regulation may grant an injunction on such terms as it thinks fit to secure compliance with these Regulations.

Notification of undertakings and orders to the Director

28. An enforcement authority other than the Director shall notify the Director -

(a) of any undertaking given to it by or on behalf of any person who appears to it to be responsible for a breach;

(b) of the outcome of any application made by it under regulation 27 and of the terms of any undertaking given to or order made by the court;

(c) of the outcome of any application made by it to enforce a previous order of the court.

Publication, information and advice

29. - (1) The Director shall arrange for the publication in such form and manner as he considers appropriate of -

(a) details of any undertaking or order notified to him under regulation 28;

(b) details of any undertaking given to him by or on behalf of any person as to compliance with these Regulations;

(c) details of any application made by him under regulation 27, and of the terms of any undertaking given to, or order made by, the court;

(d) details of any application made by the Director to enforce a previous order of the court.

(2) The Director may arrange for the dissemination in such form and manner as he considers appropriate of such information and advice concerning the operation of these Regulations as it may appear to him to be expedient to give to the public and to all persons likely to be affected by these Regulations.

Helen Liddell
Minister of State, Department of Trade and Industry

31st August 2000

SCHEDULE 1
Regulation 3

Indicative list of means of distance communication

1. Unaddressed printed matter.

2. Addressed printed matter.

3. Letter.

4. Press advertising with order form.

5. Catalogue.

6. Telephone with human intervention.

7. Telephone without human intervention (automatic calling machine, audiotext).

8. Radio.

9. Videophone (telephone with screen).

10. Videotext (microcomputer and television screen) with keyboard or touch screen.

11. Electronic mail.

12. Facsimile machine (fax).

13. Television (teleshopping).

SCHEDULE 2
Regulation 5(1)(c)

Non-exhaustive list of financial services

1. Investment services.

2. Insurance and reinsurance operations.

3. Banking services.

4. Services relating to dealings in futures or options.

Such services include in particular:
- investment services referred to in the Annex to Directive 93/22/EEC; services of collective investment undertakings;
- services covered by the activities subject to mutual recognition referred to in the Annex to Directive 89/846/EEC;
- operations covered by the insurance and reinsurance activities referred to in:
  - Article 1 of Directive 73/239/EEC; - the Annex to Directive 79/267/EEC; - Directive 64/225/EEC; - Directives 92/49/EEC and 92/96/EEC.

Schrifttumsverzeichnis

Aigner, Dietmar / **Hofmann**, Dietrich
Fernabsatzrecht im Internet
München 2004

Aigner, Dietmar / **Hofmann**, Dietrich
Virtuelle Kaufhäuser im Internet
MMR 2001, Beilage Nr. 8, S. 30

Arnold, Dirk
Verbraucherschutz im Internet – Anforderungen an die Umsetzung der Fernabsatz-Richtlinie
in: CR 1997, S. 526

Arnull, Anthony / **Dashwood**, Alan / **Ross**, Malcolm / **Wyatt**, Derrick
European Union Law
4th edition, London 2000
zitiert: Wyatt/Dashwood, S.

Artz, Markus
Wirklich kein Umsetzungsbedarf bei Art. 7 Abs. 1 der Fernabsatzrichtlinie?
in: VuR 1999, S. 249

Atiyah, Patrick S.
Sale of Goods
10. Aufl., London 2000

Bailey, S.H. / **Gunn**, M.J.
Smith and Bailey on the modern English legal system
London, 3. Aufl. 1996
(zitiert: Smith/Bailey)

Bamberger, Heinz Georg / **Roth**, Herbert
Kommentar zum BGB
München 2003
zitiert: Bearbeiter in: Bamberger/Roth

Basedow, Jürgen
A common contract law for the common market
in: CMLR 1996, S. 1169

Basedow, Jürgen
Europäisches Internationales Privatrecht
in: NJW 1996, S. 1921

Baum, Michael / **Trafkowski**, Armin
Anwaltstätigkeit und Fernabsatzgesetz
in: CR 2001, S. 459

Baumbach, Adolf / **Hefermehl**, Wolfgang
Wettbewerbsrecht
- 19. Auflage, München 1996
- 20. Auflage, München 1998

Baumert, Andreas J.
Die Umsetzung des Art. 6 Abs. 2 der AGB-Richtlinie im System des europäischen kollisionsrechtlichen Verbraucherschutzes
in: EWS 1995, S. 58

Beatson, J.;**Burrows**, A.S.; **Ellinger**, E.P. u.a. (Hrsg.)
Chitty on Contracts
28. Auflage 1999
(zitiert: Chitty on Contracts, Kapitelnummer-Randnummer)

Behn, Michael
Das Wirksamwerden von schriftlichen Willenserklärungen mittels Einschreiben – zur Bedeutung der Zurücklassung des Benachrichtigungszettels
in: AcP 178 (1978), S. 505

Bell, John / **Cross**, Rupert / **Engle**, George
Statutory Interpretation
3. Aufl., London 1995

Berger, Christian
Die Neuregelung des verbraucherrechtlichen Widerrufsrechts in § 361 a BGB
in: JURA 2001, S. 289

Berger, Christian
Der Ausschluss gesetzlicher Rückgewähransprüche bei der Erbringung unbestellter Leistungen gemäß § 241 a BGB
in: JuS 2001, S. 649

Bodenstedt, Kai
„Alles für einen Euro"? – Abgrenzung von Zugangsbestätigungen und Annahmeerklärungen im Internet
in: MMR 2004, S. 719

Bodenstedt, Kai
Anmerkungen zu LG Hamburg, Urt. v. 12.05.2004 . 306 O 440/03 (n.rkr.)
in: EWiR 2004, S. 739

Bodewig, Theo
Die neue europäische Richtlinie im Fernabsatz
in: DZWir 1997, S. 447

Boente, Walter / **Riehm**, Thomas
Besondere Vertriebsformen im BGB
in: JURA 2002, S. 222

Borges, Georg
Verbraucherschutz beim Internet-Shopping
in: ZIP 1999, S. 130

Borsum, Wolfgang / **Hoffmeister**, Uwe
Bildschirmtext und Bankgeschäfte
in: BB 1983, S. 1441

Bothe, Michael
Soft Law in den Europäischen Gemeinschaften ?
in: von Münch, Ingo (Hrsg.), Festschrift für Hans-Jürgen Schlochauer, Berlin 1981, S. 761
zitiert: Bothe, FS Schlochauer

Bourgoignie, Thierry
Propositions pour une loi générale sur la protection des consommateurs en Belgique
in : REDC 1997, S. 97

Brinkmann, Werner
Zivil- und presserechtliche Fragen bei der Nutzung von Bildschirmtext
in: ZUM 1985, S. 337

Bultmann, Fritz A. / **Rahn**, Gerd-Jürgen
Rechtliche Fragen des Teleshoppings
in: NJW 1988, S. 2432

Bülow, Peter
Verbraucherkreditrecht im BGB
in: NJW 2002, S. 1145

Bülow, Peter
Unsinniges im Fernabsatz
in: ZIP 1999, S. 1293

Bülow, Peter
Fernabsatzrichtlinie und Verbraucherkreditgesetz
in: DZWir 1998, S. 89

Bülow, Peter / **Artz**, Markus
Fernabsatzverträge und Strukturen eines Verbraucherprivatrechts im BGB
in: NJW 2000, S. 2049

Burckhardt, Peter
Telefonwerbung und Haustürwiderrufsgesetz
in: WRP 1996, S. 659

Burgard, Ulrich
Aussagekraft eines „OK"-Vermerks über den Zugang eines Telefax
in: BB 1995, S. 222

Busse, Aliki
Softwarevertrieb in Netzen
in: CR 1996, S. 389

Casper, Matthias
Die Zusendung unbestellter Waren nach § 241 a BGB
in: ZIP 2000, S. 1602

Cheshire, Fifoot and **Furmston's**
Law of Contract
14th edition 2001, zitiert: Cheshire/Fifoot-Bearbeiter

Czeguhn, Ignacio
Fernabsatzgesetz und Online-Versteigerungen
in: ITRB 2001, S. 295

Dauner-Lieb, Barbara
Die geplante Schuldrechtsmodernisierung – Durchbruch oder Schnellschuss
In: JZ 2001, S. 8

Dauner-Lieb, Barbara
Verbraucherschutz durch Ausbildung eines Sonderprivatrechts für Verbraucher
Diss., 1983

Deckers, Stefan
Zusendung unbestellter Ware
in: NJW 2001, S. 1474

Dethloff, Nina
Marketing im Internet und internationales Wettbewerbsrecht
in: NJW 1998, S. 1596

Dobson, Paul
The Consumer Protection Act 1987
in: JBL 1987, S. 387

Dörner, Heinrich
Die Integration des Verbraucherrechts in das BGB
in: Schulze, Reiner; Schulte-Nölke, Hans (Hrsg.) Die Schuldrechtsreform vor dem Hintergrund des Gemeinschaftsrechts
Tübingen 2001

Downes, Noemi / **Heiss**, Helmut
Sprachregulierung im Vertragsrecht: Europa- und internationalprivatrechtliche Aspekte
in: ZvglRWiss 98 (1999), S. 28

Dreher, Meinrad
Richtlinienumsetzung durch Exekutive und Judikative?
in: EuZW 1997, S. 522

Drewry, Gavin
Factortame – British Sovereignty laid to rest?
in: ILP 1990, S. 74

Eaglesham, Jean
A troubled deal on the internet
in: FT v. 11.02.2002, S. 18

Eckert, Hans-Werner
Teleshopping – Vertragsrechtliche Aspekte eines neuen Marketingkonzepts
in: DB 1994, S. 717

Ehrhardt-Rauch, Andrea
Überblick über die geplanten Gesetzesänderungen im Zusammenhang mit Fernabsatzverträgen bei Finanzdienstleistungen
in: VuR 2003, S. 341

Ehricke, Ulrich
Die richtlinienkonforme Auslegung nationalen Rechts vor Ende der Umsetzungsfrist einer Richtlinie
in: EuZW 1999, S. 553

Ehricke, Ulrich
„Soft Law" – Aspekte einer neuen Rechtsquelle
in: NJW 1989, S. 1906

Elliott, Catherine / **Quinn**, Francis
English legal system
3. Auflage 2000

Ende, Lothar / **Klein**, Alexander
Grundzüge des Vertriebsrechts im Internet
München 2001

Enneccerus, Ludwig / **Nipperdey**, Hans Carl
Lehrbuch des Bürgerlichen Rechts
- Allgemeiner Teil
    - o 14. Auflage, Tübingen 1955

Erdmann, Willi / **Bornkamm**, Joachim
Schutz von Computerprogrammen
in: GRUR 1991, S. 877

Ernst, Stefan
Vertragsgestaltung im Internet
München, 2003

Ernst, Stefan
Internet und Recht
in: JuS 1997, S. 776

Ernst, Stefan
Verbraucherschutzrechtliche Aspekte des Internets
in: VuR 1997, S. 259

Ernst, Stefan
Der Mausklick als Rechtsproblem – Willenserklärungen im Internet
in: NJW-CoR 1997, S. 165

Felke, Klaus / **Jordans**, Roman
Der Referentenentwurf für die Umsetzung der Fernabsatzrichtlinie für Finanzdienstleistungen
in: WM 2004, S. 166

Fischer, Nikolaj
Zur Anwendbarkeit des Fernabsatzgesetzes bei Einschaltung eines Boten beim Vertragsschluss im Rahmen des Postident 2-Verfahrens
in: BB 2004, S. 2601

Fischer, Nikolaj
Die Gemeinschaftsrechtswidrigkeit der Befristung des Widerrufsrechts nach § 355 Abs. 3 Satz 1 BGB bei Haustürgeschäften
in: DB 2002, S. 727

Flume, Werner
Vom Berufe unserer Zeit für Gesetzgebung
in: ZIP 2000, S. 1427

Flume, Werner
Allgemeiner Teil des Bürgerlichen Rechts
Zweiter Band: Das Rechtsgeschäft
3. Auflage 1979
(zitiert: Flume, S.)

Franzen, Martin
Heininger und die Folgen – ein Lehrstück Gemeinschaftsprivatrecht
in: JZ 2003, S. 321

Freund, Torsten
Der Vorschlag einer EU-Richtlinie über den Verbraucherschutz bei Vertragsabschlüssen im Fernabsatz
in: Herrmann, Harald /Berger, Klaus Peter / Wackerbarth, Ulrich (Hrsg.), Deutsches und Internationales Bank- und Wirtschaftsrecht im Wandel – Festschrift für Norbert Horn, Köln 1997, S. 228
Zitiert: Freund, FS Horn

Fuchs, Andreas
Das FernAbsG im neuen System des Verbraucherschutzrechts
in: ZIP 2000, S. 1273

Funk, Axel
Wettbewerbsrechtliche Grenzen von Werbung per E-Mail
in: CR 1998, S. 411

Gaertner, Reinhard / **Gierschmann**, Sybille
Das neue Fernabsatzgesetz
in: DB 2000, S. 1601

Geist, Kerstin
Die Rechtslage bei Zusendung unbestellter Waren nach Umsetzung der Fernabsatzrichtlinie
Diss., Konstanz 2002

Gilles, Peter
Recht und Praxis des Telemarketing – Werbung und Vertrieb unter Einsatz technischer Kommunikationsmittel und ihre Schranken im Privat- und insbesondere Wettbewerbsrecht
in: NJW 1988, S. 2424

Goller, Fritz
Das neue Gesetz über den Widerrufs von Haustürgeschäften und ähnlichen Geschäften
in: GewArch 1986, S. 73

Gorris, Anja / **Schmittmann**, Jens
Umsatzsteuerliche Auswirkungen des Fernabsatzgesetzes
in: BB 2001, S. 2345

Gößmann, Christine
Electronic Commerce – Die EU-Fernabsatzrichtlinie und ihre Auswirkungen auf den Handel über neue Medien
in: MMR 1998, S. 88

Grabitz, Eberhard / **Hilf**, Meinhard (Hrsg.)
Das Recht der Europäischen Union, Band I bis IV
Loseblattkommentar, Stand April 2004
(zitiert: Grabitz/Hilf-*Bearbeiter*)

Grigoleit, Hans-Christoph
Besondere Vertriebsformen im BGB
in: NJW 2002, S. 1151

Günther, Andreas
Das neue Fernabsatzgesetz
in: CI 2000, S. 97

Günther, Andreas
Erwünschte Regelung unerwünschter Werbung? Zur Auslegung von Art. 10 der Fernabsatzrichtlinie 97/7/EWG
in: CR 1999, S. 172

Haas, Lothar / **Medicus**, Dieter / **Rolland**, Walter / **Schäfer**, Carsten / **Wendtland**, Holger (Hrsg.)
Das neue Schuldrecht
München 2002 (zitiert: Bearbeiter, in: Neues Schuldrecht, S.)

Habersack, Matthias / **Meyer**, Christian
Der Widerruf von Haustürgeschäften nach der Heininger-Entscheidung des EuGH
in: WM 2002, S. 253

Hare, John Innes Clark
The Law of Contracts
Boston 1887

Härting, Niko
Fernabsatz – Änderungen durch das Schuldrechtsmodernisierungsgesetz
in: MDR 2002, S. 61

Härting, Niko
FernAbsG
Köln 2000

Härting, Niko
Referentenentwurf für neues Fernabsatzgesetz
CR 1999, S. 507

Härting, Niko / **Schirmbacher**, Martin
Finanzdienstleistungen im Fernabsatz – neues Recht für das Online-Banking
in: CR 2005, S. 48

Härting, Niko / **Schirmbacher**, Martin
Finanzdienstleistungen im Fernabsatz
in: CR 2002, S. 809

Härting, Niko / **Schirmbacher**, Martin
Fernabsatzgesetz – Ein Überblick über den Anwendungsbereich, die Systematik und die wichtigsten Regelungen
in: MDR 2000, S. 917

Harvey, Brian W / **Parry**, Deborah L
The Law of Consumer Protection and fair trading
London 2000

Heinrichs, Helmut
Das Widerrufsrecht nach der Richtlinie 97/7/EG über den Verbraucherschutz bei Vertragsabschlüssen im Fernabsatz
in: Beuthin, Volker u.a. (Hrsg). Festschrift für Dieter Medicus, Köln 1999, S. 177
Zitiert: Heinrichs, FS Medicus, S.

Henrich, Dieter / **Huber**, Peter
Einführung in das englische Privatrecht
3. Aufl. 2003, Heidelberg 2003

Hensen, Horst-Dieter
Das Fernabsatzgesetz oder: Man könnte heulen
in: ZIP 2000, S. 1151

Hoeren, Thomas
Vorschlag für eine EU-Richtlinie über E-Commerce
in: MMR 1999, S. 192

Hoeren, Thomas
Cybermanners und Wettbewerbsrecht – Einige Überlegungen zum Lauterkeitsrecht im Internet
in: WRP 1997, S. 993

Hoeren, Thomas
Kreditinstitute im Internet – eine digitale Odyssee im juristischen Weltraum
in: WM 1996, S. 2006

von **Hoffmann**, Bernd
Richtlinien der Europäischen Gemeinschaft und Internationales Privatrecht
in: ZfRV 1995, S. 45

Hoffmann, Dieter
Die Grundzüge der europäischen Fernabsatzrichtlinie
EUROFORUM, Konferenz „Rechtsfallen beim Vertrieb über neue Medien“ v. 09.10.1997

Hoffmann, Jochen / **Petrick**, Tom F.
Von Fehlzeiten und Umsetzungsdefiziten - § 676 h BGB und die FernAbsRL
in: ZBB 2003, S. 343

Hök, Götz-Sebastian
Tele-Shopping in der deutschen Medienordnung
in: MDR 1989, S. 769

Hoppmann, Carsten
Der Vorschlag für ein Fernabsatzrichtlinie für Finanzdienstleistungen
In: VersR 1999, S. 673

Hopt, Klaus J. / **Baetge**, Dietmar
Rechtsvergleichung und Reform des deutschen Rechts – Verbandsklage und Gruppenklage
in: Basedow, Jürgen / Hopt, Klaus J./ Kötz, Hein / Baetge, Dietmar (Hrsg.), Die Bündelung gleichgerichteter Interessen im Prozess – Verbandsklage und Gruppenklage, S. 11
Tübingen 1999
(zitiert: Hopt/Baetge, in: Basedow/Hopt/Kötz/Baetge)

Hoß, Dirk
Web-Impressum und Wettbewerbsrecht
in: CR 2003, S. 687

Howells, Geraint G.
The Move from Soft to Hard Law – Implementation of the Distance Selling Directive in the United Kingdom
in: Stauder, Hildegard / Stauder, Bernd (Hrsg); La protection des consommateurs acheteurs à distance, Zürich 1999, S. 163

Howells, Geraint G./**Voigt**, Dennis
United Kingdom
in: Micklitz, Hans-W. / Kessler, Jürgen (eds.), Marketing Practices Regulation and Consumer Protection in the EC Member States and the US, Baden-Baden 2002, S. 361

Howells, Geraint G./ **Weatherill**, Stephen
Consumer Protection Law
2. Auflage, Dartmouth 2005

Hucke, Anja
Das Fernabsatzgesetz – ein weiterer Schritt auf dem Weg zu einem europäischen Verbraucherrecht
in: FiWi 2001, S. 59

Huff, Martin W.
Haustürwiderrufsgesetz und Freizeitveranstaltung – ein erster Überblick
in: VuR 1988, S. 306

Jarass, Hans D.
Verwaltungsrecht als Vorgabe für Zivil- und Strafrecht
in: DVBl 1990, S. 1218

Junker, Abbo
Vom Bürgerlichen zum kleinbürgerlichen Gesetzbuch – Der Richtlinienvorschlag über den Verbrauchsgüterkauf
in: DZWir 1997, S. 271

Kaestner, Jan / **Tews**, Nicole
Die Anbieterkennzeichnungspflichten nach § 6 TDG
in: WRP 2002, S. 1011

Kallenborn, Gerald
Das Sprachproblem bei Vertragsabschlüssen mit ausländischen Verbrauchern – eine analytische Untersuchung zur Frage des Bestehens besonderer Aufklärungspflichten gegenüber dem sprachunkundigen Verbraucher unter Berücksichtigung des EG-Rechts und des Internationalen Privatrechts (Diss.)
Saarbrücken, 1997

Kamanabrou, Sudabeh
Die Umsetzung der Fernabsatzrichtlinie
in: WM 2000, S. 1417

Kessler, Jürgen
Rechtliche Aspekte des Tele-Shoppings – zu den normativen Grenzen eines neuen Marketing-Konzepts
in: WRP 1991, S. 285

Klauss, Herbert / **Ose**, Ludwig
Verbraucherkreditgeschäfte: Kommentar zu § 13 a UWG, zum Gesetz über den Widerruf von Haustürgeschäften und ähnlichen Geschäften, zum Gesetz betreffend die Abzahlungsgeschäfte
2. Auflage, Herne 1988

Kleier, Ulrich
Bildschirmtext – wirtschaftliche und rechtliche Anforderungen
in: WRP 1983, S. 534

Klingsporn, Burkhard
Zum Widerruf telefonisch angebahnter Haustürgeschäfte
in: NJW 1997, S. 1546

Knöfel, Susanne
Auf dem Weg zu einem neuen Schuldrecht für den Fernabsatz von Finanzdienstleistungen
in: ZGS 2004, S. 182

Koch, Harald / **Magnus**, Ulrich / **Winkler von Mohrenfeld**, Peter
IPR und Rechtsvergleichung
2. Auflage 1996

Köhler, Helmut
Die Rechte des Verbrauchers beim Teleshopping (TV-Shopping, Internet-Shopping)
in: NJW 1998, S. 185

Köhler, Helmut
Rechtsgeschäfte mittels Bildschirmtext
in: Hübner, Heinz / Schnoor., Herbert u.a.; Rechtsprobleme des Bildschirmtextes, Köln 1986, S. 51

Koppensteiner, Hans-Georg (Hrsg.)
Österreichisches und Europäisches Wirtschaftsprivatrecht, Teil 6/2: Wettbewerbsrecht/UWG
Wien, 1998
Zitiert: Bearbeiter, in: Koppensteiner

Kronke, Herbert
Electronic Commerce und Europäisches Verbrauchervertrags-IPR
in: RIW 1996, S. 985

Kruse, Kevin
Verletzung verbraucherschutzrechtlicher Belehrungspflichten als Wettbewerbsverstoß
in: WRP 2001, S. 1132

Lachmann, Jens-Peter
Ausgewählte Probleme aus dem Recht des Bildschirmtextes
in: NJW 1984, S. 405

Larenz, Karl / **Wolf**, Manfred
Allgemeiner Teil des Bürgerlichen Rechts
8. Auflage, München 1997

Leible, Stefan / **Sosnitza**, Olaf
Telefonwerbung und Fernabsatzrichtlinie
in: K&R 1998, S. 283

Leupold, Andreas
Die massenweise Versendung von Werbe-E-Mails – Innovatives Direktmarketing oder unzumutbare Belästigung des Empfängers?
in: WRP 1998, S. 270

Lienhard, Ulrich
Missbräuchliche Internet-Dialer – eine unbestellte Dienstleistung
in: NJW 2003, S. 3592

Lindacher, Walter
Anmerkungen zu BGH, Urt. v. 05.02.1998 – I ZR 211/95
in: DZWiR 1998, S. 514

Link, Philip
Ungelöste Probleme bei Zusendung unbestellter Sachen
in: NJW 2003, S. 2811

Lorenz, Stephan
Im BGB viel NeueS. Die Umsetzung der Fernabsatzrichtlinie
in: JuS 2000, S. 833

Lowe, R. / **Woodroffe**, G.
Consumer Law and Practice
3. Auflage, London 1991

Löwe, Walter
Schutz gegen Überrumpelung beim Vertragsabschluss
in: BB 1986, S. 821

Lütcke, Jens
Fernabsatzrecht
München 2002

Lutter, Marcus (Hrsg.)
Festschrift für Ernst C. Stiefel zum 80. Geburtstag
München, 1987
Zitiert: Bearbeiter, FS Stiefel

Maas, Georg
Der Vertragsschluss auf elektrischem Wege
Berlin 1989

MacLeod, John
Consumer Sales Law
London 2002

Mankowski, Peter
Welche Bedeutung hat das Fernabsatzrecht für die Wohnungswirtschaft?
in: ZMR 2002, S. 317

Mankowski, Peter
Das Internet im Internationalen Vertrags- und Deliktsrecht
in: RabelsZ 63 (1999), S. 203

Martinek, Michael
Verbraucherschutz im Fernabsatz – Lesehilfe mit Merkpunkten zur neuen EU-Richtlinie
in: NJW 1998, S. 207

Marx, Claudius
Nicht nur im Internet: harmonisierter Verbraucherschutz im Fernabsatz
in: WRP 2000, S. 1227

Meads, Paul
E-Consumer protection – distance selling
in: ICCLR 2002, S. 179

Meder, Stephan
Die Kreditkartenzahlung als Anweisungsgeschäft
in: AcP 198 [1998], S. 72

Medicus, Dieter
Allgemeiner Teil des BGB
8. Auflage, Heidelberg 2002

Medicus, Dieter
Ein neues Kaufrecht für Verbraucher?
in: ZIP 1996, S. 1925

Meents, Jan Geert
Ausgewählte Probleme des Fernabsatzgesetzes bei Rechtsgeschäften im Internet
in: CR 2000, S. 610

Meents, Jan Geert
Verbraucherschutz bei Rechtsgeschäften im Internet (Diss.)
Köln, 1998

Meisterernst, Andreas
Tücken des Fernabsatzgesetzes
in: ZLR 2001, S. 459

Meller-Hannich, Caroline
Vertragslösungsrechte des Verbrauchers aus dem BGB – Geschichte und Gegenwart
in: JURA 2003, S. 369

Micklitz, Hans-W.
Gemeinschaftsrechtliche Vorgaben für ein Verbrauchervertriebsrecht oder für eine Regelung der Vertragsschlussmodalitäten?
in: Schulze, Reiner / Schulte-Nölke, Hans (Hrsg.), Die Schuldrechtsreform vor dem Hintergrund des Gemeinschaftsrechts, 2001, S. 189

Micklitz, Hans-W.
Fernabsatz und E-Commerce im Schuldrechtsmodernisierungsgesetz
in: EuZW 2001, S. 133

Micklitz, Hans-W.
Vertragsschlussmodalitäten im Diskussionsentwurf eines Schuldrechtsmodernisierungsgesetzes
in: VuR 2001, S. 71

Micklitz, Hans-W.
Die Fernabsatzrichtlinie 97/7/EG
in: ZEuP1999, S. 875

Micklitz, Hans-W.
Cross-Border Consumer Conflicts – A French-German Experience
in: JCP 1993, S. 411

Micklitz, Hans-W.
Der Vorschlag für eine Richtlinie des Rates über den Verbraucherschutz bei Vertragsabschlüssen im Fernabsatz
in: VuR 1993, S. 129

Micklitz, Hans-W.
Rundfunkrechtliche Fragen des Teleshoppings
in: NJW 1990, S. 1569

Micklitz, Hans-W. / **Reich**, Norbert
Die Umsetzung der EG-Fernabsatzrichtlinie
in: BB 1999, S. 2093

Micklitz, Hans-W. / **Reich**, Norbert
Die Fernabsatzrichtlinie im deutschen Recht
Baden-Baden 1998

Micklitz, Hans-W. / **Tonner**, Klaus
Vertriebsrecht Handkommentar
Baden-Baden 2002
zitiert: Hk-VertriebsR/Bearbeiter

Miller, George A.
The Magical Number Seven, Plus or Minus Two: Some Limits on our Capacity for Processing Information
in: [1956] 63 The Psychological Review, S. 81

Moraht, Mona
Anwendbarkeit des Fernabsatzgesetzes auf Immobiliennachweis- und –vermittlungsverträge?
in: NZM 2001, S. 883

Morgenroth, Sascha J.
Umsetzung der Verbrauchsgüterkaufrichtlinie in Spanien und Deutschland
Diss., Hamburg 2002

Moritz, Hans-Werner
Quo vadis elektronischer Geschäftsverkehr
in: CR 2000, S. 61

Münchener Kommentar
Münchener Kommentar zum Bürgerlichen Gesetzbuch
Hrsg. Kurt Rebmann, Franz Jürgen Säcker, Roland Rixeker
- Band 1: Allgemeiner Teil, §§ 1 – 240 BGB
    - 3. Auflage 1993 (inkl. AGBG), Redakteur: Franz Jürgen Säcker
    - 4. Auflage 2001, Redakteur: Franz Jürgen Säcker
- Band 2a: Schuldrecht Allgemeiner Teil, §§ 241 – 432 BGB
    - 4. Auflage 2003, Redakteur: Wolfgang Krüger
- Band 3: Schuldrecht Besonderer Teil, §§ 433-606; Finanzierungsleasing, VerbrKrG; HausTWG, Erbschafts- und Schenkungssteuergesetz; MHG; HeizkostenV
    - 3. Auflage 1995; Redakteur: Harm Peter Westermann

(zitiert: MünchKomm/Bearbeiter)

Neises, Reiner
Gesetzliche Neuregelungen für Time-Sharing durch das Fernabsatzgesetz
in: NZM 2000, S. 1033

Neises, Reiner
Konsequenzen für den Immobilienmakler aus dem Fernabsatzgesetz
in: NZM 2000, S. 889

Obermair, Stefan
Der Schutz des Verbrauchers vor unlauterer Werbung in Deutschland und Großbritannien
Diss., Augsburg 2004

Oppermann, Thomas
Europarecht
2. Auflage, 1999

Ory, Stefan
Vom Teleshopping zum elektronischen Anzeigenblatt?
in: AfP 1988, S. 121

Ott, Stephan
Informationspflichten in Internet und ihre Erfüllung durch das Setzen von Hyperlinks
in: WRP 2003, S. 945

Paefgen, Thomas Christian
Bildschirmtext aus zivilrechtlicher Sicht
Diss., München 1988

Palandt, Otto
Kommentar zum Bürgerlichen Gesetzbuch
- 63. Auflage, München 2004
    - (zitiert: Palandt/Bearbeiter)
- 57. Auflage, München 1997
    - (zitiert: Palandt/Bearbeiter, 57. Auflage)

Pfeiffer, Thomas
Die Integration von „Nebengesetzen" in das BGB
in: Ernst, Wolfgang / Zimmermann, Reinhard (Hrsg.), Schuldrechtsmodernisierung, 2001, S. 481

Pfeiffer, Thomas
Der Verbraucherbegriff als zentrales Merkmal im europäischen Privatrecht
in: Schulte-Nölke, Hans / Schulze, Reiner (Hrsg.), Europäische Rechtsangleichung und nationale Privatrechte, Baden-Baden 1999, S. 21

Pfeiffer, Thomas
Die Entwicklung des Internationalen Vertrags-, Schuld- und Sachenrechts in den Jahren 1995/96
in: NJW 1997, S. 1207

Pichler, Rufus
Kreditkartenzahlung im Internet – die bisherige Verteilung des Missbrauchsrisikos und der Einfluss der Verwendung von SET
in: NJW 1998, S. 3234

Piepenbrock, Hermann-Josef / Schmitz, Peter
Fernabsatzgesetz: neuer Rechtsrahmen für E-Commerce
in: K&R 2000, S. 378

Plassmann, Clemens
Vergleichende Werbung im Gemeinsamen Markt
in: GRUR 1996, S. 377

Pohlmann, Jörg / **Schwarz**, Günter Christian
Der Umfang des Anspruchsausschlusses bei unbestellter Waren gemäß § 241 a BGB – die Umsetzung der EG-FernAbsRL als methodisches Problem
in: JURA 2001, S. 361

Pudor, Kerstin
Die Wirkungsweise verbraucherschützender Widerrufsrechte
Diss., 2000

Pützhoven, Andreas
Europäischer Verbraucherschutz im Fernabsatz (Diss.)
München 2001

Ramsay, Iain
Consumer Protection – Text and Materials
London 1989

Redeker, Helmut
Geschäftsabwicklung mit externen Rechnern im Bildschirmtext
in: NJW 1984, 2390

Reed, Chris
Digital Information Law – Electronic Documents and Requirements of Form
1996

Reich, Norbert
Die neue Richtlinie 97/7/EG über den Verbraucherschutz bei Vertragsabschlüssen im Fernabsatz
in: EuZW 1997, S. 581

Reich, Norbert / **Micklitz**, Hans-W.
Europäisches Verbraucherrecht
Baden-Baden, 4. Auflage 2003
Zitiert: Bearbeiter, in: Reich/Micklitz, Europäisches Verbraucherrecht

Riehm, Thomas
Das Gesetz über Fernabsatzverträge und andere Fragen des Verbraucherrechts
in: JURA 2000, S. 505

Ring, Gerhard
Fernabsatzgesetz
Bonn, 2000

Roth, Birgit / **Schulze**, Götz
Verbraucherschutz im Electronic Commerce
in: RIW 1999, S. 924

Roth, Wulf-Henning
Europäischer Verbraucherschutz und BGB
in: JZ 2001, S. 475

Roth, Herbert
Das Fernabsatzgesetz
in: JZ 2000, S. 1013

Rott, Peter
Widerruf und Rückabwicklung nach der Umsetzung der FernAbsRL und dem Entwurf eines Schuldrechtsmodernisierungsgesetzes
In: VuR 2001, S. 78

Rott, Peter
Informationspflichten in Fernabsatzverträgen als Paradigma für die Sprachenproblematik im Vertragsrecht
in: ZvglRWiss 98 (1999), S. 382

Rüßmann, Helmut
Wettbewerbshandlungen im Internet – Internationale Zuständigkeit und anwendbares Recht
in: K&R 1998, S. 422

Sack, Rolf
Die Berücksichtigung der Richtlinie 97/55/EG über irreführende und vergleichende Werbung bei der Anwendung der §§ 1 und 3 UWG
in: WRP 1998, S. 241

Sack, Rolf
Die Bedeutung der EG-Richtlinien 84/450/EWG und 97/55/EG über irreführende und vergleichende Werbung für das deutsche Wettbewerbsrecht
in: GRUR Int. 1998, S. 263

Salzwedel, Jürgen
Probleme der Umsetzung europäischen Gemeinschaftsrechts in das Umwelt- und Technikrecht der Mitgliedstaaten
in: UPR 1998, S. 41

Salzwedel, Jürgen / **Viertel**, Berthold
Umsetzung und Verwirklichung europäischen Umweltrechts in den Mitgliedstaaten
in: Zeitschrift für angewandte Umweltforschung 1989, S. 131

Schlesinger, Rudolf B.
Formation of Contracts study of the common core of legal systems
1968

Schmidt-Kessel, Martin
Die gesetzliche Ausweitung der Widerrufsrechte nach Heininger
in: ZGS 2002, S. 311

Schmidt-Räntsch, Jürgen
Reintegration der Verbraucherschutzgesetze durch den Entwurf eines Schuldrechtsmodernisierungsgesetzes
in: Schulze, Reiner / Schulte-Nölke, Hans (Hrsg.), Die Schuldrechtsreform vor dem Hintergrund des Gemeinschaftsrechts, Tübingen 2001, S. 169

Schmidt-Räntsch, Jürgen
Zum Gesetz über Fernabsatzverträge und andere Fragen des Verbraucherrechts sowie zur Umstellung von Vorschriften auf Euro
in: VuR 2000, S. 427

Schmitz, Dirk
Ende des Verbots der Telefonwerbung
in: AfP 1998, S. 485

Schneider, Christian
Umsetzung der Fernabsatzrichtlinie 2002/65/EG im VVG
in: VersR 2004, S. 696

Schott, Hermann
Der obligatorische Vertrag unter Abwesenden
Heidelberg 1873

Schroeder, Werner
Vom Brüsseler Kampf gegen den Tabakrauch
in: EuZW 2001, S. 489

Schulte-Nölke, Hans
Auswirkungen der Fernabsatzrichtlinie
in: NJW 1998, S. 211

Sedelmeier, Klaus
Vergleichende Werbung auch in Deutschland
in: ZRP 1991, S. 370

Sieker, Susanne
Umgehungsgeschäfte
Habil., Tübingen 2001

Smith, Kenneth / **Keenan**, Dennis
Smith & Kennan's English Law
13. Auflage 2001

Soergel, Hans Theodor
Bürgerliches Gesetzbuch, 12. Auflage
Band 1: Allgemeiner Teil (§§ 1 – 240), HWiG, 1988 (Zitiert: Soergel/Bearbeiter)

Spindler, Gerald
Deliktsrechtliche Haftung im Internet – nationale und internationale Rechtsprobleme
in: ZUM 1996, S. 533

Staudinger, Julius v.
Kommentar zum Bürgerlichen Gesetzbuch
- VerbrKrG; HWiG; § 13 a UWG; TzWrG
    - 2001, Redakteur: Dieter Reuter
- §§ 255 – 304 BGB
    - 2004, Redakteur: Manfred Löwisch
- §§ 312 – 314 BGB
    - 2005, Redakteur:

(zitiert: Staudinger/Bearbeiter)

Stock, Günther
Fernabsatzgesetz
in: GewArch 2000, S. 471

Strube, Hartmut
Die Auswirkungen des Urteils des EuGH vom 13.12.2001, C 481/99
in: VuR 2002, S. 55

Teichmann, Arndt
Zur Zulässigkeit von Vorauszahlungsklauseln in AGB der Reiseunternehmen
in: JZ 1985, S. 314

Thorn, Karsten
Verbraucherschutz bei Verträgen im Fernabsatz
in: IPRax 1999, S. 1

Tilmann, Wilfried
Richtlinie vergleichende Werbung
in: GRUR 1997, S. 1990

Tonner, Klaus
Das Fernabsatzgesetz – (k)ein Thema für die Tourismuswirtschaft
in: RRa 2000, S. 163

Tonner, Klaus
Das neue Fernabsatzgesetz – oder: System statt „Flickenteppich"
in: BB 2000, S. 1413

Treitel, Guenter
The Law of Contract
10th ed., London 1999

Ulmer, Peter
Integration des AGB-Gesetzes in das BGB
in: Schulze, Reiner / Schulte-Nölke, Hans (Hrsg.), Die Schuldrechtsreform vor dem Hintergrund des Gemeinschaftsrechts, S. 215

Ultsch, Michael L.
Zugangsprobleme bei elektronischen Willenserklärungen – dargestellt am Beispiel der Electronic Mail
in: NJW 2000, S. 3007

Vehslage, Thorsten
Das geplante Gesetz zur Anpassung der Formvorschriften des Privatrechts und anderer Vorschriften an den modernen Rechtsverkehr
in: DB 2000, S. 1801

Vehslage, Thorsten
Die Änderungen des BGB im Zuge der Einführung des Fernabsatzgesetzes
in: AnwBl 2000, S. 682

Vehslage, Thorsten
Auswirkungen der FernAbsRL auf die Telefon- und E-Mail-Werbung
in: GRUR 1999, S. 656

Wagner, Rolf
Zusammenführung verbraucherschützender Kollisionsnormen aufgrund EG-Richtlinien in einem neuen Art. 29a EGBGB
in: IPRax 2000, S. 249

Wagner, Rolf
Verfahrens- und internationalprivatrechtliche Fragen beim Teleshopping
in: WM 1995, S. 1129

Wade, William / **Forsyth**, Christopher
Administrative Law
London, 8. Aufl. 1999

Waldenberger Arthur
Electronic-Commerce: der Richtlinienvorschlag der EG-Kommission
in: EuZW 1999, S. 296

Waldenberger, Arthur
„Alles schwebend unwirksam“ – Distanzgeschäfte nach dem Referentenentwurf eines Fernabsatzgesetzes
in: K&R 1999, S. 345

Waldenberger, Arthur
Grenzen des Verbraucherschutzes bei Verbraucherverträgen im Internet
in: BB 1996, S. 2365

Weatherill, Stephen
The Implementation and Repercussions of Consumer Protection Directives in Domestic Law
in: Heusel, Wolfgang (Hrsg.), Neues europäisches Vertragsrecht und Verbraucherschutz, Köln 1999, S. 117

Wegner, Heike
Das Fernabsatzgesetz und andere neue Verbraucherschutzvorschriften
in: NJ 2000, S. 407

Wellens, Christian
Grenzen der Rundfunkfinanzierung: Teleshopping
Diss., Köln 1991

Wendehorst, Christiane
Das neue Gesetz über Fernabsatzverträge und andere Fragen des Verbraucherrechts
in: DStR 2000, S. 1311

Wendlandt, Bettina
EC Directives on Time-Sharing and for self-employed commercial agents – Apples, Oranges and the Core of the Information Overload Problem
in: Howells, Geraint G. / Janssen, Andre / Schulze, Reiner (Hrsg.); Information Rights and ObligationS. A Challenge for Party Autonomy and Transactional Fairness, London 2005

Wendlandt, Bettina
Die Time-Sharing-Richtlinie, das BGB und die Privatautonomie – „realistisch betrachtet“
in: VuR 2004, S. 117

Werner, Horst S. / **Machunsky**, Jürgen
Haustürwiderrufsgesetz
Göttingen 1990

Graf von Westphalen, Friedrich
Anmerkungen zu BGH, Urteil vom 26.11.1984
in: EWiR 1985, S. 11

Willingmann, Armin
Auf dem Weg zu einem einheitlichen Vertriebsrecht für Waren und Dienstleistungen in der Europäischen Union? – Die Richtlinie über den Verbraucherschutz bei Vertragsabschlüssen im Fernabsatz
in: VuR 1998, S. 395

von Wilmowsky, Peter
Der internationale Verbrauchervertrag im EG-Binnenmarkt
in: ZEuP 1995, S. 735

Wolf, Manfred
Anmerkung zu BGH v. 11.03.1987 – VIII ZR 203/86
in: EWiR 1987, S. 423

Wolf, Manfred / **Horn**, Norbert / **Lindacher**, Walter F.
Kommentar AGBG
München, 4. Aufl. 1999
(zitiert: Wolf/Horn/Lindacher-Bearbeiter)

Wolsing, Theo
Verbraucher- und datenschutzrechtliche Probleme des Teleshopping
in: Kubicek, Herbert: Daten- und Verbraucherschutz bei Telekommunikationsdienstleistungen in der EG 1993, S. 126

Youngerwood, Aron / **Sunwinder**, Mann
Extra Armoury for ConsumerS. the new distance selling regulations
in: JILT 2003, 3

Zweigert, Konrad / **Kötz**, Hein
Einführung in die Rechtsvergleichung
3. Auflage, 1996

Kolibri 360 GmbH
Ferdinand-Jühlke-Straße 7
99095 Erfurt, Deutschland
produktsicherheit@kolibri360.de

Druck:
CPI Druckdienstleistungen GmbH
im Auftrag der
Kolibri 360 GmbH
Ferdinand-Jühlke-Str. 7
99095 Erfurt